实践教学改革与发展研究

甘文秀 ◎ 著

吉林出版集团股份有限公司

图书在版编目（CIP）数据

实践教学改革与发展研究/甘文秀著.—长春:
吉林出版集团股份有限公司，2023.8
ISBN 978-7-5731-4141-5

Ⅰ.①实… Ⅱ.①甘… Ⅲ.①高等学校－教学研究
Ⅳ.①G642.0

中国国家版本馆 CIP 数据核字（2023）第 161207 号

实践教学改革与发展研究

SHIJIAN JIAOXUE GAIGE YU FAZHAN YANJIU

著　　者	甘文秀
责任编辑	王　平
封面设计	林　吉
开　　本	787mm×1092mm　　1/16
字　　数	250 千
印　　张	15
版　　次	2023 年 8 月第 1 版
印　　次	2023 年 8 月第 1 次印刷
出版发行	吉林出版集团股份有限公司
电　　话	总编办：010-63109269
	发行部：010-63109269
印　　刷	廊坊市广阳区九洲印刷厂

ISBN 978-7-5731-4141-5　　　　　　　　　　定价：78.00 元

前　言

中国高等教育进入大众化教育阶段后，由于社会生产力的不断发展，社会对于专业技能的需求也趋向专业化、多样化，社会的需求导致高等学校面临着重新确定办学定位以及进行分类、分层与分化的重要课题，在高等教育大众化发展趋势下，找准符合办学定位和办学指导思想的人才培养模式，对各高校来说既势在必行又意义深远。作为人才培养的重要阵地，大学应把提高自主创新能力作为重要任务，切实提高人才培养质量。要把应用型创新人才培养纳入数育教学实践中，重新研究数有教学实施方案，采取针对性的措施，合理调推专业与课程设置，为社会生产和经济部门提供"用得上、留得住"的应用型创新人才，而不是只把"方案摆在纸上，措施挂在门上"。应用型大学要始终把培养高素质创新人才作为根本任务，积极利用各种资源，推进创新团队建设，努力培养一批德才兼备的应用型创新人才。应用型创新人才培养的重点在于训练学生将所学理论知识应用于解决实际问题。这主要依靠课程的优化设计以及教学内容和方法的更新，教学质量只有落实到课程层面才有实际效果。

本书注重高校教育教学改革创新，把对应用型人才培养的理论研究和实践研究有机地结合起来，进一步深刻探究应用型人才培养的本质和规律。揭示出应用型人才培养的本质和规律，探索应用型人才培养模式，丰富和完善了高校素质教育的科学内涵，探究出一条把高校应用型人才培养的教育理论与应用型人才培养的教育实践相结合的可行性道路。

由于作者学术水平和实践经验有限，书中不足或不当之处在所难免，恳请读者予以批评指正。

甘文秀

2023 年 4 月

目　录

第一章 实践教学概述

第一节 实践教学概念

一、实践教学的定义及辨析

（一）实践教学定义

在学校的引导下，学生以获得直接经验或将间接经验转化为直接经验为主要目的，参与理论教学之外的具体社会生活的教学活动。

（二）实践教学的辨析

1.实践教学的目的是获得技能

较早对实践教学做出的定义是：在教师的指导下，学生通过课堂的、实验室的、工厂的独立实践活动，运用其所掌握的理论知识去分析和解决实际问题，是进行技能训练的重要途径。这种解释中有三个观点值得注意：

一是实践教学必须是学生在教师指导下完成的。

二是实践教学在理论教学之后。

三是实践教学的目的是获得技能。

这些观点非常具有代表性，得到了之后的很多学者的认同。但是这三个观点都是片面的。首先，学生自主进行的实践学习活动也是实践教学，而不是必须要有教师的指导。其次，获得知识和态度也是实践教学中的重要目标，并不只是技能。最后，实践教学并不是必须在理论教学之后，也可以在理论教学之前。

（二）实践教学的目的是获得感性认识

被广为引用的实践教学定义是《教育大辞典（增订合编本）》中的说法：实践教学是指相对于理论教学的多种教学活动的总称，包括实验、实习、设计以及社会调查等，其主要目的是使学生获得感性知识，掌握技能、技艺，养成理论联系实际的作风以及独立工作的能力，通常在实验室、实习场所等一定的职业活动情景下进行，作业是按照专业或工种的需要设计的。

上述定义是对常见实践教学形式和功能的描述，并没有包含实践教学的所有形式和功能，所以是比较片面的。特别是其中认为"实践教学使学生获得感性知识"是片面的。实践教学和理论教学是教学形态的不同分类，感性认识和理性认识是认识层次的分类，不能画等号，因为无论任何教学都要从感性认识开始，达到理性认识才算是完成。虽然理论本身是理性认识，而不是感性认识，但是其对理论的学习也是要从感性认识开始的。而实践教学如果不能够达到理性认识，就没有完成主要任务。感性认识和理性认识也不能与直接经验和间接经验画等号。直接经验和间接经验中，都既包含感性认识又包含理性认识。

（三）实践教学是实际操作

还有一种流传较广的实践教学的定义：学生在教师指导下以实际操作为主，获得感性知识和基本技能，提高综合素质的一系列教学活动的组合。其中基本技能的实际操作，概括了多数实践教学的表面特征，但是其并不能包含所有实践教学，例如，实地观摩；而且含义也不是太明确，很难界定。另外，实践教学也不仅仅是培养基本技能，还培养创新能力以及创业能力等特殊能力。

《中国教育百科全书》将实践教学解释为：根据高等学校培养目标，按照教学计划的要求所进行的参观、实习、习题课、讨论课、设计等教学环节。[a]从形式上面来看，这只是对实践教学的常见形式进行了描述，并不是对实践教学的科学定义。从内容上

---

a　张念宏．中国教育百科全书 [M]．北京：海洋出版社，1991．

面来看，将习题课、讨论课作为实践教学是不合适的，因为这些教学形式的主要目的还是获得间接经验，而不是直接经验，也不是与具体社会生活的接触。

（五）实践教学不是教学活动

有些学者认为实践教学不是教学活动，也不是教学形式，而是教学理念。

这显然是有失偏颇的，实践教学作为一种教学形态，其包含着多种教学理念，同时也包含着多种教学形式和教学活动。这部分学者将高等职业教育实践教学定义为"高职院校根据不同专业的培养目标，按照工学结合的人才培养模式，以完成一定的工作任务，借助特定的项目训练为主要形式，以鼓励学生主动参与、主动探索、主动思考为基本特征，以掌握相应岗位技能，养成一定的职业态度并以提高职业素养和职业能力为目的的教学"，实际上也只是对多数实践教学的多种表面特征进行了一定的描述，并没有揭示其本质特征。

二、实践教学的外延

（一）从教学的范围看，包括课内实践、课外实践和校外实践

课内实践主要指的是采取课程形式进行的实践教学活动。这里的课程，是狭义的课程，显性课程，不包括隐性课程。根据实践教学在其中的地位，课程可以分为两类：理论（实践）课程和实践（理论）课程。前者主要是指理论教学为主、实践教学为辅的课程，后者是指实践教学为主、理论教学为辅的课程。课内实践的内容主要是技能方面训练，经常会采取实验、情景模拟等形式，多数在虚拟的环境中以练习的方式进行。

课外实践是指以课外（校内）活动形式进行实践教学，有些可以称为隐性课程，形式丰富多样。

校外实践是指在校外进行的实践教学活动，一般在真实的社会生活中进行，但是也可能是在校外的培训机构中进行虚拟练习。

（二）从教学的专业看，包括本专业实践、多专业实践、通用实践

本专业实践主要是指针对本专业特有的教学内容开展的相应的实践教学活动，比如，机械专业的机械设计、中文专业的小说创作等。

多专业实践是指多个相关专业都适用的实践教学活动，比如，数学建模、文科的写作比赛等。

通用实践是指所有专业都适用的实践教学活动，比如，演讲比赛、志愿服务等。

（三）从教学的内容看，包括技能训练、科技创新、生涯规划、组织服务、实习见习、社会体验

技能训练主要是指以获得特定的基本技能为主要目的的实践教学活动，绝大多数都是专业的，但是也可能是非专业的。这是目前最主要的实践教学活动。

科技创新是指以获得创新精神和创新能力为主要目的的专业性实践教学活动，其既包括科学创新活动，也包括技术创新活动。这是目前实践教学发展的重点。

生涯规划主要指的是以促进个人生涯发展为主要目的的实践教学活动，一般包括学业规划、职业规划以及创业计划等具体形式，也包括真实的创业活动。这也是目前实践教学发展的重点。

组织服务是指担任校内活动的组织和服务工作，以获得组织和服务素质为主要目的的校内实践教学活动，包括担任干部、临时参与组织活动、固定担任服务人员等。多数志愿服务的专业性不明显，但是对于未来发展有明显的价值。

实习见习是指以获得专业素质为主要目的、在校外真实社会生活中进行实践教学活动，其中专业实习是指集中的、长期的、深入的活动，见习是指分散、短期、肤浅的活动。

社会体验是指没有专业性、以获得一般社会经验为主要目的的校外实践教学活动，如与专业无关的参观考察、参与社会活动、打工等。

（四）从教学的形式看，包括实验、情景模拟、课题研究、项目设计、角色尝试、实地考察

实验主要适用于理工科的专业性实践教学活动，也是目前最为常见的实践教学活

动，实验可以在实验室中或实验室外进行，也可以用相关的计算机软件进行模拟实验。

情景模拟是指用学生角色扮演或计算机软件来模拟社会生活情景的方式进行的专业性实践教学活动，通常也被称为文科实验。主要适用于文科专业，也可以用于理工科专业。这是目前迫切需要发展的实践教学活动。课题研究是指围绕特定研究课题进行科学创新的专业性实践教学活动。项目设计主要是指围绕特定工作任务进行技术研究的专业性实践教学活动。在以往，理工专业和艺术专业都是比较注重这类活动的，但是实际上文科专业，尤其是应用型高校的文科专业也应该大力举办这类活动。

角色尝试是指到真实的社会生活中担任一定任务的实践教学活动。角色尝试可以在校内，也可以在校外，常见的角色尝试有志愿服务、实习、打工、创业等。

实地考察是指到真实的社会生活中进行观摩考察的校外实践教学活动。实地考察可能是专业性的社会调查，也可能是非专业的参观考察，但不包括休闲娱乐性的旅游观光。

（五）从教学的组织看，包括学校集体、学生社团、校外团体、教师个人、学生个人

组织实践教学活动的主体是多种多样的，可以是学校集体，也可以是学生社团或者校外团体，还可以是教师个人或者是学生个人。以往主要是学校集体组织，但是资源、形式和数量都比较有限，远远不能满足需求，所以，应该大力引导学生社团和校外团体，以及教师个人和学生个人，发挥他们各自的优势和积极性，组织更多形式和数量的实践教学，充分满足学生们的需要。

（六）从教学的深度看，包括观摩、练习、比赛

观摩就是指到真实的社会生活中去观察、思考，以了解相关事物。是参与程度最浅，最方便的校外实践教学活动。

练习就是对特定项目进行多次尝试，以提升自身素质。这是参与程度比较深的实践教学活动，包括了大多数实践教学形式。

比赛泛指的是各类具有竞争性的实践教学活动，比如，科技创新竞赛、创业计划

竞赛、演讲竞赛、发表论文等。因为具有一定的竞争性，所以一般相对于同类内容的练习来说参与程度深得多，因此成为激励学生参加实践教学活动的重要手段。

（七）从教学的环境看，包括真实实践、虚拟实践

真实实践是指在真实的社会生活中进行的实践教学活动。因为其具有真实性，所以培养出来的素质比较全面和真实。但是往往需要较多的条件，很难经常进行，但是学校、社会和学生个人也应该努力开展。

虚拟实践是指用实验设备、角色扮演或计算机软件等手段模仿社会生活的实践教学活动。虽然不够真实，但是往往需要的条件较低，可以经常进行。随着科学技术的发展，会有越来越多的直接经验可以通过虚拟实践获得，从而大大推动实践教学的发展。

第二节　实践教学特征

一、实践教学总体特征

（一）实践教学的基本途径是参与理论教学以外的具体社会生活

实践教学中的"实践"并非指一般意义上的实践，而是指参与理论教学本身以外的各种社会生活，特别是和所学专业相对应的社会生活。如果实践教学中的"实践"指的是所有的实践，那么就无法区别理论教学与实践教学。有的学者就依据哲学中对于实践的一般定义，认为教学活动本身就是一种实践活动，"一切使学生积极参与的教学活动都属于实践教学的范畴。所以理论教学也就是实践教学，称为理论实践教学。"[a]这很明显是将哲学领域中的实践概念简单地套用到了教育领域中，是对实践教学的错误理解，对于实践教学理论的发展没有积极意义。

---

a　中国高等教育学会组 . 新时代高校理论与实践教学深度融合若干问题观察报告 2019[M]. 北京：北京理工大学出版社，2020.

实践教学中的社会生活并不是抽象的社会生活，而是具体的社会生活。理论学习中也有社会生活，比如，列举案例、做应用题、案例教学等，但那是抽象的社会生活。实践教学中的社会生活必须是具体的，是能够直接触摸的。

实践教学中的社会生活并不一定是真实的社会生活，也可以是虚拟的社会生活。例如，用角色扮演的方式模拟社会生活，用计算机软件虚拟的社会生活以及在实验室中简化了的社会生活。

实践教学是对社会生活的积极参与，而不是旁观。参与有深浅之分，但是必须要置身其中。实地观摩是最浅的参与，但是学生也置身其中，能够受到现场的影响，并且可能会影响现场。所以，观看有关社会生活的音像资料并不是实践教学。

（一）实践教学的主要目的是获得直接经验，或者将间接经验转化为直接经验

实践教学是和理论教学相对的教学形态，以获得直接经验或者将间接经验转化为直接经验为主要目的，而理论教学则是以获得间接经验为主要目的。当然，这里的经验主要指的是广义的经验，也就是既包括知识，也包括能力和态度的经验。

实际上实践教学这个词早就已经存在了，从中国知网中查到早在 1957 年就有相关文献用到了这个词，1975 年就有以实践教学为题的文献，但是在这一时期并没有成为一个重要的教育概念。1985 年中国大百科全书出版社出版的《中国大百科全书（教育卷）》中就没有实践教学这个词条。有相关学者进行考证，官方提出实践教学概念的开端是 1982 年 3 月教育部组织的《全国师范专科学校教学工作座谈会》的《纪要》中出现了"实践环节"这一词条，1983 年 4 月教育部颁发的《关于制订职工高等工业专科学校教学计划的暂行规定》中提出了要加强实践性教学环节的要求。之所以提出、命名、重视实践教学，就是源于对直接经验的重视，而实践教学就是获得直接经验的主要途径。

直接经验和间接经验是认识来源的不同分类，与理论教学和实践教学也不可以画等号。在理论教学中也可以获得直接经验，因为理论学习对于学习者来说也是一种实

践活动，但是其主要目的显然是获得间接经验。反过来说，实践教学的过程也离不开间接经验，但是其主要目的显然是获得直接经验或者将间接经验转化为直接经验。

二、MOOC 视域下实践教学特征

（一）大规模

MOOC 全称为 Massive Open Online Courses（大规模开放式网络课程），视域下的实践教学课程仍然秉承着 MOOC 中的 "Massive" 这一思路，具有大规模的特点。具体表现在以下 3 方面。

1. 参与主体的大规模

在传统的实践教学环节中，由于实践环境（包括设备、场所等）的制约，参与人数往往会受到一定的限制，难以实现大规模的参与。而在 MOOC 环境下，实践教学的部分内容可以通过网络的方式呈现出来，一些不具备实践条件的主体也能够很好地参与进来。比如，北京航空航天大学在国内率先开发的实验云平台就借鉴了 MOOC 的思路。通过实验云平台，实践主体只要具有网络机终端，就可以实现自主学习，大大解决了实践教学的环境限制问题，使得优势资源能够得到充分的共享。

2. 课程资源的大规模

由于授课教师实践经验的不足，实践课程的效果往往会受到一定的影响，制约了学生创新能力的培养。在 MOOC 环境下，众多高校、教师以及行业人员能够通过网络平台共享实践教学材料，丰富实践教学资源，弥补个别教师实践经验的不足。在当前我国的高等教育中，存在着中西部高校联盟、应用技术性大学联盟以及行业协会、学会等实践教学资源主体，这些主体都拥有非常丰富的实践课程资源。在 MOOC 环境下，实践教学平台能够充分整合这些优质资源，实现课程资源的大规模。

3. 交互方式的大规模

"教师先讲解演示，学生再参与其中"是传统的实践教学方式，这种方法的不足之处在于学生之间的交互意识比较薄弱，非常不利于团队能力的培养，制约了学生的创新思维。在 MOOC 环境下，课程教学主要是教师以主持人的角色引导学生分析和思考，帮助学生自主学习。为了能够更好地掌握内容，师生之间、学生之间，甚至陌生人之间都需要进行大量的讨论。来自平台允许范围内主体之间思想和观点的碰撞，使得大规模的交互在平台下充分开展起来。

（二）网络化

基于 MOOC 环境的实践教学，是"互联网＋"在教育领域中的重要体现，网络化这一重要特征具体表现在以下 3 方面：

1. 学习过程的网络化

在 MOOC 视域下，网络化是实践课程学习过程中的非常重要的形式。视频学习、实践操作、课程作业、作业批改、问答平台以及师生讨论等工作都能够依托互联网平台开展，学习过程由过去的以课堂为主体向以网络为主体转变。这种网络化的学习过程能够有效解决课堂教学互动较弱的缺点，可以增进学习过程中不同主体之间的交流和理解，还能够拉近师生之间的距离。学生可以根据自己的学习过程提出问题，通过互动问答的方式，增进对知识的掌握。

2. 知识传授的网络化

由于近些年来我国高校的持续扩招，集中传授成为主要的知识传授方式。这种方式忽略了不同主体的知识基础和需求的差异，教学效果很难得到保证。在 MOOC 视域下，学习过程实现了以网络化为主，学生的自主学习成为非常重要的一种学习方式。在这种背景下，学生可以根据自己的学习过程，提出问题，通过师生以及学生与学生之间，甚至同行业人员之间的交流与沟通，使知识的传授更加具针对性。网络化的知识传授方式能够更好地发挥教育中"传帮带"的优势。

3. 学习主体的网络化

在传统的学习中，学习主体是面对面的，而在 MOOC 视域下，实践教学的学习主体更多是以网络化的形式存在，学习者之间背景和基础的差异性将会更大面对同一个实践问题，中国学生、德国学生和美国学生可能会有不同的理解和不同的处理方法。网络化学习主体之间的交流使得知识的交互性更强，从而更容易产生创新思想，有利于促进实践教学内容的进一步丰富。

（三）开放性

在 MOOC 视域下，实践教学已经不仅仅是在实验室内独立封闭的开展，而是在互联网平台下同行之间进行的开放式交流，开放性是课程具有持续生命力的重要保障。具体表现在以下 3 方面：

1.学习人员的开放性

MOOC 视域下的实践教学，能够真正实现教育的"有教无类"。学习人员无论身在何处，不管种族、年龄、性别、信仰以及收入等因素存在多大差异，只要喜欢课程的内容，都能够参与到课程的学习当中。在当前的社会条件下，基于 MOOC 的实践教学开发平台，能够让学习者根据自身工作的需求，更加具有针对性地开展岗位学习，从而不断提升自身的岗位操作技能和实践创新能力。MOOC 视域下的实践教学为人们的终身学习提供了非常重要的保障。

2.学习形式的开放性

集中学习是当前我国高校教育的主要形式，实践教学也往往是在实验室或者企业里面集中进行。这种教学方式使得学习主体不能够灵活的安排时间，学习效果存在一定的局限性。在 MOOC 视域下，实践教学在云平台下进行，学习主体可以根据自己的工作和生活规律灵活安排学习时间。尤其是小的知识点，短视频式的要点讲解和演示，使得学习者利用零碎时间开展学习成为可能。学习形式的开放性使得学习者能够更加自主地开展学习。

3.学习内容的开放性

权威思想在教育界具有非常广泛的影响，教师往往被视为知识的权威，学生被视为天然的接受者。有些教师由于没有企业经验，实践教学会出现对学生的误导。在 MOOC 视域下，教学内容被放在互联网平台下，接受众多人员的检视，将有利于打破权威，充分调动学生学习的积极性，主动思考，促进创新意识的培养。同时，不同学习者之间利用课程平台交流将有利于进一步丰富课程内容，提升课程教学效果。

第三节　实践教学现状

一、实践教学中的问题与原因分析

（一）惯性作用的影响，认识上轻视实践教学

从我国高等教育的历史来看，高校对实践教学很不重视，始终存在着重知识传授轻能力培养的问题。即便在当前，这种影响也没有完全消除，一些办学者观念陈旧，不顾形势变化的需要，依旧强调以理论教学为主，实践教学为辅，认为实践教学是偏门甚至其可有可无；即使开展实践教学，其重心也不是为了培养学生的动手能力和分析问题的能力，而仅仅是将其作为一种加深对有关理论课程理解和掌握的工具。这种缺乏重要性认识、缺乏全员参与，在很大程度上只是停留在理念上、宣传上的实践教学，导致相关的工作大打折扣，要求也难以落到实处。

（二）实践教学体系不完整，实践教学课程设置不到位

尽管目前大多数高校都能够认识到实践教学对大学生就业的重要性，并且在制订教学计划的时候明显会增加一些实践教学课程的课时，但是很多实践课程只是虚设的。由于一部分高校教育工作者认为实践教学只是理论教学的一个环节、一个补充，所以实践教学，尤其是文科专业的实践教学被普遍弱化，在教学内容的安排上仍然普遍存在着重理论、轻实践，重知识、轻能力的现象；缺乏培养学生动手能力和分析问题能力的一整套规划。再加上近些年来一些高校在条件尚未具备的情况下，扩招速度比较快，致使办学经费严重缺乏，实践教学基地无法保证，实践教学进一步被削弱，很多实践教学课程和环节无法到位。这些情况不可避免地导致了学生的理论与实践脱节、创新意识与动手能力不强。

（三）实践教学的方法和手段比较落后，教学设施和基地不健全，教学效果差

在我国的高校，以灌输为主的教学方法始终占有非常重要的地位，而一些被国外证明效果很好的教学方法，比如，讨论法、案例教学法以及项目课题研究教学法等，在教学中的运用却并不广泛。在实践教学中，一般的做法是，在实验实习之前，教师就要把实验实训的内容、操作方法与步骤、报告格式，甚至包括每一步将会得到什么结果等都要写得一清二楚。这种情况下，学生完成教学大纲的规定内容、掌握基本原理和方法，完全是在教师设定的范围之内，都是机械地完成操作，学生缺少或者说根本不需要主动积极的思考。这就导致一旦离开了教师，学生就会手足无措，其结果只能是学生的独立创造性被日渐消蚀，动手能力较差。当然，教育经费的紧张与逐年扩大招生的现实矛盾也使得很多大学的硬件建设受到忽视，教学设施比较差，教室安排非常紧，这也是导致教育手段、教学方式单一的客观原因之一。

此外，一些高校不重视校外实践基地的建立和完善，没有建立相对稳定的校外实践教学基地，学生的社会实践多是凭关系由学生自己去找，这种基地分散、临时性、随意性较多的实践教学状况，不但给教师及时指导和解决学生在实践中出现的问题增加了很大难度，而且由于督查的难以到位，学生不参加实践活动的情况也非常突出。以上种种情况，都不利于学生实践能力的培养，不利于学生自主创新意识和良好工作作风的形成，导致学生社会适应性不强。

从高校进入门槛方面来看，当前一大批高学历的年轻教师成为高校教学的主力军，使教师学历层次有了较大的提升，但是，这同时也成为教学水平提高的瓶颈。目前，高校招聘教师主要看的就是学历，可是我国博士生、硕士生大多是从大学校门到大学校门，日常的教育中重理论、轻实践的现象异常普遍，他们所受到的教育基本上就是理论教育，本身并没有经过职业技能训练，而毕业之后他们或因课务重或基于职称的压力，也很难有实践锻炼的时间和愿望。由于教师们自身先天的缺陷，所以在指导学生动手训练的时候难免会底气不足，很难对学生实施实践性教育，这种情况下，学生学习效果差也就在情理之中了。

从用人方面来看，高校对实践教学人员的重视程度不够，和同等学力、相同专业技术职务的教师相比，实践教学人员往往地位较低、待遇较差，很多人认为从事实践教学工作低人一等。这些情况轻则影响到实践课教师工作的主动性和积极性，重则会导致许多优秀教师不愿意专门从事实践教学。没有好先生就难有好学生，毫无疑问，实践教学师资队伍的不稳定也是我国实践教学发展缓慢、教学水平不高的重要原因。

（五）实践教学考核评价体系不科学，制度不严格

从评价体系方面来看，很多高校不注重营造实践创新的环境，没有制定新的专门的实践教学考核办法和考核标准。而高校长期以来采用的评价体系，多是一种以学习成绩为主的人才培养考核评价体系。这种考核制度，面对学生实践中产生的千差万别的创新成果和创新水平，显然无法做出公正而又科学的评价，其结果往往是既难以考查教师的实践教学水平，也不利于学生创新意识和实践能力的培养。此外，多数高校还缺乏应有的激励机制，对学生参加学术报告、小发明、小创造等各种学科竞赛活动，参加科研立项或参与教师科研课题的科研活动，参加社会实践调查活动、科技服务和科普宣传活动等基本上不给予相应的学分，这些也严重抑制了学生开展实践活动的积极性，阻碍了实践教学的发展。

二、实践教学中需要解决的难题

实践教学内容体系，可以由基本的技能训练、基础实验教学、独立实验（实训）、综合训练以及社会实践等五大模块组成。从教学实践的场所来看，主要是分为校内和校外两个部分。在校内进行实践教学活动相对校外来说容易得多，因为学校自己能够掌控。在校外进行实践教学活动，又具体分为两个部分：一是进行校企合作。二是学生自主进行社会实践。可以说，怎样在校外有效地开展实践教学活动，是目前实践教学中的一大难题。

（一）校企合作问题

校企双方合作目前具有多种方式。但是从实际运行情况来看，校企双方合作情况参差不齐，有的协议签署之后并没有得到实际运行，或只是部分地运行。究其原因，主要是由于学校方面没有任何投入，企业缺乏积极性。因此，建设共享型实践教学基地是解决这一问题的一个有效选择。

所谓共享型实践教学基地主要具有两层含义：一是校企合作双方共享。即实践教学基地，学校与合作企业都能够使用。学校用来培养学生，企业可以进行职工培训。二是与社会共享。即实践教学基地对其他企业和高校开放，实现社会共享。建设共享型实践教学基地，可以避免重复建设与资源浪费，提高设备利用率。在实践教学基地建设中，可以依托企业现有的设施，采取谁投资谁受益的原则，多渠道投资建设，按照先进性、共享性、效益性的原则，对使用者可以适当收费，有适当的盈利，以保证实践教学基地的可持续发展。

（二）学生自主社会实践问题

学生自主进行的社会实践环节，比如，利用假期进行社会调查，最后一个学期（第八学期）参加的毕业实习等，都是学生自主实习，指导教师"遥控"指导，这就使得学生社会实践效果各不相同。有的学生通过自己或其他渠道找到了对口的实习单位；有的虽然找到了实习单位，但是与所学专业相去甚远；有的学生可能没有进入任何单位实习，只是任意找个单位盖章了事。实践结束之后所撰写的调研报告以及毕业论文，与实习过程联系不大，甚至毫不相干。从近几年学生的论文选题看，其内容大多与毕业实习无关或关系不大，而是选择那些一般来说学生难以驾驭的题目，其难度远远超出了学生的实际水平以及解决问题的能力。

如何使学生的社会调查及实习有的放矢，解决实践教学"老师热、学生冷"的状态，具体措施可以通过学生社团，开展"社会小观察"方面的活动。也就是要求学生从小处着眼，通过观察周边的一个具体问题，开展调研活动，并运用自己所掌握的理论和方法，发现问题、分析问题并解决问题。比如，有的同学发现学校教室晚上无人自习或上课时，仍然是灯火通明。"社会小观察"可以要求学生用三段论的方式，进行简单的描述和分析，即发现问题、分析问题、提出解决问题的建议。然后，发表在学生社团建立的"微博"上，指导教师从中挑选出较有价值的选题，指导学生做进一步的调查研究。如教室不关灯问题，表面看是节约观念问题，如果深入挖掘，可能涉及中国高校"准公共产品"的性质、财政体制、产权等问题。"经济学帝国主义化"趋势，为开展这项活动奠定了理论基础。把写得较好的调研报告或论文，推荐到报刊上发表，以调动学生社会实践的积极性。

第四节　实践教学意义

教育的本质是一种培养人的重要的社会实践活动，在微观层面上要推进理论教学、促进人的全面发展，在宏观层面上要服务于经济建设、促进社会的进步。华中农业大学王玉萍认为高校人才从宏观上可以划分为学术型和应用型，学术型人才主要指的是发现和研究客观规律的人才；应用型人才则是指应用客观规律为社会谋取直接利益的人才。潘晨光、何强则把研究型人才定义为从事揭示事物发展客观规律的科学研究人员，而应用型人才定义为把科学原理应用到社会实践并转化为产品的工作人员。事实上，实践教学最主要的意义应该就在于其在推进理论教学和促进个人全面发展的同时，能够为经济发展和社会进步培养大量的应用型人才。

一、推进理论教学

潘懋元教授认为，"实践教学培养出来的应用型人才主要是在一定的理论规范指导下，从事非学术研究性工作，其主要任务是将抽象的理论符号转换成为具体操作构思或产品构型，将知识应用于实践。但是，应用型人才并非只应用知识和理论，不进行研究。恰恰相反，应用型人才不仅在知识的应用方面发挥着重要的作用，而且在理论的创新方面也会常常给人们以启发，特别是应用型人才所开展的应用性研究，更加具广泛的意义与作用。"

随着科学技术的发展，物质生产中的智力因素在不断增长，理论必须运用于实践并在实践的检验中不断发展。根据马克思主义关于理论和实践发展的辩证观点来讲，理论指导实践，实践证实理论并反过来会促进理论的发展。同样地，实践教学在实施的过程中，不断的证实和证伪理论教学中的一些理论，使正确的理论得到证实，并使之转化为学生的应用能力和解决问题的能力，与此同时，那极少一部分被证伪的理论作为对理论教学的反馈，则会成为促进理论教学发展的契机和创新点，在整个实践教学的过程中，学生不仅仅实践能力得到锻炼和提高，而且他们所学的理论知识也能够得到巩固和强化。实践教学的进行是以理论教学为基础和指导的，也正是实践教学的进行反过来极大促进了理论教学的发展，巩固了理论教学的成果。由此可见，实践教学和理论教学是教学和教育发展的两条腿，两者互相补充、互相促进，共同致力于培养所有学生的全面发展。

二、促进个人全面发展

根据马克思主义关于人的全面发展的学说，人类个体的形成主要包括体力和智力两方面。体力作为生理机能是人类个体形成的一个基本方面，而智力因素则是人类自身构成的更加重要的一方面，因此，智力和体力的和谐发展是人类发展的基本规律。个人全面发展就是个人智力和体力尽可能多方面、充分而又自由地发展，并在此基础上实现脑力劳动和体力劳动的结合。马克思认为实现人的全面发展应当具备三个条件，"一是社会生产力的高度发展，这是人的全面发展的必要物质前提。二是社会主义的生产关系给人的全面发展创造条件，共产主义条件下将使人的全面发展成为现实。三是教育与生产劳动相结合，体现着理论和实践相结合的原则，不仅是获得有用经验的手段，同时还是运用和检验理论知识的一种机会，是造就全面发展的人的唯一途径和方

法。"[a]

由此可见，马克思认为人的全面发展基本就是理论水平（智力）和实践能力（体力）的发展，而实践教学则正是人的智力和体力发展多方面、充分的、自由的结合，通过大学生作为活动主体，亲身参与各种实践活动，发现问题、分析问题、解决问题，从而提高个人的理论应用能力和实际动手能力，这正是培养全面发展的人的途径和方法，这也正是面向现代化、面向世界、面向未来的"三个面向"的教育的真实体现。

三、服务于经济发展和社会进步

马克思、恩格斯在肯定了黑格尔"把劳动看作人的本质，看作人的自我确证的本质"[b]的基础上，进一步认为人是在一定的历史和社会中，积极能动地与客观世界和其他人发生着各种对象性关系的社会存在，认为"人的本质并不是单个人所固有的抽象物。在其现实性上，它是一切社会关系的总和"。[c]因此，虽然人才的成长过程主要是在学校中，但是人才培养的目的和归宿却主要在社会中。人的社会性本质决定了个体的成长必然要受到社会的影响，而且个体存在的价值也寓于社会发展和进步之中。由此看来，实践教学从存在的第一天起就注定了是要服务于经济发展和社会进步的，以"尚实""应用至上"为突出特点，教育与生产实践相结合，通过提高社会生产力和消除知识与劳动之间的分离和对立现象，在培养全面和谐发展的个性的基础上，服务于我国经济发展和社会进步。

面对新时期经济结构的调整和经济增长方式的转型，社会对现有人才的结构逐渐表现出了一定的不适应和不接纳的态度。自从高校扩招以来，学生数量也越来越明显，很多本科高校出现了大学生毕业即失业的知识失业现象和大学生去从事低学历水平即可从事的工作的知识贬值现象。表面上看好像出现了过度教育的现象，其实并非如此，

a　马克思，恩格斯．马克思恩格斯全集 [M]. 中共中央马克思恩格斯列宁斯大林著作编译局，译．北京：人民出版社，1958.

b　马克思，恩格斯．马克思恩格斯全集 [M]. 中共中央马克思恩格斯列宁斯大林著作编译局，译．北京：人民出版社，1958.

c　马克思，恩格斯．马克思恩格斯全集 [M]. 中共中央马克思恩格斯列宁斯大林著作编译局，译．北京：人民出版社，1958.

这主要是由于高校培养的人才的素质结构不能够适应社会经济发展转型的需要所导致的，大学生不能够找到理想的工作与用人单位找不到需要的人才并存，从而导致了人力资源的浪费和社会发展的不经济现象。

面对新时期出现的问题，我国高校实践教学的发展可以说是对症下药，它培养的正是适应知识经济时代社会发展所需要的理论基础扎实、实践能力熟练、下得去、留得住、用得上的综合型实用人才，因此，实践教学的发展和高校对实践教学的重视是有其深刻的事实根据的。根据教育经济学教育和社会经济发展的基本原理，一定时期的教育从属并受制于一定时期的政治经济，教育必须和经济一同发展或者适度超前于经济的发展，我国高校实践教学的发展实践正是这一理论的恰当体现和真实证明。

第二章 实践教学模式基本概念

第一节 实践教学模式特性及功能

一、实践教学模式的特性

（一）教学模式的结构性

支持结构说的研究者认为，教学模式是教学结构的一种表达形式。结构，是反映客观事物的各个要素之间的组织规律和形式。从广义角度看，教学模式的结构性主要是指教材、教师、学生几个基本要素的组合方式及相互关系；从狭义角度来看，任何一种教学模式都是为实现特定的教学目标而设计的，每种教学模式都有其应用范围，需要合适的外部条件才能运用。可什么是一个好的教学模式呢？评价一个教学模式的好坏关键是看在一定的情况下，是否达到了特定的教学目标。在实际教学中应该注意教学模式的适应性和指向性，选择教学模式时应考虑课程的特性，选择特点和性能都合适的教学模式。

（二）教学模式的操作性

教学模式的操作性，是指不是停留在理论层面上的教学思想，而是一种具体化，可以直接用于操作的理论。它是提炼教学理论或活动方式中最关键的步骤。它用简明的方式进行表达，提供一个非常具体的教学行为框架，并对教育工作者的行为做出具体的规定，让教师在授课时有章可循、有规可依，方便教师理解、把握并运用。

（三）教学模式的完整性

教学模式的完整性，是指把教学理论构想与教学实现相结合，达到统一，因而它具备一套完整的结构和一系列的运行要求，在理论上能自圆其说，在过程上有始有终。

（四）教学模式的稳定性

教学模式的稳定性，是指它是大量教学实践活动的总结和理论概括，在某种意义上揭示了教学活动中具有的普遍规律。通常来讲，教学模式所提供的程序对各个科目的教学具有普遍的参考作用，一般不涉及具体的学科内容，具有相对的稳定性。教学模式是基于一定的教学理论提出的，教学模式往往与一定历史时期的社会政治、经济、文化、科学、教育的水平相联系，受制于当时的教育方针和教育目标。因此，这种稳定性是相对的。

（五）教学模式的灵活性

教学模式的灵活性，是指用于针对某些特定的教学内容，必须贯彻某些理论或思想；在运用教学模式的过程中要考虑到课程的特殊性、教学内容、当前的教学条件和师生的具体情况，从而在微观上对教学方法进行适当的调整，体现对学科特点的自适应性。

二、实践教学模式的功能

（一）教学模式的中介作用

教学模式的中介作用，是指能为各科教学提供某种理论支持的模式化的教学法体系。它可以改变教师只凭已有的经验，根据感觉在实践中摸索前进的状况，为教学理论与实践搭起了一座桥梁。

教学模式的中介作用源自它本身，又源于实践，同时又与某些理论简化形式的特点分不开。

一方面，教学模式是通过长期的实践形成的，是对某一教学活动方式进行加工、选择、提炼、概括的产物，是为某种教学及其所关联的各个因素以及因素之间的关系提供一种具有内在逻辑关系的、相对稳定的操作框架，这种框架有着一定的理论依据和现实意义。

另一方面，教学模式是对某种教学理论的简化。它可以通过一些简洁明了的表现形式，例如，典型符号、精练的图表、流程关系来表达它所依据的教学理论的原理和基本特点，使抽象的理论在人们的头脑中形成一个简单具体的程序性的教学实施步骤。

（二）教学模式的方法论意义

对教学模式的研究是教学研究方法上的一种突破。一直以来大家习惯于采取单一刻板的思维方式研究教学，强调采用分析法来研究教学的各个步骤，但对各模块之间的联系或关系没有足够的重视；或习惯于停留在对各部分关系的抽象的辩证理解上，缺少作为教学实践中的特点及可操作性。研究教学模式可以指导教师从全局上去综合地研究教学步骤中各因素之间的制约关系及其形式多样的表现形态，以发展的思维去把握教学过程的内在实质和规律，这对研究教学过程的优化组合起着积极的作用。

第二节　实践教学模式的结构

一、教学理论或教学思想

任何教学模式都有其所依据的教学理论或思想。比如，以合作教育学为指导的纲要信号教学模式（由沙塔洛夫提出）。有的教学模式最初并没有明确的理论基础，而是通过长期的实践逐渐形成的，但也会采用一定的指导思想对教学经验进行系统的概括。例如，在中学、高校中大规模采用的讲授式，就是基于这种对教学任务认识的基础上，让学生掌握系统的科学知识。

二、教学目标

任何教学模式都有一个教学目标，即预计这种教学模式中的教学活动对学生产生的影响，具体表现为学生的知识、能力、思想品德的发展变化及其他非认知因素的衍变。凯洛夫代表的"传递—接受"式教学模式，就是为了让学生系统地掌握知识、技能。德国非常推崇直观明了的范例教学模式，其目的是让学生对基本概念有个直观的理解，通过学习挑选出来的示范性材料中的基础知识，能够培养学生独立思考和处理问题的能力。在我国，自学辅导教学模式以培养自学能力为主要目标。因此，每门学科的每个教学单位、每个课时都有自己具体的教学目标。

在教学模式的结构中，教学目标处于核心地位。我们依据教学目标来设计教学模式的处理结构，安排具体的操作程序，选择策略方法。教学目标也制约着其他不利因素的产生，是进行教学评价的衡量尺度。

三、教学内容

每种教学模式都以一定的教学思想为指导，对教师、学生、教学手段进行特定的处理，最终完成预定的教学目标。教学目标通过教学内容来完成。不同的教学模式对编排教学内容有不同的要求。例如，程序教学是依据行为主义心理学的操作条件反射理论来设计的，所以教材应该小步编排、逐步推进、阶段性评定学习结果。范例教学模式在教学内容上有三个特性：基本性、基础性、范例性。中国国家科学院心理研究所卢仲衡团队致力于研究"数学自学辅导教学"的教学模式。他们根据我国的国情，在吸收程序教学理论的基础上，依照"适当步伐""当时知道结果"等原则撰写了中学数学自学辅导系列教材。当然也有不少教学模式，由于其教学思想、教学目标与现行的学科课程标准规定的内容是一致的，那就不需要另行设计教学内容了。

四、师生结合

在任何教学活动中，学生和教师双方在教学过程中都有其特定的地位，承担着不同的角色和任务，配合或独立从事一定的活动，要相互之间产生作用，加深相互之间的关系。构成一定教学模式的主要因素有师生地位、师生关系、活动方式、任务、相互作用及其不同组合等。关于师生地位、作用和相互关系方面，常见的教学模式可划分为三种样式：第一种是以教师讲解为主。第二种是学生在教师的启发和引导下，主动开动大脑，动手实践去获取知识，旨在培养学生的自学能力。第三种主要靠学生自学完成课程知识的学习，教师仅仅提供一些必要的帮助，起到辅助的作用。

五、操作程序

操作程序即完成教学目标的步骤和过程。每个教学模式都有符合其特性的操作程序，即在教学活动中师生应该先进行哪些活动，各步骤应先完成哪些任务。操作程序的实质在于如何处理教师与学习者和教学内容之间的关系，以及在时间上按什么顺序来实施。例如，程序教学会把教学内容进行划分，细化后需要分步骤进行，每一个步骤学习一小块教材内容，然后通过回答提问或完成教师布置的作业进行强化，之后再进入下一程序进行学习。

一个完整的教学模式由教学目标、教学理论、教学内容、操作程序、师生组合等五个因素组成。这些因素相互影响，相互联系并组成一个完整体。

第三章　我国高校教育教学创新实践与发展

　　教育教学思想是大学教育中最基本的最能体现出一所大学精神所在的一种教育思想观念，它是大学在寻求发展中的一个永恒的话题。一种全新的具有创新精神的教育教学思想的确立和演变，可以推动大学教学内容方法以及新型高素质人才的培养模式乃至大学教育制度的变革，逐步演变成为大学发展的精神核心。21世纪是全球化的时代，是知识经济的时代。我们要更好地适应教育发展的需要，树立现代创新教育教学思想，建设一流的高水平的大学，依靠人力资源强国战略，为科教兴国服务。在一所大学其教育教学思想的确立中，大学文化起着至关重要的作用。研究大学理念，必须从大学所处的历史和文化出发。大学文化影响着大学校园中的每一个人，也最终决定了一所大学独有的特色，它是在长期探索如何办学的过程中逐渐积淀而成的。越是负有盛名、历史悠久的大学，其自身的办学特点就越加鲜明，其中蕴含的文化内涵就越是浓厚。不管是评价一所大学，还是评价一个学科，文化所起到的作用都是不可低估的。也正是这样的原因，教育部在本科教学工作水平评估中特别要求对大学在办学过程中形成的教育教学思想和办学特色进行重新审视和定位，从大学文化建设的角度来看，这是十分具有远见的。对于正在努力建立现代大学制度的我国大学而言，如何凝练其教育思想教学和办学特色，从而形成独特的大学文化，这仍是一个需要花费较大力气予以审度的问题，在这方面我们任重而道远。

第一节　高校教育教学方法创新

高校教育教学方法创新路径是高校教育教学方法创新活动中重要的实践要素。对这个问题的研究，既可以是对过去或现存状态的追寻或总结，也可以是对未来教学方法创新的价值建构。无论是过去已经存在的教学方法、创新方法还是未来需要着力改进的创新方法，无论是各种自创的创新方法还是学习借鉴而来的教学方法，都值得推崇，但都要客观地分析教学方法具有人文环境的适应性和技术支撑条件的差异性，不能盲目。

高校教育教学方法创新的基本路径构建，科学性和新奇性是两个基本依据。教学方法的内在规定性是"价值实现"和"感受共存"，这对教学方法创新实践同样具有"理论指导意义价值"，是科学性创新路径的规定，"感受"是新奇性创新路径的规定。无论是自创或借鉴的已经存在的教学方法，其本身的价值或科学性一般不存在怀疑，那么作为"感受"所必需的新奇性要加以重视。

高校教育教学方法创新策略，必须涵盖两点。其一是在方法创新过程中，借鉴异域高校教育教学方法是一个有效途径，这个途径不是在说明那些方法的好坏，而是提高教学方法的丰富程度，即感受性的最大特点就是丰富性，不然，师生对于教学方法的感受共振就是贫乏的。其二是要重视教学方法的人文环境适应性和技术支撑条件的差异性的存在，在学习借鉴时，就要根据不同对象并分析该方法创制的原始背景，加以利用，并注意克服推行过程中的技术限制因素，尝试其他途径或通过相关技术解决问题，这本身也属于创新思维范畴。结合创新理论原则和高校教育的教学方法的历史与现状，总结分析得出成功而有效的教学方法、创新方法主要有如下几种。但要特别指出，在教学方法创新实践活动中，掌握一些创新原理和方法只是能否实现创新的前提，不是解决创新的灵丹妙药。只有不断深入学习、深刻理解创新方法，积极开展创新实践，才可能有效地掌握创新方法，取得创新成果。

一、组合法

无论是在自然界还是在人类社会，组合创新非常普遍。就教学方法而言，就是两种或两种以上的方法或方法理论的一部分或全部进行适当叠加和组合，形成新的教学方法。组合法是创新原理之一，也符合教学方法创新实践。组合创新的概率与空间是无穷的。据统计，20世纪的重大创造发明成果中，三四十年代是突破型成果为主，而组合型成果为辅；五六十年代两者大致相当；从20世纪80年代起，组合型成果占据主导地位。这说明组合已成为创新的主要方式之一。

二、分离法

分离原理是把某一创新对象进行科学的分解和离散，使主要问题从复杂现象中暴露出来，从而理清创造者的思路，便于抓住主要矛盾。分离原理在创新过程中，提倡将事物打破并分解，它鼓励人们在发明创造过程中，冲破事物原有面貌的限制，将研究对象予以分离，创造出全新的概念和全新的产品。教学方法创新的分离法，就是把过去或原有的司空见惯的方法加以分解，按照一定逻辑关系进行整理，然后突出某一部分甚至将其扩充放大，成为一种等同甚至超越于原来方法作用的新方法。

三、还原法

还原实际就是要避开现行的世俗规则，即将所谓"合理"的事物设定为"非"，而将事物的原状设定为"是"，就是要善于透过现象看本质，在创新过程中能回到对象的起点，抓住问题的原点，将最主要的功能抽取出来并集中精力研究其实现的手段和方法，以取得创新的最佳成果。教学方法创新与其他任何创新一样，都有其创新原点，寻根溯源找到创新原点，再从创新原点出发去寻找各种解决问题的途径，用新的思想、新的技术、新的手段重新构造方法，从本原上解决问题，这就是还原创新方法的精髓所在。

四、移植法

创新理论认为，移植法是把一个研究对象的概念、原理和方法运用于另一个研究对象并取得创新成果的创新原理。"他山之石，可以攻玉"，移植法的实质是借用已有的创新成果进行创新目标的再创造。教学方法创新活动中的移植法，可以采取同一学科领域的"纵向移植"（我国高校教育教学方法的通用手法是非理性的"下位"的基础教育教学方法"上移"，而当前基础教育教学创新中则采取了诸如研究法、实验法等更多"上位"方法"下移"），也可以采取不同学科领域、不同地域的"横向移植"，还可以采取多学科领域、多地域教学方法的理念、思维和方法等综合引入的"综合移植"。移植能够取得新的成果，在教学方法方面，移植也符合"感受共存"中的新奇性标准：没尝试过的就是新奇的。所以，在教学方法问题上，美国的许多常规方法引入我国来，就是创新，就能够产生新的效果。而我国的传统教学方法，传播到美国去，也会产生意想不到的效果。

五、逆反法

逆向思维是一种重要的创新方法，逆反法要求人们敢于并善于打破头脑中常规思维模式的束缚，对已有的理论方法、科学技术、产品实物持怀疑态度，从相反的思维方向去分析、思索、探求新的发明创造。实际上，任何事物都有正反两方面，这两方面同时相互依存于一个共同体中。人们在认识事物的过程中，习惯于从显而易见的正面去考虑问题，因而阻塞了自己的思路。如果能有意识、有目的地与传统思维方法"背道而驰"，往往能得到极好的创新成果。教学方法中有一种备受推崇的"深入浅出"方法，其实，从逆反法的角度分析，高校教育教学中的很多课程内容可能并不适合"深入浅出"，而更需要"浅入深出"才能达到引人入胜的效果。

六、强化法

强化是一般创新方法之一，它是基于科学分析研判基础上的一种"包装术"，即合理策划。强化法主要对原本一般的方法通过各种强化手段进行精炼、压缩或聚焦、放大，以获得强烈的创新效果，给人以感觉冲击。分析国家级"教学名师"们的教学方法，很多都是采用强化法，把普通的教学方法"概念化"，或者按照分离法原则把一个普通方法的局部元素加以剥离、充实，并开发到极致、应用到极致，并打上首创者的名号。这样获得的教学方法不仅是"新"的，也是"强"的。

七、合作法

高校教育教学活动是典型的深度合作活动。这种认识长期没有得到推广，以至于教学方法的单边主义长期盘桓，根深蒂固。创新现行的教学方法，推进高校教育教学方法创新，思路之一就是应该从教学活动本源入手。有学者分析"对话教学法"是以师生平等为基础，以学生自主研究为特征的典型的合作创新方法，并由此推演出"以教师为中心""以学生为中心""师生关系平等"和"突出问题焦点"的四种对话教学模式。其实，不唯对话教学法是合作创新的范例，任何教学方法的创新，从创新主体而言，合作的路径是无限宽广的。因为，科学的发展使创新越来越需要发挥群体智慧才能有所建树。早期的创新多依靠个人智慧和知识来完成，但像人造卫星、宇宙飞船、空间试验室和海底实验室等，需要创造者们能够摆脱狭窄的专业知识范围的束缚，依靠群体智慧的力量、依靠科学技术的交叉渗透。

第二节 高校教育教学方法创新评价

推进和深化高校教育教学模式创新实践的一个重要命题是如何开展教学方法评价。教学方法评价的缺失或不当，是教学方法创新实践成功的先决条件。因此，建立适合高校教育教学内容、教育对象、教学发展特点的教学方法评价机制，有利于推进教学方法创新实践活动。

教学方法创新评价的起点是教学方法常态评价，通过对教学方法的常态评价促进教师的教学方法创新，通过教学方法创新评价进一步科学引导教师的教学方法创新实践。教学方法常态评价就是对任何教学活动中教师所使用的教学方法状况及其影响给予分析判断，提出建议。这实际属于常规教学评价内容，但经常被忽视或虚化，其中一个重要原因就是评价标准的缺失或评价过程的瞬间性难以把握，只能寄托于"事后印象"，所以，教学方法常态评价实际上处于一种"无政府"状态，无论是教师还是学生，甚或是专门教学指导与评价组织者，均各执一端，莫衷一是。

教学方法常态评价的目的不在于推选出一种或几种最优教学方法，而在于促进教学方法的多元化和有效性，使学生感受得到积极健康的满足，从而激发学习兴趣，增强学习动力，提高教学活动的整体水平和质量。"最优"教学方法是不存在的，所有有效的教学方法几乎都是组合性和适切性的产物。因此，常态评价的标准不是组织设计性的，而是一种常规状态下的灵活评价标准：符合基本教学方法要素，适应不同教学内容和教学对象，教师和学生的感受趋于一致。当然，教师误用为"取宠术"，满堂取悦于学生的奇闻逸事，这是在实施常态评价时应引起关注的。同时，教学方法常态评价过程必须是动态的，不能以一两次评价代替某位教师的某门课程教学方法状况。

高校教育教学方法创新评价是在教学方法常态评价基础上，用来引导和规范教学方法创新活动的手段之一，评价结果反映教学活动中教师所采用的教学方法的科学性、合理性及有效性。进行创新评价或者评价某个教学活动中的教学方法是否具有创新性，至少应该符合以下四项原则之一。

一、批判性原则

与常态评价不同，考量一位教师的教学方法是否具有创新性，首要的依据不是稳妥、正确，而是方法中的批判性成分，包括该方法对教学内容的常理的、现行结果等是否具有反思维或质疑，对学生的问题意识、探究情怀是否有暗示作用。现行教学方法中的知识讲授、灌输等方法之所以一直被诟病，就在于它忽略了这些知识产生时的无限批判进程，使知识显得苍白，不能培养学生的问题意识和探究兴趣。在评判原则之下，可以有非常多的具体方法，只要它们具备批判属性，都属于教学方法创新范畴。

二、挫折性原则

无论是抽象的观念还是具体的方法，但凡具有"新"的本质属性，或多或少存在不被立即接纳和认同的境遇，人类社会在漫长的进化史中，有一个共同的经验就是对于"新"既怀有期盼，又保持着戒备。一种新的教学方法被创设或引进到一个教学情境中，必然会有一定风险、会遇到各种阻力乃至反对，一片欢呼、推行顺畅的新方法十分罕见。教师对于风险的评估以及是否决定推行是为内阻力，而遭遇风险担当风险是为外阻力。无论是内阻力还是外阻力，都是每一种新方法必须面临的挫折。同时，这种方法本身在实施过程中还含有"挫折"意蕴，比如，项目教学法就使学生在参与实施新方法的过程中体悟探究和推演的复杂性和艰难，在挫折中寻求成功，进而体会新方法的意义和愉悦感。这种方法也是对高校学生进行学术品格培育的有效途径之一。

三、丰富性原则

有效的教学方法很少是单一性的，通常是多方法的组合运用。评判一次教学活动或者一位教师一贯的教学方法是否具有创新性，应该考察其方法使用的丰富程度。人类在漫长的教育教学历程中，创造了无数的教学方法，其中每一种方法都没有好坏、正误之分，关键是是否适合这种方法的对象与教学内容、教学情境，教学是种非线性规律活动，每一种教学方法都有其产生的特殊原因，而人类相同原因出现的概率非常少，因此，某一种方法只能在其起源相似条件下才能发挥作用，更多情况下是各种方法的融合与杂糅。具有创新性的教学方法必须具有丰富性特点，单一的方法在现今条件下即使具有创新性，也一定非常微观，解决不了常规教学层面的问题。总结教学名师们的教学方法，在其"品牌性"之外，都有非常丰富的教学方法贯穿教学活动之中，其中还有一些是教学方案设计之外的"非设计"方法，被教师们临场发挥，服务于特殊需要的教学过程。"非设计"方法是教学方法创新丰富性的表现之一，它准确地反映出不同教师运用教学方法的能力和水平，高水平的教师可以在教案设计方法之外游刃有余、得心应手地选择恰当的方法开展教学，而初任教职的教师可能在教案中设计了若干教学方法，但有可能一些方法根本没有用上就结束教学活动了，或者用一些超出教学安排的"取宠术"来满足学生的低级兴趣。

四、关联性原则

高校教育教学方法的实现途径随着技术进步发生着快速而深刻的变化，多途径实现教学目的成为现代高校教育教学方法创新的革命性特征，与传统的讲授法、灌输法相比，现代技术带来的教学方法创新突出了技术性优势，从"粉笔加黑板"进化到幻灯片、进化到多媒体、进化到网络课堂，有效地提高了教学效率，为交互式教学提供了时空与技术保障，师生教学灵感也能及时得到捕捉和储存，等等。但这只是教学方法创新关联性的一方面，即方法与手段的关联。级联递增式的关联性在一定程度上否定教学方法的技术元素，完全依赖现代教学技术推进教学方法创新也不妥当，因为人类的教学活动从产生到现在，从来就不是技术的奴隶。尽管现代网络课堂或课程在逐步兴起，这可能从感觉上给世界各地高校教育教学方法掀起一次话题讨论，但通过网络传播"最优"教学方法的可能为期尚远，更多是学校的一种魅力与形象的展示。因此，关联性创新原则要求教学方法不能在技术面前无所作为，也不能搞"唯技术论"，还必须回归教学活动中"教"与"学"的本位开展创新，人是社会生活中最活跃的因素，离开先进技术设备条件依然可以开展教学方法创新活动，比如，很多教师成长经验或教学经验中的"点化法"，就屡试不爽，成就了不少人才。

对教学方法及其创新性的评价，主体必须是多元的，任何单方面的结论都不足信，尤其是从教学管理角度开展的教学方法及其创新性评价更是有违教学方法的本质要求。高校教育教学方法创新属于学术文化范畴，对于教学方法的评价不属于高校教育的行政管理而是学术管理。学术性评价的主体应该是多重多元的，只有这样才能靠近教学方法以及教学方法创新性的本质。否则，就是对教学方法的机械性误导，极大地扼杀教学方法运用的灵活性和教学方法创新的积极性。

教学方法创新评价主体，首先是教学活动直接参与者的教师和学生这个二元主体，而且学生这一方面的情况还是动态变化的，即某位教师的某一门课程的教学对于某一年级的学生一般只有唯一的一次，待教师重复进行教学时，学生已经全然改变。因此，教师的教学方法创新为什么滞后，关键就在于学生对某门课程的学习以及对教师教学方法的"感受"是唯一不可重复的，即使有一些中肯的建议，但检验这些建议是否被采用的，则是下一届学生。所以，对教师教学方法创新评价主体中学生界定，必须是持续几个年级学生。或者，对于通用性强的公共课程、专业平台课程等，要把学生全部纳入评价主体的范围，但这对大量专业性课程不适用。教学方法创新评价主体的另一方面，应该是教学团队成员。无论这个团队是否形成建制，或者规模大小、关联强弱不一，但通过这个团队，可以从"方法适应内容"角度准确界定教师教学方法使用及创新状况。至于很多高校教育已经组建并运行的"教学视导"机构的人员，是教学方法创新的评价主体之一，但由于学科专业的巨大差异，他们只能从通用性方法，即符合教学一般规律性的方法入手加以评价，不能代替教学团队的评价。教学管理部门参与教学方法创新评价是间接的，只能从程序设计、持续推进、结果反馈和分析等方面着手工作。

第三节　高校教育教学创新的思路

一、更新教学理念

更新教育思想，确立实践教育教学理念。实践，是指将高校教育教学内容中的自然科学知识、人文知识、德育等各种理论知识教育，通过具体的系统实践来消化、固化、融合、升华。在实践中统一科学教育与人文教育，把实践育人贯穿于人才培养的全过程，培养学生的实践能力和创新精神，提升个人人文素质和科学素质，达到完全与社会实际需要相符合。高校在校园文化建设中要建立一种新的激励机制，带动学生积极展开创新创业活动，并给予大力支持，全面推进实践教育。

树立以生为本的教学理念。就是在教育教学中要体现出对学生主体地位的充分理解和尊重，对学生潜能的充分诱导和挖掘，对学生人格的充分培养和塑造，把学生的个人意愿、社会的人才需求、学校的积极引导有机结合起来，使学生在知识、能力、思想道德、身心健康等各方面得到均衡、全面的发展，从而促进学生成长成才。这一教学理念要充分贯彻体现到高校的所有教学环节之中的各方面。在教学模式上，要对原有的缺乏弹性的、学生被动接受的没有选择余地的教实施弹性教学计划，建立学分制、主辅修制，让学生有一定的选择权和支配权，可以自由支配属于自己的时间和空间，着力于学生创新能力和实践能力的培养；在教学目的上，要"一切为了学生，为了学生的一切，为了一切学生"。在教学方法上，要大力提倡"以学生为主体、教师为主导"的互动式教学方法，鼓励使用问题式、案例式、讨论式、情境式教学法，开展"启发、互动、探究式"的课堂教学实践，采取一系列措施，使教师由传统式知识传授型教学向现代式研究性教学转变，引导学生由被动接受型学习向研究型学习转变。

在教学组织的具体实施方面，应采取灵活多样的教学组织形式，而对目前过于刻板的传统教学方式进行创新，充分发挥学生的个性，对学生进行激发和引导，使学生经过探索研究而学会自主学习，使教学方式以传授知识向培养学生认知能力和全面素质转变。转变以教师、课堂、书本为中心的教学局面，进行师生互动，展开专题讨论，鼓励自主探索与合作的学习方式，培养学生的探索精神与批判性思维；重视教学的创新性和学生个体间的差别指导，让学生在与教师的朝夕相处中耳濡目染，接受熏陶；以学生亲自动手实践为主，采取提供实践平台、鼓励学生积极参与科学研究实践课程创新的手段，增强教学活力，培养学生获取新知识、分析和解决问题、交流与合作的能力。

制定均衡的高校教育资源配置政策。在重点大学和普通大学之间要实现教育资源配置的均衡。在建设和发展"985工程"和"211工程"重点大学的同时也要兼顾一般大学，着力改善一般大学的办学条件。还要针对目前不同区域间高校教育差距越来越大的现象，制定相应的区域高校教育政策，寻求不同教育资源在区域间配置的平衡，增强区域高校教育发展的动力。科学合理地安排高校教育的学科专业布局，加强教学内容和课程体系创新。合理安排课程设置，高校的办学理念、专业与课程设置、教学模式要与社会需求相一致，培养与社会需求相符的人才。首先，在进行学科专业建设时依据"厚基础"原则构建培养本学科专业人才的基础知识、能力和素质结构。其次，在安排学科专业布局时要依据"宽口径"原则，拓宽学生的专业知识面，把专业设置从对口性向适应性改变，实行宽口径的专业教育，优化课程整体结构，拓宽专业课程交叉培养，增加弹性教学，提高教学质量，提高学生的综合素质，促进学生科学全面发展，为社会提供高素质人才。最后，高校要抓住自身特色，合理定位，遵循差异性原则，建设优势学科，避免模式单一，合理配置教育资源，促进教育公平，促进高校教育科学发展。因材施教，树立以生为本的教学理念。因材施教，就是根据不同学生的个性特点来进行不同的教育活动，通过对差异性的辨析制订出适合其特点的教学计划。教育公平的实质不是使每一个学生都要获得同样的教育，而是使每个学生都获得"适合"自身的教育，这就是教育公平的"适合性"原则。我们要充分认识到学生是教育活动的主体，学生是发展的独立的人，每个学生都有自己独特的个性，我们要做到在制定教学目标、教学模式、教学内容以及教学方法等教学活动方面要坚持以生为本的教学理念，尊重学生的主体地位，充分挖掘学生的潜能，使学生的个性得到充分发展，塑造学生的健全人格，促进学生的全面发展，促进教育公平的实现。

构建高校教育教学质量保证体系。高校教育教学的质量直接影响着人的全面发展，最终影响经济社会的发展，我们要依据相应的政策法规建立高校教育教学质量保证体系，规范学科专业建设，避免重复建设和教育资源浪费，构建独立的有权威性的教育教学质量评估机构，加强对高校教育教学质量的监督，完善高校教育教学评估政策，充分发挥社会的监督作用，对高校教育教学质量进行监督。

总而言之，追求高校教育教学公平是促进高校教育公平的核心所在，也是促进高校教育创新发展的不懈动力，我们必须坚持科学发展观，继续深化高校教育教学创新，优化高校教育结构，不断提高高校教育教学质量，实现人的全面发展，最终促进高校教育公平的实现。

二、办学特色

（一）办学特色的内涵

教育部在《普通高等教育本科教学工作水平评估方案》（2004 年）中明确了办学特色的定义以及内涵，"特色是指在长期办学过程中积淀形成的，本校特有的，优于其他学校的独特创新风貌。特色应对于优化人才培养过程，提高教学质量作用大，效果显著。特色有一定稳定性并在社会上有一定影响、得到公认。特色可体现在不同方面：如治学方略、办学观念、办学思路；科学先进的教学管理制度、运行机制；教育模式、人才特点；课程体系、教学方法以及解决教改中的重点问题等方面。"高校办学特色就是一所大学在长期办学过程中形成的本校特有的和已经被社会认可了的在某些学科领域方面优于其他学校的独特创新风貌和具有可持续的发展方式，具有稳定性、认同性、创新性、独特性、标志性。高校办学特色的内容主要包括学科特色、科研特色、人才培养特色、校园文化特色这四方面。

（二）办学特色的形成

第一，教育教学创新，培育办学特色。一所有特色的高校必定拥有自己独特的教育思想和教育教学，这种教育思想和教育教学能够在特定时空环境指导着高校在办学发展的过程中的办学思想和办学理念，并能适应时代和社会对教育和人才培养的要求，符合教育思想和教育教学的创新要求，符合教育创新发展和社会进步的一般规律，能够促进教育发展方向、人的全面发展及人才培养过程的优化。教育教学的创新必将带来教育思想的转变，先进的教育思想必将促进先进办学思想的实践，包括新的办学目标、办学模式的重新定位标准，以及如何实现这一标准所采用的方法、途径以及对此办学实践效果的综合评价。

第二，构建学科特色，促进办学特色。学科特色建设是促进高校办学特色形成的关键所在。学科建设作为高校培育人才、科学研究和服务社会三大职能的具体承担者，它的建设和发展水平程度对高校的人才培养、科学研究、专业建设和师资队伍等方面的质量有着重要影响，对高校的办学特色的形成有着强有力的支撑作用，并决定着学校的服务能力和水平及办学层次的提高。学科特色是高校办学特色中的标志性特色，是构成高校教育核心竞争力的主要组成部分。学科特色，一是指特色学科，指某一特定的学科特色，二是指学科结构体系特色，指由几个特色学科共同组成的学科特色。特色学科是学科特色发展的基础，学科结构体系特色是学科特色的扩展壮大，真正的特色学科具有不可替代性，是难以被模仿和复制的。高校在学科建设上不能盲目求"大"求"全"求"新"，要求"精""尖"，要因校制宜地构建优势学科，发挥优势学科所附带的"品牌"效应，形成办学特色。美籍华人科学家田长霖教授曾经说过，世界上地位上升很快的学校，都是首先在一两个学科领域有所突破，而不可能在各个领域同时突破，达到世界一流。学校要全力支持最优秀的学科，要有先有后，把优势学科变成全世界最好的，当然其他学科也就会自然而然地提升上来。所以从某种意义上来讲，一所大学的学科优势所在，也就是这所大学的办学特色所在。

第三，发扬大学精神，形成办学特色。南京大学教授董健认为，大学之"大"，内涵应该是思想自由、学术自由；培养人完善人，不断提升人格和道德；独立于政治权力之外，追求学术真理，"大学精神"就是在大学里做学问的心理状态和文化立场。大学精神是一所大学内所有成员在长期办学实践中共同创造、传承、逐步发展起来的被大学所有成员共同认同而形成的一种精神理念，它反映了一所大学的历史文化传统以及面貌状态，是大学的精神信念和意志品质的准确表达，是大学独特气质的精神形式和文明成果的表现，也是大学所有成员的精神支柱。大学精神犹如个人的品格，是大学最为核心和高度抽象的价值追求和行为规范，决定着大学的行为方式和大学发展的方向，是大学存在和发展的基石，是大学的灵魂和本质之所在。大学精神是大学保持永久活力的源泉，是大学优良传统文化的结晶，是大学在长期教育实践中积淀下来的最具典型意义的精神象征，体现了大学所有的群体心理定式和精神状态，展现了大学的整体面貌、风格、水平、凝聚力、感召力、生命力，最终凝聚形成独有的办学特色。高校的办学理念以及办学实践应该有利于大学精神的形成和发展，并使之形成一种特色教育，经久不衰。

三、推进师资队伍建设

逐步取消高校行政级别，精简高校管理机构，压缩行政费用开支，使教师真正在高校中处于主导地位，同时进行师资队伍建设。百年大计，教育为本；教育大计，教师为本。

教师作为高校培养人才、传播知识的主体，是高校教育教学中的第一生产力。一所学校的办学理念、办学方针都需要依靠教师在教学过程中呈现出来，高校要依据自身的办学特色，造就一支具有足够知识储备、教学科研能力、创新意识和人格魅力的高素质教师队伍。把重点学科、特色学科带头人的培养作为学科建设的首要内容，加大对重点学科、特色学科带头人的引进力度，加快高层次创新人才培养，突出特色训练，形成明显的学科优势，促进学科发展，进一步提升在职教师的素质，提高高校教育教学质量。

建设一支优良的师资队伍是提高教学质量的关键所在，是实现高校培养人才目标的有力保障。随着高校教育教学创新的发展，我国已经初步形成了一支总体规模较适当、学科体系较齐备、综合能力不断增强的高校师资队伍，在数量和专业层次上都有了较大幅度的增长和提升，但是在整体结构、综合素质上依然存在一些不协调和不足之处，影响着我国高校教育教学创新的可持续发展。

（一）优化高校师资队伍结构

高校师资队伍的结构内容主要包括教师的学历、职称、年龄这几方面，它可以直观地反映出教师队伍的质量、能力和学术水平的一些基本情况。这些年来，虽然我国陆续实施了"高层次创造性人才工程""高校青年教师奖""骨干教师资助计划""硕士课程进修"等多项高级资质队伍建设工程，但高校教师队伍的总体结构还存在着不合理因素。虽然现在的大多数高校都普遍抬高了门槛，高校教师的大门不再对本科生敞开，必须是研究生以上学历才可以获得进入的机会，但是"近亲繁殖"的现象还是存在的。因此，我们要加大对骨干教师和优秀学科带头人的引进力度，强化高层次带头人队伍建设。对于高职称的学科、学术带头人、紧缺专业人才要给予一定的政策倾斜，根据学科发展的目标，有目的地吸引高层次人才，以确保高校师资队伍的职称结构比例合理；还要通过有效措施引进高学历人才，提高师资队伍的学历层次。加强本校优秀人才的培养和吸纳来自不同地区和高校的人才，引进与培养相结合，推动人才与资源的有效整合，以利于各学科专业教师整体知识结构的优化，最终促进高校师资队伍结构的协调发展。

（二）提高高校教师综合素质

高校师资队伍建设是高校教育教学创新发展的基石，它直接关系着高校教学质量的提高与否，高校教育的快速发展对高校教师的教育教学思想、知识结构、教学方法等综合素质提出了更高层次的要求，要求教师具有熟练应用现代信息技术和现代教育手段的能力，教学与科研的创新能力，理论联系实际的能力，将知识服务于社会的能力以及良好的社会交往能力。要建设这样一支学术过硬、综合素质较高的教师队伍，我国的高校教育师资队伍建设任重而道远。提高高校师资队伍的综合素质要把师德建设放在首位。师德建设是师资队伍建设的基础，不断加强师德建设，是全面贯彻党的教育方针政策的根本保证，是培养德才兼备的高素质的社会主义建设者和接班人的必然要求。在高校师资队伍建设中要遵循"以人为本"的原则，牢固树立"师德兴则教育兴、教育兴则民族兴"的爱国主义教育教学理念，要求教师不断更新观念，用现代教育思想充实自我、进行高校师资队伍建设，建设一支为人师表、作风优良、爱岗敬业、学科研能力强的与时俱进的高素质教师队伍。

提高高校师资队伍的综合素质要注重教师教学素质的培养。

教师是教学的实施主体，培养教师的教学科研能力是提高教师教学水平的主要途径。要改变过去的只注重学历的提高而忽视教育教学能力培养的状况，既要注重教师专业学术水平的提高，也要重视教师教学水平的提高，要求教师掌握教育教学理论、教学方法以及教学规律，增强教师提高教育教学水平的积极性和自觉性。还要加强教师对科研工作的重视，为教师提供进行科研创新的条件，提高高校师资队伍的科研能力、学术水平和教师职业化水平，以"特色专业—精品课程"建设和聘任重点学科带头人为龙头，加强重点学科带头人、学术带头人、学术骨干队伍建设，在部分学科领域形成独具特色的人才群体，致力于学术大师和教学大师的培养，带动师资队伍整体水平的提高。

总之，我们要把高校师资队伍看作一个整体，通过多种方式加强高校师资队伍建设，提高教师的专业理论学术水平、教育教学能力、科学研究能力以及科学文化素养，全面提升教师队伍的教育教学功能、团队协作功能、科研开发功能及社会服务功能。使教师掌握先进的教学、科研方法，并具有崇尚科学、勇于创新的开拓精神，具有为高校教育事业不懈追求的精神，为高校培养一支具有良好的职业道德、较强的教学科研能力和充满活力的高素质师资队伍。促进高校教育教学质量和水平的提高，促进师资队伍建设的良性循环，促进我国高校教育教学创新，为高校教育创新的跨越式发展奠定基础。

四、创新课程体系及教学内容

（一）课程体系创新

首先要优化和调整学科专业课程结构，因材施教，分层次教学、分类别培养，同时进行主辅修、双学位、定向培养、中外合作办学等多样化的人才培养模式，在满足不同基础学生学习需求和发展需要的同时，也能促进人才培养质量的提升。在课程结构上，打破传统的单一课程结构类型，即分科课程、国家（或地方）课程、必修课程统一天下的局面，重新调整课程结构，优化课程体系。综合课程、必修课程和选修课程都要各自占有一定的比例，以"本科规格＋实践技能"为特征，重视学生的个别差异，坚持四个结合，即理论与实践、人文教育与专业课程教学、课内与课外、校内与校外相结合，构建一种合理的适合学生发展的课程体系，最终培养学生具备两方面的素质——文化素质与创新素质，提高四方面的技能——基本技能、通用技能、专业技能、综合技能。

在高校基础课程教育上，构建综合基础教育体系，所有学科专业都进行国防教育、人文教育、自然科学基础、德育实践等基础知识培训。要构建综合实践体系，搭建公共实践平台，包括专业实验、实习、设计，毕业设计（论文），德育实践，科技文化实践、创新实践等。还要构建学生实践能力考核体系，对学生的综合实践能力进行考核。进行"创新课程"研究，转变理论基础。创新课程所依据的理论基础由心理学扩展为社会学、经济学、文化学、政治学和生态学等更具包容性的学科领域。创新不仅包括首次创造，也包括对他人所创造出来的成果的重新认识、重新组合和设计应用。创新课程并不是以学科的方式向学生传授一整套如何创新的知识、方法和策略，也不是以学生获取学科知识为中心，而是以综合实践的方式为学生提供相对独立的、有计划的进行研究性学习、设计性学习、体验性学习、实践性学习、反思性学习和生活性学习的学习机会。让学生从自己的现实社会生活中自主选择研究课题并通过对开放性、社会性、综合性和实践性问题的探究，形成自己独特的学习方式，培养学生的创新精神、探究能力、开放性思维、社会实践能力和社会责任感。同时，创新课程也是一种创新性理念，指在一种课程开发与实施的过程中除了独立的综合实践课程之外，原有的所有课程科目在具体实践中都要设置一些必要的干扰性因素，并通过课程内容的复杂性、模糊性来增加课程的难度，以培养学生的探究能力。

（二）教学内容创新

遵循"厚基础、宽口径、强能力、重质量"的复合型人才培养原则，重新规划和设计教学内容与课程体系。改变过去只在专业学科范围内设置专业课、专业基础课、基础课的"三级"课程编排方式，构建专业必修、专业选修、学科必修、公共必修、公共选修五大课程体系，对教学内容与课程体系进行重新规划和设计，按照学科专业普遍大类平行设计学科专业类课程、新公共基础课程、文化素质教育课程和实践性教学课程等较大教学课程内容体系，增加选修课，减少必修课，对公共课进行分级分类教学。

厚基础，就是使学生熟练地掌握各个学科专业的基础理论、基础知识、基本技能，并能扎实地运用到实践中去，确保学生的知识基础，强化学生基础知识体系，打造精品课程。进一步加强学生基础理论、基础知识、基本技能和基本方法的学习与实践，进行优秀主干课程建设和基地品牌课程建设，重点建设基础较好、适应面广的学科专业基础课、主干课和专业课，使之达到国家精品课程建设标准。在课程体系建设上，要不断优化课程结构，拓宽专业课程交叉培养，提高知识质量，加强大学生文化素质教育，增加弹性教学，改变传统的教学计划。在"公共必修"课程之上可以设置"学科必修"课程，按照分类搭建课程平台，注重文理交叉，在课程体系中设置跨专业课程，强化专业渗透，为学生的宽口径发展搭建学科基础平台。优化学生知识结构，让学生根据自己的专业特长、兴趣爱好和发展趋向自由选择，进一步拓宽专业口径，培养大学生综合素质。强能力，重质量就是从培养学生全面发展、提高学生综合素质出发，以分析、模拟、影视教学等基本形式展开实践教学，加强课堂内外的实践教学环节，并通过组织社会实践、社团活动、专业实习等实践活动培养学生的务实能力、操作能力。注重学生的人格塑造，充分挖掘学生潜能，注重培养学生"从一般到个别"的解决问题的能力，着重训练学生"从个别到一般"的调查分析问题的能力，帮助学生养成可行性分析的良好思维习惯，使培养出的学生具备强能力、高质量。

（三）注重实践教学

当前，我国高校教育教学投入不足、教学管理环节薄弱、教学创新还需加大力度是高校教学工作存在的主要问题。从 1999 年起，由于高校的扩招，大学的规模扩大了，但大学生数量的急剧增加所带来的负面影响也正在逐步显现。旧的传统教育思想、教育观念仍占主导地位，教学模式、教学内容、教学方法与学生成才实际脱节，尤其缺乏相对应的实践教育导致人才培养与社会经济发展需求脱节，致使培养出的学生由于缺乏实践能力而不能满足创新型国家建设和经济全球化发展的要求，失去了大学服务于社会这一功能的重要意义。针对我国高校教育教学创新中出现的这种状况，教育部、财政部联合发出了《关于实施高等教育本科教学质量与教学创新工程的意见》（2007年），决定实施教育教学质量工程，中央财政将投入大量资金支持"质量工程"建设。同时，教育部也发出了《关于进一步深化本科教学创新全面提高教学质量的若干意见》（2007年），指出要重点落实实践环节，拓宽大学生校外实习、实践渠道，与社会、行业以及企事业单位共同建设实习、实践教学基地，力求提高大学生的实践能力；对学生进行实践教育，并多方面采取各种有效措施，确保学生专业实践和毕业实习的时间和质量，把教育教学与社会实践紧密地结合起来。

开展实践教学，要求学校通过开拓各种有效途径为学生搭建实践平台，建立一批相对稳固的课内外学生实习和实践基地，并积极组织学生进行社会实践、调研、实习等活动，逐步培养大学生的敬业精神，培养他们艰苦奋斗的精神和坚韧不拔的意志，有计划、有目的地推动大学生自觉自愿地加强职业道德素养。逐步培养大学生的实践创新能力，积极支持大学生创新创业活动，致力于大学生创新素质的发掘和培养。创新素质主要包括创新意识、创新精神、创新能力等三个层面的内容。在一个创新型国家的建设进程中，这种全新的创新素质正逐渐成为大学生在就业市场竞争中的核心竞争力。

五、教学模式和方法创新

（一）教学模式创新

人才的培养是一个复杂的系统工程，必须不断探索其内在的规律，创新旧的不合理的教学模式，认真细致地研究教学，研究其内在的多重因素：教学理念、教学内容、教学方法、教学模式等，从而掌握教学的规律。因此我们提出了"教学民主"的教学观念，对传统的教学模式进行创新，开创研究性教学、开放性教学和互动性教学等一些能够体现"教学民主"的经典教学模式，充分突出学生的主体性地位，激发学生的主动参与意识，开发学生的学习潜能，创设民主、和谐的学习氛围，指导学生学会学习。在教学中建立一种和谐的师生关系，充分调动学生学习的自发性和积极性，保证学生和谐全面发展。

推广研究性教学，培养学生的创新意识。教学从知识传递向注重能力培养的转变，必然要求教学方式方法的变革，推进研究性教学正是深化教学创新的重要路径，也是研究型大学人才培养的一个基本特征。研究性教学是一种将教师自身的研究思想、方法和最新成果引入教学过程的教学模式。通过研究性教学，使教学建立在科研基础上，科研促进教学的提高，教学与科研互动并向学生开放，从而引导学生在参与教学过程中步入科研前沿，激发学生主动思考、主动探索、主动实践的创新意识。研究性学习的过程，是情感活动的过程，通过让学生自发地参与探究性学习活动，获得亲身体验，逐步形成一种在日常生活和学习中勇于探索、努力求知的良好习惯，从而激发探索和创新的积极欲望，研究性学习过程，就是一个探索的过程，在一个相对开放的环境中寻找问题和探讨解决问题的过程。通过这一过程，可以培养学生的思维能力，培养学生发掘和解决问题的能力，对学生掌握一定的科学的学习方法，增强学生对资料的收集能力、分析能力、总结能力，以及学会利用多种有效手段、多种途径获取信息都有积极的推动作用。研究性学习的过程是一个互动的学习过程，在这个互动的学习过程中离不开学生与团体、学生与学生之间的沟通与合作。可以说研究性学习为学生提供了一个人际沟通与合作的良好空间，为学生分享研究资料、学习信息、创意和研究成果以及发扬团队精神提供了一个很好的交流平台。培养学生学会合作，发现问题，克服困难共同解决问题的能力。研究性学习的过程也是一个实践的过程，要求学生从实际出发、实事求是，尊重他人研究成果，严谨治学，积极进取。研究性学习的过程也是一个培养学生全面素质提高的过程，通过学习实践加深了对科学以及科学对自然、社会的积极意义与价值的认知，使学生懂得思考国家、社会、人类与世界共同进步、和谐发展的宏大命题，在培养学生的创造能力和实践能力之余还促进学生形成积极的人生观、价值观。而且研究性学习过程也为学生提供了综合运用各门学科知识的机会，加深了学生对学过知识的重新记忆，加强了学生所学知识的生活化。

进行开放性教学，培养学生的积极参与能力以及自主创新能力。开放性教学是为了鼓励学生主动积极地去探究知识规律，对传统教学过程中影响学生发展的不合理因素进行改变，从而培养学生自主创新性学习能力的新型教学。开放性教学的主要思想理念在于以学生的发展为本，通过教学目标、教学方法、教学内容以及整个教学过程的开放，从传统的封闭式课堂教学走向开放式教学，充分发挥学生的主体作用，让学生掌握学习主动权，自己去探索、发现，培养学生的创新能力。在开放性教学中，教师不能仅仅拘泥于教材、教案的内容，要给学生提供充分发展的空间，创设有利于学生自主发展的开放式教学情境，根据学生的发展状况不断调整教学过程的每一个环节，激发学生学习的动力，促进学生在积极主动的探索过程中健康、全面、和谐地发展。开放性教学不只是一种教学方法、教学模式，它还是一种教学理念，它的根本目的是让学生的创新潜能得到充分发展，以开放的教学活动过程为路径，以最优教学效果为最终目标。

开创互动性教学，提高教学质量。互动性教学就是在教学过程中充分发挥师生双方的主动性，师生之间相互交流、相互探讨，促进师生共同发展，最终优化教学效果、共同完成教学目标的一种教学模式。互动性教学可以活跃课堂气氛，而且能够及时反馈学生的学习进度以及掌握知识的规律。互动性教学包括教与学的互动、教学理念的互动、心理的互动以及形象和情绪的互动，等等。互动性教学是一种富有生命力的创造性教学，有着现代性、互动性和启发性的特点，它不同于传统的以教师为主的灌输式教学，也不同于放任学生自由学习的"放羊"式教学，它要求教师按教学计划组织学生系统地有目的地学习，并要求教师按学生的发展要求有针对性地因材施教，促进教师努力探索、学习，不断提高自己的专业水准和教学水平，同时激发学生学习的积极性，促进学生个性的发展，提高教学效果和效率，最终提高教学质量。互动性教学以学生为主体，以教师为主导，提倡师生平等沟通、交流，让学生在没有压力的情况下轻松自由地学习，让学生参与教学计划、教学决策，有利于培养学生自觉学习和主动学习的能力以及创新学习的能力。

（二）教学方法创新

进行高校教育教学创新要注重教育思想理念的更新，要符合经济社会发展的需要，要吸取国内外教育专家的理论和经验，要坚持理论联系实际。教师要树立大教学观，积极推进实践性教学，处理好知识教学与技能培训之间的关系，把练习、见习、实习、参观、调查等环节全部纳入教学范畴，使学生在实践中学会学习、掌握知识，在实践中培养解决问题的能力。

启发式教学法，就是根据教育教学的目的、内容、学生的学习进度、知识规律和现有知识水平，采取各种教学手段，对学生通过启发、诱导的方式进行知识传授、能力培养，促进学生主动学习的一种教学方法。启发式教学法是以教师为主导、学生为主体的一种科学、民主的教学方式，它能激发学生的学习主动性和积极性，激起学生的求知欲和探索欲，让学生开动脑筋、积极思考、大胆质疑、主动实践，并在教师的引导下带着问题进行学习研究，找出解决问题的办法，以达到掌握知识的目的。启发式教学法不只是一种简单意义上的教学方法，它更是一种教学理念。因此，为了激发学生的求知欲，为了提高学生的学习兴趣和探索的欲望，以及对学生创新思维的培养，教师应当遵循大学生的认知心理规律，充分考虑学生思维的特性，采用启发式、研究式的教学方法训练学生的思维，从感知和直观开始，不断引出问题，不断创造背景，紧紧抓住学生思维的火花，循序渐进，启发并改进学生的思维方式、学习方法，让学生在不断地探索研究过程中学习，增长知识，训练思维，由被动学习转变为主动学习，最大限度地开发学生学习的潜力。

实践式教学法，就是以边讲边练的方式在实践基地中讲授理论课，通过理论与实践相互结合的方式促进师生共同完成教学任务的教学方法。在教学过程中要着重培养学生的学习能力，培养学生获得知识和运用知识的能力，把教师的讲授、辅导过程和学生的自学过程结合起来，把科学研究引入教学过程，培养学生的研究能力和创新意识；指导学生积极参加社会实践，进行社会调查与研究，在实践中学习知识；鼓励学生进行探索创新。教师讲授时要重视知识的集约化、结构化，让学生重点掌握学科的基本知识、基本结构与基本方法，并运用现代化科学技术逐步提高教学手段，提高教与学的效率，改进考试方法与教学评价制度，调动教师的教学积极性和创造性，促使学生自发地主动地学习。在进行教学计划的过程中，教师作为学生学习过程的组织者与协调人，要精心创设情境，根据预定学习任务来制定教学内容，制定一些来源于实践活动的综合性学习任务，然后引导学生独立确定目标，让学生从一开始就参与到教学过程当中，制订学习计划并逐步实施和评价整个过程，形成实践与学习相结合的教学方式。在整个实践教学过程中，教师可以采用讨论式教学法，以及案例教学、项目教学等多种教学方式，激发学生的兴趣，培养学生独立思考的能力以及解决实际问题的能力，培养学生的科学精神、创新意识和独立人格。

不管采用何种教学方法，传授知识、培养能力、提高素质这三者在高校教育创新中都是有机的统一体，也是高校教育教学创新的最终目的，我们要通过教学方法的创新把这三者有机地贯彻到高校教育教学过程中去。我们要树立新的高校教育教学思想：教师要在充分发挥指导作用的同时抽出足够的时间和精力致力于科学研究，学生能够自由独立地学习、思考以及探索所需要掌握的知识（理论和实践），做到教学相长，教法与学法相互联系与作用，共同促进教学效果和教学质量的提高。

总之，在高校教育教学创新中要针对学生的实际情况并结合以上教学方法，才能够提高学生的综合素质，才能进一步提高学生的学习积极性，才能培养出具有一定理论知识和较强实践能力的实用型人才，才能更好地服务于社会。21世纪是全球化的时代，是知识经济的时代，我们要建设高水平高质量的大学，必须建立现代教育教学模式，坚持以生为本，推动大学教学培养模式、教学内容、教学方法的创新，才能更好地适应高校教育发展的需要，为科教兴国、依法治国服务。

六、重视大学生文化素质教育

大学生文化素质教育是大学高质量人才培养的重要组成部分，是我国高校教育教学创新的一个重要方面，要将文化素质教育贯穿于大学教育的全过程，进而实现教育的整体优化，最终达到教书育人的目的。大学生的基本素质包括文化素质（含思想道德素质）、专业素质和身体心理素质，其中文化素质是基础。文化是人们所创造出来的物质和精神的成果，是人的活动的对象化、物化，是人观念存在的形式，是超越个人的实物形态或观念形态。一种文化一旦被创造出来，就不再受时间、空间、个人的限制，就会被广泛地传播和使用。文化素质，就是人们所拥有的所有文化知识在内在的积淀。文化素质对于人们的人生观、价值观的形成具有基础性的决定作用，并最终成为行为的指导规范。同样，人们已有的人生观、价值观也会反作用于文化素质。加强大学生素质教育，主要是指文化素质教育及创新精神、实践能力的培养。文化素质教育重点指人文素质教育，主要是通过对大学生加强文学、历史、哲学、艺术等人文社会科学、自然科学方面的教育，以提高全体大学生的文化品位、审美情趣、人文素养和科学素质。

（一）提高大学生文化素质教育的目的和意义

我国要发展，经济是中心；经济要振兴，科技是关键；科技要进步，教育是基础。由此可见，教育在我国发展中的作用和地位，是重中之重。在发展过程中，需要主体——人，是有知识、有文化、有创造力的人，进行社会发展和变革，因此，发展最根本地又被归结为人的发展。高校教育，主要是培育有知识、有文化、创新型人才，高校教育能够产生新的科学知识、新的生产力。高校教育所培养的不同专业、不同层次的各种文化素质人才在社会生活各领域的作用，将直接、间接地影响全社会的可持续发展，可持续发展的教育观念即应从全社会可持续发展的角度来审视教育的创新与发展。在高校教育中，我国已从办学体制、投资体制、管理体制、教育教学、招生就业、考试制度等方面进行了多层次的创新，已经逐步走上了一条可持续发展的新道路。

当然这条道路并不平坦，在进行创新的过程中会有诸多的问题凸现出来，其中，提高大学生文化素质教育，显得尤为重要。

（二）观念变化对大学生文化素质的影响

我们生活的时代正处于急剧变革的社会转型时期，人们的生存方式和形态也随之发生了历史性的变化，这一变化深刻而广泛地改变了社会背景和机制，从而使道德的权威性与制约作用受到了很大的影响，甚至呈现出一定程度的弱化。目前，受社会上一些阴暗现象的影响，各种媒介的导向作用，使我国大学生的价值观、文化观都发生了巨大的变化。"价值观是人们对人和事的评价标准、评价原则和评价方法的观点的体系。它具体表现为信念、信仰、理想和追求等形态。一定的价值观反映着在一定生产关系条件下人们的利益需求，决定着人们的思想取向和行为选择。"[a] 在经济日益全球化的今天，经济的迅速发展，物质的极大丰富，也影响着大学校园。大学生作为最敏感的社会群体之一，其价值观也随之不断变化，几经波折，最终步入了功利主义的价值取向，出现以自我为中心，急功近利，重应试轻应用，重感性轻理性等行为现象；以享乐为荣，以劳动为耻，缺乏正义感等价值观。当前经济发展、文化思潮、教育创新与媒体导向等是影响大学生价值观变化的主要因素。

文化观是一个人对待文化的态度。我们要树立正确的文化观，不狂妄自大，不妄自菲薄。正确对待外来文化，不一概排斥，但也绝不崇洋媚外。我们生活在一个急剧变革的时代。经济的迅速发展在短期内大大刺激了人们的物质需要，而在物质需要达到一定的满足时，精神需求方面的问题就会显现出来。面对这个由经济的躁动带来的五彩缤纷的世界，西方文化的盛行，传统文化的优势在减弱，大学生的文化观也在发生着巨大的变化。对传统文化的取舍是一个非常尖锐的现实问题。中华民族有着历史非常悠久的传统文化，有着不同于西方文化的独特理念。其中最能体现中华民族优秀传统文化之一的就是它的道德观念。我国传统文化具有非常浓厚的道德色彩，我国古代思想家的思想与理论中充满了道德观点。传统思想文化的突出特点和优点之一就是

---

a　王玉娥.社会主义核心价值体系的科学内涵 [J].网友世界，2013（1）：38–40.

它的道德精神。而部分当代大学生恰恰就是缺乏对这种传统道德精神文化的理解、继承和发扬，而是把它作为一种过时的腐朽的文化思想，把它和所有的传统文化一并遗弃，抛弃了我们中华民族的传统美德。但是，历史是不能忘却的，社会主义精神文明建设和社会主义的发展离不开我国优秀的文化传统。所谓"有中国特色"，它的主要含义之一就是我国的文化传统。深入研究我国传统文化，发扬其精华，对繁荣社会主义新文化，提高我国人的自尊心、自信心，增强国家凝聚力和提供民族精神支柱等，是一项不可缺少的基础工程。我国传统文化是历史的产物，有精华也有糟粕，我们对待传统文化应采取历史的、分析的态度，不应全盘否定。

西方文化的冲击也是一个应该引起我们警觉的现实问题。当代西方文化思潮，是西方文化的结晶，是西方文化在当代的重要思想形式和理论形式。我们身处于高度发达的信息时代，媒介的广泛传播诱导，对西方生活方式的渲染传播，使部分大学生对西方文化盲目追随，以至于拜金主义、享乐主义、暴力主义泛滥及极端个人主义等盛行。当然，任何民族文化要延续发展，要勇于和善于借鉴、吸收外来优秀文化，要对世界上其他文化采取开放、兼容的态度，而不是闭关自守、故步自封。因此，要继承和发扬我国传统文化的精华和吸收西方文化中的合理因素，有助于我们树立竞争观念、创新观念、权力制衡等一系列新的文化观念；吸收西方文化的精华有助于建设我国现代文化。我们只有对传统文化、西方文化采取合理扬弃的态度，才能形成具有中国特色社会主义的新文化。

第四章　高校教学方法理论

第一节　高校教学方法的基本内涵

一、教学方法

（一）教学方法的概念

一般而言，教学方法被理解为实现教学目标的方法和手段。在国内学者中，比较有代表性的观点有：黄浦全认为，"在教学活动中，教学方法是引导、调节教学过程的最重要的手段。"[a]李秉德认为，"教学方法，是指在教学过程中，教师和学生为实现教学目的、完成教学任务而采取的教与学相互作用的活动方式的总称。"[b]王道俊、王汉澜认为，"教学方法是教师和学生为完成教学任务而采用的办法，它包括教师教的方法和学生学的方法，是教师引导学生掌握知识技能、获得身心发展而共同活动的方法。"[c]王策三认为，"教学方法是为达到教学目的，实现教学内容，运用教学手段而进行的，由教学原则指导的一整套方式组成的、师生相互作用的活动。"[d]姜大源认为，"所谓教学方法，是建立在逻辑自洽的规则系统基础之上的教师传授学习内容以及学生实现学习目标的学习组织措施。"[e]关于教学方法的这一普适性定义表明，教学方法涉及一系列的教与学的行动模式、组织形式和实施方式。

---

a　黄浦全.新课程中的教师角色与教师培训［M］.北京：人民教育出版社，2003.
b　李秉德.教学论[M].北京：人民教育出版社，1991.
c　王道俊，王汉澜.教育科学研究方法介绍[M].丰台区教育科学研究所，1985.
d　王策三.教学论稿[M].北京：人民教育出版社，1995.
e　姜大源.职业教育学研究新论[M].北京：教育科学出版社，2007.

就国外学者而言，认为："任何教学方法都是教师的一整套有目的的动作，教师通过这些动作组织学生进行认识活动和实践活动，使学生掌握教学内容，从而达到教学目的。"[a] 教学是须采用多样的方式展开的：教师提问，学生回答；或者学生在小组里互相讨论，然后向全班报告等。在教学情景中，教师和学生的这种为了教与学而展开的活动方式谓之教学方式（教学方法）。

尽管国内外学者对教学方法的定义有所差异，但基本思维方式是一致的，即认为教学方法受一定的教学思想的制约，受一定的教学目的的指导，并有助于目的的实现。其次，教学方法能够体现教学活动内部各要素之间的内在关系，特别是教师、学生、内容之间的关系。为了实现人们所制定的目标，总是要借助一定行为操作。

（二）教学方法的分类

从不同的角度，按照不同的分类方式可以将教学方法分为不同的类型。比较常见的有以下几种分类方式：

1. 根据教学方法实施主体的分类

"教"的方法与"学"的方法按照实施主体的不同，教学方法分为教师的"教"法和学生的"学"法。属于教法的有：讲授、演示等，属于学法的有：听、记、练习、观察等，可以看出，这种分类方法看到了教法与学法的区别，但未能看到二者之间的联系。因此，学者们在"以学生为主体"的教育教学理念指导下，从"学"的方法的分类导出与之相应的"教"的方法，即模仿的学习方法—示范教学方法；抽象概括的学习方法—概括教学方法；解决问题的学习方法—求解教学方法；逻辑推理的学习方法—推理教学方法；总结提高的学习方法—反馈教学方法。这种分类法则将学法与教法有机联系起来，避免了两者的分割。

还有学者根据教和学在不同的教学活动中地位与作用，将教学方法分为：教师中心的学习方法，如讲授、提问、论证等。此时师生的语言交流是单向的，即从教师到学生。

---

a　斯卡特金.中学教学论：当代教学论的几个问题 [M].赵维贤，丁西成，译.北京：人民教育出版社，1985.

师生相互作用的学习方法，如班级讨论、小组讨论、学习等。这种方法利用学生之间以及学生和教师之间的信息交流，对于认知领域较高水平的学习（分析、综合、评价）和所有情感领域的学习特别有效。

个体化的学习方法，如程序教学，单元教学和计算机教学。这类方法适应学生学习的不同速度，有规则地、及时地提供反馈信息以促进学习进程。

2. 根据教学方法所属的不同层次的分类

对我国教学理论中各种各样的教学方法进行分析、比较和概括，可以发现，教学方法具有三个层次：

（1）原理性教学方法

其最大特点是为具体教学方法提供理论指导，本身不具有操作性。

（2）技术性教学方法

诸如，讲授法、讲述法、讲解法、讲演法、谈话法等，每一种方法都适用于学校各科或几个科目的教学。

（3）操作性教学方法

这是具体到学科中各自具有的特殊教学方法，如技术课的工序教学法、外语课的听说教学法等，它只适用于特定科目教学，具有与各科目的教学内容相结合的基本固定的程序和方式，教师一旦掌握便可立即操作应用。

3. 根据掌握知识的基本阶段和任务的分类

苏联传统教学论中对教学方法就是这样分类的，主要包括三类，即保证学生积极地感知和理解新教材的教学方法；巩固和提高知识、技能和技巧的教学方法；学生知识、技能技巧的检查。

4. 根据教学方法的形态分类

这是我国教学论中常用的一种分类，它以学生认识活动的不同形态作为分类标准，主要包括以语言传递为主的教学方法（包括讲授法、谈话法、讨论法、读书指导法等）；直观演示的教学方法（包括演示法、参观法）；实际训练的教学方法（包括练习法、实习法、实验法）；情境陶冶的教学方法。

5.根据学习的不同结果分类

根据学习的不同结果，可以将教学方法分为使学生获得明确观念的教学手段；提出新的或不同材料的教学手段；告诉学生怎样做的教学手段；影响或改变态度、思想、鉴赏力的教学手段；使学生产生安定感的教学手段；激发动机的教学手段；评价或测定的教学手段；激起、引导或缓和感情的教学手段。

6.根据学生认识活动的特点（思维活动的再现性和创造性）分类

这是苏联对教学方法所做的一种分类，它将教学方法分为图例讲解法（也称信息接收法）；复现法；问题叙述法；局部探求法；研究法。

7.根据活动过程的分类

教学活动的过程主要有引起、调整、控制三个因素，教学方法可相应地分为三大类：教学认识活动的组织和进行的方法（知觉、逻辑认识、实习）；刺激和形成学习动机的方法（兴趣、责任）；检查方法（口头的、直接的、实际操作的）。

此外，依据教学方法形态的分类：按照教学方法的外部形态及其学生认知活动的特点，把教学方法分为五类，即以语言传递信息为主的方法、以直接感知为主的方法、以实际训练为主的方法、以欣赏活动为主的方法和以引导探究为主的方法。以学生认识活动的不同形态为依据，分为四大类：以语言传递为主的方法（讲授法、谈话法、讨论法、读书指导法）；以直接知觉为主的方法（演示法、参观法）；以实际训练为主的方法（练习法、实验法）；以陶冶为主的方法。

二、高校教育教学方法

（一）高校教育教学方法的流派

高等职业教育作为我国教育体系中的一种类型，其地位与作用逐渐凸显。与之相应的高校教育教学方法也逐渐受到关注。高校教育教学方法与高校教育的理念密切相关，有什么样的教育模式，就有什么样的教学方法。借鉴国外职业教育的发展经验，高校教育模式（教学方法）主要有三个流派：

1.CBE（Competency Based Education）模式

CBE 是以职业综合能力为基础（本位）的教育体系，流行于欧洲和澳洲。它的基本特点是：以达到某一种职业的从业能力为教学目标。打破传统学科体系，以能力作为教学的基础。CBE 模式强调企业的需求和学生的主体作用，教学上灵活多样、最大限度地满足学生的需要。强调学生的自我学习和自我评价，充分发挥学生的主动性。实践证明在 CBE 教学模式下，不同能力的学生不受时间和环境的限制，大多数学生能达到较高的成绩。

2.MES（Manufacturing Execution System）模式

MES 模式是一种就业技能模块式培训方法，这是发展中国家的培训方法，它的突出特点是：培训目标明确，除了一个总体目标外，每个模块和学习单元都有一个具体的学习目标。模块式培训方案便于灵活组合，同一培训方案可以由多种培训模块组成，根据培训的需要可以灵活使用学习单元，均可达到培训目的。

3. 合作培养模式

"合作培养"既是一种办学模式，也是一种教学模式。它是学校和企业共同合作完成对职业人才的培养。"合作"有利于校企之间的资源共享，有利于参加生产和实习，在实践过程中学习知识、培养技能。此模式被实践证明是一种运转灵活、优势互补的最佳职教模式，德国的"双元制"、新加坡的"教学工厂"等都属于这种模式。

可见，高校教育教学方法的流派还未独立地发展起来，它依附于高校教育模式的发展。由此，一方面表明高校教育教学方法的专项研究还处于初级阶段，有待进一步深入研究，另一方面也表明高校教育方法的研究不可能脱离高校教育及其模式的发展来研究，两者是相互影响、相互依存的。这为高职教育教学方法的研究提供了基本思路。

（二）高校教育教学方法的依据

高校教育教学方法是指具有"高校教育特色的教学方法"。因此，高校教育教学方法既要符合教学方法的一般规律，又要有别于其他教育类型的教学方法，如普通高等教育的教学方法、基础教育的教学方法。为此，必然要为高校教育教学方法的研究寻找切实的依据，主要包括以下两方面：

1. 高校教育的培养目标

"为生产、服务、管理一线培养高素质技能型人才"[a]是高校教育的培养目标。高校教育的任何一方面都必须紧紧围绕这个目标而不得偏离，高校教育教学方法也同样如此。高等职业教育的教学方法取决于培养目标的定向性、课程内容的实用性和教学过程的实践性，其研究的重点应当落在操作性教学法的改革与实践上，其实施策略应该引起研究者们足够的重视。与传统的以学科知识传授为主线设计的普通高校教学方法不同，高校教育教学更强调"应知、应会、应做"，更注重"专业技能教学"。由此，高校教育教学方法要符合高校教育的培养目标，突破长期以来高校教育对普通高等教育教学方法的简单模仿，拓展、开创能培养高校学生职业能力和岗位技能的教学方法。

2. 高校教育的课程特性

高校教育的课程具有"柔性"特质。"以就业为导向"的高校教育必须具备对市场的动态响应机制，及时反映出市场的动态需求，调整人才培养方案，以实现人才培养目标。而课程是市场需求与培养方案的转换器，是连接市场与院校的桥梁。因此，市场的动态性内在地设定了课程体系的柔性。柔性主要包括：机器柔性、工艺柔性、产品柔性、维护柔性、扩展柔性、运行柔性，职业教育课程主要体现了扩展柔性、产品柔性、工艺柔性和运行柔性。

（1）扩展柔性、产品柔性与课程体系

扩展柔性是指当生产需要的时候，可以很容易地扩展系统结构，增加模块，构成一个更大系统的能力。产品柔性一是指产品更新或完全转向后，系统能够非常经济和迅速地生产出新产品的能力。二是指产品更新后，对老产品有用特性的继承能力和兼容能力。

课程体系是指课程的结构与组织方式。高校院校的培养目标是适应于企业发展需

---

a 周宁武 . 高职院校技术技能型人才培养系统的分析与重构 [J]. 物流技术，2018（9）：142–147.

要的实用型、技能型人才，它的主要内容集中在企业岗位所需要的能力培养上，因此高校院校的课程设置，完全区别于其他普通高校课程设置中的那种模式化倾向，而鲜明地体现出灵活性和实用性特点，各具特色的课程设置，也将是整个职业学院办学中的一个特色。因此，职业教育的课程体系具有动态性、灵活性的特征，一方面可以根据市场需求的变化，及时更新课程。另一方面，可以根据市场需求，重组课程体系，构建适应新的人才培养需求的课程体系，如当前正在进行的基于工作过程的课程体系构建。这是扩展柔性和产品柔性在职业教育课程体系中的具体体现。

（2）工艺柔性、运行柔性与课程实施

工艺柔性包含两方面，一是工艺流程不变时自身适应产品或原材料变化的能力，二是制造系统内为适应产品或原材料变化而改变相应工艺的难易程度。运行柔性是指利用不同的机器、材料、工艺流程来生产一系列产品的能力和同样的产品，换用不同工序加工的能力。

工艺柔性与运行柔性在课程中主要体现为课程实施环节。课程实施也就是按照课程目标将课程内容付诸实践的过程，从狭义上来理解就是教学。

就职业教育而言，课程实施必须具有灵活性、动态性和工作性，以保证学生职业能力的培养。具体在实际操作中，应根据专业的不同，选择适合的教学模式。如理论、实践一体化的教学模式，是在特定的实训环境中，通过师生双方边教、边学、边做来完成某一教学目标和教学任务的。这种实训环境接近企业技术发展水平，能够营造浓郁的职业氛围，提高学生实际动手操作能力，培养良好的职业素养。产、教、贸结合的教学模式，是将教学、生产和市场营销融为一体。在教学过程中，教师既是教学工作的组织者、实施者，又是生产和经营者，将教学融入市场中，实现以产促教、以教促产，有效地锻炼学生的职业技能。此外，项目教学、任务驱动教学模式等，都能灵活地适应市场需求的变化，具有较好的动态响应能力。

可见，高校教育的课程体系及课程实施都与普通高等教育有较大的区别，由此决定高校教育教学方法必须符合高校教育的课程特性，确保课程目标的有效实现。

第二节　高校教学方法的基本理念

一、以学生为中心

高校教育的人才培养目标及高校教育的课程特性内在地设定了高校教育是一种以学生能力发展和技能获取为本位的教育。因此，高校教学方法必然遵循"以学生为中心"的基本理念。这可以从以下三个层面来解析。

（一）哲学层面

"以学生为中心"的高校教育教学方法基本理念是建立在"以人为本"的哲学理念基础之上的。"以人为本"是人本主义哲学的核心思想。

英国《简明不列颠百科全书》则把人本主义界定为一种思想态度，"它认为人和人的价值具有重要意义。凡是重视人与上帝的关系、人的自由意志和人对自然界的优越性的态度，都是人文主义。"[a] 美国《哲学百科全书》认为人本主义是"指任何承认人的价值或尊严，以人作为万物的尺度，或以某种方式把人性及其范围、利益作为课题的哲学"。[b] 虽然各种说法不尽相同，但基本意思均指以人为万物的尺度，强调人的价值、尊严与自由，是一种以人为中心和准则的哲学。

按照人本主义哲学"以人为本"的理念，在高校教育教学层面具体化为"以学生为本"，即教学方法必须体现"以学生为中心"的思想。在人本主义哲学视野下，教学的目的是促进人的"自我实现"，发展人的潜能，提倡情知教学，在教学中注重学生的自我评价；在教学内容上强调学生的直接经验，强调外在的科学知识与内在经验和情感的统一；在教学方法上主张以学生为中心，放手让学生自我选择，自我发现，强调课堂教学与实际生活的统一。教师的主要任务是引导和促进学生自我主动学习，让学

---

a　中国大百科全书出版社《简明不列颠百科全书》编辑部. 简明不列颠百科全书：1[M]. 北京：中国大百科全书出版社，1985.

b　林海鑫. 浏览美国《哲学百科全书》[J]. 辞书研究，1981（3）：165–171.

生学会如何去思考、去感受、去体验，并从中发现人生的真谛与价值。在高校教育教学中，学生的学习体现出更多的主动性、实践性，学生职业能力、岗位技能以及综合素质的发展成为高校教学方法的依据。因此，没有遵循"以学生为中心"理念的教学方法无法实现培养高素质技能型人才的培养目标。

（二）心理学层面

在心理学层面，人本主义学习理论为高校教育教学方法"以学生为中心"的理念提供了心理学依据。

人本主义学习理论认为学习是丰满人性的形成，其根本目的是"自我实现"，学习者是学习的主体，应到受到尊重；人际关系是有效学习的重要条件。人本主义学习观有这样几个特点：一是自主性，即学习是个人主动发起的，而不是被动地等待刺激。学习者内在的思维和情感活动极为重要。二是全面性，即个人对学习的整体投入不仅涉及认知方面还涉及情感、行为、个性等方面。三是渗透性，即学习不单是对认知领域产生影响，而且对行为、态度、情感等方面发生作用。

可见，在人本主义学习理论框架下，高校教育的培养目标只有通过"以学生为中心"的教学方法才能实现。因此，有学者认为，以学生为中心教学方法的有效实施是贯彻以能力为本位培训的必要保证，其设计一定要遵循平等参与的原则，让学生平等参与能力培养和鉴定评价过程，从而建立一种公平、公正、公开的平等参与意识。另外，要考虑职场健康与安全的要素，充分体现对生命的珍视。通过以学生为中心教学方法的运用，培养教师和学生"以人为本"的思维方式和行为模式，让一切教学活动的组织安排围绕学习者需求及其能力塑造而开展。

（三）教学论层面

"以学生为中心"的教学观是人本主义哲学理论在教学论领域的具体化。"以学生为中心"的教学观主要体现在：

第一，在教学过程上，认为教学过程既是教师教的过程，又是学生学的过程，更重要的是学生的学习过程，关注学生学到了什么。

第二，在教师和学生在教学过程中的角色上，认为学生在教学过程中处于中心地位，是教学的主体。学生应该积极主动参加到学习过程中来，对自己的学习负责。教师对学生的学习起指导、引导的作用。

第三，在学习内容上，"以学生为中心"的教学强调学习要与将来所从事的工作相关联，即面向应用，培养胜任岗位工作的能力。学生不仅要学习知识（理论），还必须获得实践技能并会运用这些技能，发展自己的通用能力。

第四，在教学方法上，则反对死记硬背的教学方法，提倡教师设计丰富多彩的教学活动，实现学生积极主动参与，体现学生是教学的主体。学习的场所不仅仅在学校，还应该有计划地安排学生到工作现场学习、实践，到社会调查研究。

第五，在学习结果的考核评估上"以学生为中心"的教学评估目的是考核学习解决实际的能力，主要采取"任务法"用具有实用背景的任务全面评估学生学到了什么专业能力，评估通用能力的发展水平。

可以看出，在教学论层面，"以学生为中心"的理念体现在教学过程、教学内容、教学方法以及教学评价的各方面，特别是在教学方法的设计和选择上，是否坚持"以学生为中心"直接反映高校教育教学的理念是否体现了"以人为本"的哲学思想，直接关系到高校教育人才培养目标是否真正实现。

二、以能力为本位

传统教育中，教育是以学生储存的知识多少为目标。由于这种知识是人类对历史经验的积累和总结，所以在教学中往往片面地重视现代化的、抽象的概念和推理，因而传统教育培养的是知识型人才。高校教育是培养高素质技能型人才的教育，知识本位的教学理念显然不符合高校教育的实际，无法实现高校教育的人才培养目标。由此，根据高校教育兼具高等性、教育性、职业性"三重"特性的特点，结合高校教育的人才培养目标，我们力图突破传统知识本位教育对高校教育的影响，提出"以能力为本位"的高校教育基本理念。而高校教育教学方法也正是以这一具有高校特性的理念作为其依据的。在此，我们具体分析高校教育中，"以能力为本位"的基本内涵。

（一）能力

能力是人的综合素质在现实行动中表现出来的正确驾驭某种行动的实际本领、能量和熟练水平，是实现人的价值的一种有效方式，也是左右社会发展和人类命运的一种积极力量，它包括体力、智力、道德力、审美能力、实践操作能力等一般能力，从事某种事业活动的特殊。才能和为社会贡献的创造能力。在高校教育中，能力主要是指学生的职业能力，这也是高校教育的主要目标。一般来说，职业能力包括专业能力、方法能力和社会能力。专业能力是指从事专业工作所需要的技能与相应的知识，是学生毕业后胜任专业工作、走向社会赖以生存的核心本领。方法能力是指具备从事职业工作中所需要的工作方法和学习方法，包括制订工作计划、协调计划以及对自己的工作成果的评价、在工作中努力学习新知识具有技术创新的能力。社会能力是指在工作中和学习中的积极性、独立性和与他人交往的能力，以及组织表达和社会参与的能力。

（二）能力本位

能力本位的基本理念是针对传统教育过分强调知识本位而产生的诸多问题而提出的。高校教育经历了曲折的发展过程，它作为一种教育类型而独立存在是近年来才得到较为广泛认可的。因此，在高校教育的发展历程中，长期以来仅仅被作为一种教育层次而非作为一种教育类型来发展，导致高校教育的发展沿袭、模仿甚至照搬普通高等教育的发展模式。在专业设置、课程建设、师资队伍建设以及教育管理等各方面都打上了普通高校的烙印，"知识本位"的教育理念在高校教育的发展中占据着主导地位。然而，随着职业教育在社会发展中的地位和作用，高校教育作为教育体系类型的层次定位，使高校教育逐渐认识自身的发展方向和定位，知识本位的教育理念显然不符合高校教育培养高素质技能型人才的需求，因此，与高校教育培养学生职业能力密切相关的能力本位教育理念逐渐显现出其优越性，并发展为高校教育的主导教育理念。

能力本位就是指在教学中，学生的一切学习活动都是以提高能力为目标。学生的学习活动应当首先提高学习的能力，并把所学的知识通过脑、心、手的联合作用在轻松愉快和潜移默化的过程中，不断地内化为能力，增长才干。能力本位要求充分正确地发挥人的能力，这里的"正确发挥"是指能力发挥的性质、方向、方式和目标。这自然要求以道德为前提，否则，能力越大越坏事。因此我们强调能力本位，也强调人的努力、道德品质和绩效。

有什么样的理念，就有什么样的教学方法。在知识本位教育理念下，教学方法强调知识的传递和知识的论证；在能力本位教育理念下，教学方法则强调能力的获取和能力的发展。因此，教师对教学目标的追求，不是把现成的知识技能传递给学生，而是指导学生去寻找得到这个结果的途径，最终通过自身的努力得到这个结果，在此过程中培养学生的各种能力。这里所指的能力已不仅是知识能力或者是专业能力的狭隘含义。还有获取新知的方法能力，同时还涵盖了与人合作、交流、表达的能力以及发现职业机会、设计实现人生计划的社会能力。这三个维度的能力通过相互联系、相互作用，共同构建起全方位的行动能力。

三、以发展为目标

以发展为目标是指学生在原有基础上可持续地终生发展，而不是只局限于在学校的当前发展。这是"以学生发展为本"的内涵的核心。结合古今中外教育家的相关理论，在高校教育教学中，坚持"以发展为目标"主要包含以下含义。

（一）教学应当以学生的发展为目的

第斯多惠在教育史上首次明确提出"发展性的教学"这一概念，所谓"发展"，就是在教学中让学生的自然本性得以符合自然规律的发展，即注重在教学过程中发展学生的心智。他把心智理解为思维、意志与性格的全面心理发展的内容，他提出发展性的教学不仅要发展学生的能力，同时也要培养他们具有坚定的信念、崇高的道德情感、坚强的性格，形成他们的整个个性。"任何真正的教学不仅是提供知识，而且是予学生以教育。""如果学生的头脑充满或多或少的知识而没有学会去运用，那是可悲的现象。"他强调指出："一切学校教学的发展性的（锻炼性的）目的永远也不应忽视。"

（二）教学应当走在发展的前面

苏联著名心理学家维果茨基就教学与发展问题，提出了"最近发展区"之说，即引进了区分发展的两种水平的原理，第一种水平是现在发展水平，由已经完成的发展程序的结果而形成。维果茨基把第二种水平称为最近发展区。最近发展区说明那些尚处于形成状态，刚刚在成熟的过程正在进行。教学与其说是依靠已经成熟了的机能，不如说是依靠那些正在成熟中的机能，才能推动发展前进，教学创造最近发展区，然后最近发展区则转化到现有发展水平的范围之中。因此，他指出"只有当教学走在发展前面的时候，这才是好的教学"，教育学生不应当以学生发展的昨天，而应当以学生发展的明天作为方向。

（三）教师的任务就是促进学生的发展

苏联著名的教学论专家赞科夫在长达二十多年实验研究的基础上，创建了"发展性教学理论体系"。赞科夫认为，教学应该走在发展前面，教师的任务就在于努力探求新的教学途径或教学方式来促进学生的一般发展，他指出："教学法一旦触及学生的情绪和意志领域，触及学生的精神需要，这种教学法就能发挥高度有效的作用"[a]，"全面发展"是素质教育的一种教育目标和要求，也是其他教育形态的一种教育目标和要求。它身上带有浓浓的教育管理色彩，从一定意义上讲，它通过一种教育行政要求指定一个教育目标，人们用一种发展模式来表达对受教育者发展前景的一种期望。全面发展教育是为促使人的身心得到全面发展而实施的教育。人的全面发展学说是马克思主义教育思想中的一个重要原理，它是指导全面发展教育的世界观和方法论，是教育改革的指导思想，是制定社会主义教育的方针和教育的目的的理论依据。教育与人的发展问题，是教育的永恒主题。为学生的发展而教育是我们必须确定的核心理念。

爱因斯坦早在《论教育》中就指出："一个由没有个人独创性和个人志愿的规格统一的个人所组成的社会，将是一个没有发展可能的不幸的社会。"[b]只有每位社会成员的个性得到充分发展，其创造才能有效开发，才能促进社会的全面进步。高校教育教学

a 赞科夫.大教育书系——教学论与生活[M].耿丽萍，译.武汉：长江文艺出版社，2017.
b 爱因斯坦.爱因斯坦文集：第3卷[M].许良英，李宝恒，赵中立，范岱年，译.北京：商务印书馆，2017.

同样如此。高校教育教学的着眼点不仅在于学生当前的发展，而应着眼于学生的可持续发展。

第三节　高校教学方法的主要特点

一、教学方法选择的多样性

高校教学方法必须符合高校教育的理念，以学生为中心，以能力为本位，以发展为目标。在工学结合、校企合作的高校教育模式下，高校教学方法较之普通高校更有多样性。首先，高校教师队伍较之普通高校而言，具有多样性特色。在高校院校，教师队伍的构成具有复杂性，既有理论课教师，又有实践课教师；既有专职教师，又有兼职教师；既有高校教师，又有来自企业的技师。因此，"双师"教师和"双师"团队是高校院校教师队伍构成的主体。不同的教师队伍具有不同的教学任务和教学风格，因此，教师队伍的多样化向然决定了教学方法选择的多样化。

其次，高校课程类型较之普通高校而言，具有多样性特色。高校院校的课程倡导的是"理实一体、做学合一"，因此，课程内容有别于单一的理论课程或实践课程，选择单一的教学方法无法保证课程目标的顺利实现，必须通过多样化教学方法的选择，才能确保各个教学目标的达成。

可见，高校教学方法的选择具有多样性，具体而言，高校教学方法的选择可以从以下几方面考虑：

（一）根据教学过程的任务选择

围绕教学过程任务所实施的教学方法，一般有这样一些类型：传授知识的方法；形成技能技巧的方法；巩固知识、技巧的方法；教学生应用知识的方法；检查学生知识、技能和技巧的方法。

（二）根据学习刺激方式的差异选择

根据现代教育观念，学生是教学主体，教师的主要作用在于想方设法刺激、调动学生的学习积极性和学习兴趣。通常运用的教学方法有：呈现方法，即把学习内容直接呈现给学生，如讲授、演示等；实践方法，即用分析问题、解决问题提供学习刺激，学生通过操作活动进行学习；发现方法，通过情境引导学生发现结论，例如，苏格拉底采用的"产婆术"教学法，孔子采用的讨论法等；强化方法，即对学习结果的特定行为进行强化，如行为矫正、程序教学等。

（三）根据教学方法的外部形态和这种形态下学生认知活动特点选择

教学方法在一定教学理念支配下，运用某种教学手段而展开教学行为，物化为一定外部形态。常用的方法有：其一，以语言传递信息为主的方法。其二，以直接感知为主的方法。其三，以实际训练为主的方法。其四，以欣赏为主的方法。其五，以引导探究为主的方法。

（四）依据师生共同活动的性质选择

有的学者根据教学过程中不同教学活动的性质，运用系统论对我国教育现行常用的众多教学方法予以归类，大致是：其一，师生认识活动方法系统，如讲授法、谈话法、演示法等。其二，师生实践活动方法系统，如练习法、实验法、参观法等。其三，师生评鉴活动方法系统，如鼓励法、陶冶法、欣赏法等。其四，师生交往活动方法系统，如交往指导法、小组讨论法、班级交流法等。

（五）根据教学内容选择

这是我国现代教育常见的选择类型，尤其是高校教育中，教学内容分为实践教学、理论教学两大部分，教学方法也随之不同：其一，理论教学方法，如讲授法、演示法、程序教学法、引导提示法、实验教学法、讨论法等。其二，实践教学法，如练习法、案例法、模拟法、四步教学法等。

二、教学方法设计的综合性

高校课程的事实具有复杂性，特别是在工学结合的背景下，高校课程进行了基于工作过程的课程体系改革，由此，高校课程的内容与结构都发生了较大的改变，因而在教学方法的设计上要体现综合性，以满足课程实施的需要。

一方面，要根据课程目标，将各种教学方法进行优化整合。教学方法设计的目的是要最大限度地实现课程目标。在高校教育中，课程目标又具有复杂性，既有知识目标、能力目标又有态度目标，同时还包括各种职业技能认证的目标。因此，根据不同的目标，需要以不同的教学方法来支撑，并且确保各种教学方法能够有效配合。可见，在普通高校课堂常见的单一的讲授法已不能满足培养职业技能的需要，需要将各种方法综合起来，协调配合，形成合力，确保课程目标的实现。

另一方面，要根据学生实际，将各种教学方法进行合理改造。教学方法的设计不仅要考虑课程目标，同时还需要考虑学生的实际。因为高校教育的理念是以学生为本，高校教育最重的目标是要让高校学生受益，最大限度地促进高校学生的发展。因此学生是高校教学方法设计的重要依据。学生具有个体差异性，在高校教育中，特别是在学生技能培养方面，小组教学是较为常见的教学组织形式，因此，高校教学方法的个别性较为明显。这就要求在高校教学方法设计时，要根据不同学生类型的特点，综合设计各种教学方法，以适合不同学生的需要。

三、教学方法运用的灵活性

捷克教育家夸美纽斯在《大教学论》中写道："假如能用正当的方法，学习对于心理总是具有吸引力的。"[a] 我国现代教育家叶圣陶在《叶圣陶语文教育论集》中有说："尝谓教师教各种学科，其最终目的在达到不复需教，而学生能自为研索，自求解决。故教师之为教，不在全盘授予，而在相机诱导。必令学生运其才智，勤其练习，领悟之

---

a　夸美纽斯. 大教学论 [M]. 傅任敢，译. 北京：教育科学出版社，1999.

源广开，纯熟之功弥深，乃为善教者也。"ᵃ"相机"的本质含义就是要灵活地运用教学方法。就高校教育而言，教学方法的设计与实施之间仍然存在差距，因此，在高校教学方法的运用过程当中，需要体现灵活性。这主要基于以下原因：

一是学生具有主观能动性。对于同样的教学内容，设计的教学方法与实施的教学方法之间具有一定差距。因为就设计而言，教学方法是相对稳定的，而学生是具有主观能动性的个体，在教学过程中，随时可能突破教师原有的计划，表现出适应或不适应教师原有设计的教学方法，这就需要高校教师在教学方法的运用过程中，灵活操控各种教学方法，以适应学生的客观实际。

二是学生具有个体差异性。学生是具有个体差异的，不同的学生对同样的教学方法具有不同的适应性。因此，在教学方法的运用过程中，不能拘泥于原有设计，而是要根据学生的个体差异，因材施教，这才能最大限度地促进学生的发展。

在高校教育中，以工作过程为导向的课程有别于"填鸭式""满堂灌"的教学，要求实施理实一体的教学，在这样的背景下，学生的主观能动性能更好地发挥。但由此也带来教学的诸多不确定性，如何应对这些不确定性，就需要在教学方法的运用过程中灵活处理，这就是高校教育教学方法运用的灵活性。

第四节　高校教学方法的理论基础

一、教育学基础

教育属性是高校教育的三大属性之一，因而高校教育教学方法的研究与实践必然要以教育学为基础。就高校教育而言，与其教学方法构建直接相关的理论基础主要包括建构主义教学观、主体性教育理论。

---

a　叶圣陶. 叶圣陶语文教育论集 [M]. 北京：教育科学出版社，2021.

（一）建构主义教学观

建构主义认为，世界是客观存在的，但是对于世界的理解和赋予的意义都是每个人自己决定的。学习者并不是把知识从外界搬到记忆中，而是通过学习者已有的认知结构（包括原有知识经验和认知策略）对新信息进行主动加工而建构成的。由于学习者的经验以及对经验的信念不同，学习者对外界世界的理解也是各不相同的。因此，这种学习更加强调学习的主动性、社会性、情景性、协作性。所以建构主义关心的是创设一个什么样的情境，如何以学习者原有的经验、心理结构和信念为基础来构建知识。

因此，建构主义的教学模式设计通常有两大部分：一部分是学习环境的设计，另一部分是自主学习策略的设计。环境的设计实际上是要求设计出能提供一种有利于学生自主建构知识的良好环境，例如，创设与学习主题相关的情境、提供必要的信息资源以及组织合作学习等。另一方面，由于建构主义理论的核心是学习者的"自主建构"，这就要求学习者应具有高度的学习主动性、积极性。这就要你自主学习策略，包括支架式、抛锚式、探究式、启发式、自我反馈等策略，这些自主学习策略可以有效地激发学生的主动性和积极性，诱导学生自主学习、自主建构。

建构主义提供了一种与传统的客观主义不同的学习理论。建构主义学习理论认为，学习过程不是学习者被动地接受知识，而是积极地建构知识的过程。学生的知识不是通过教师传授得到的，而是在一定的情境下，借助他人的帮助，利用必要的学习资料，通过意义建构方式而获得的；并认为学习是学习者主动构建心理表征的过程，它不仅包括结构性的知识，而且包括大量的非结构性的经验背景。由于建构主义学习过程是以学习者为中心，而且是真实的，因而学习者就更具有兴趣和动机，能够鼓励学习者进行批判型思维，能够更易于提供个体的学习风格。

根据建构主义教学理论，在教学过程中，学生的使命是充分利用学习资料，自主性地学习，加强学生之间的协作与对话，建构自己完整的学习知识体系。教师则被定义为学生自主学习的一个最有益、最有利、最有力的"教学工具"，他们引导学生自己学习，规范学生的学习行为，特别是在学生放任自流地学习时，将起到最大的限制和控制作用。此外，建构主义学习理论还特别强调创设情境，学习环境中情境必须有利于学生对所学内容的意义建构，即要为学生提供真实的现实世界知识，学生知识的获取与同化总与特定的情境相关。

（二）主体性教育理论

所谓主体教育，是根据社会发展的需要和教育现代化的要求，教育者通过启发、引导受教育者内在的教育需求，创设和谐、宽松、民主的教育环境，有目的、有计划地组织、规范各种教育活动，从而把受教育者培养成为自主地、能动地、创造性地进行认识和实践活动的社会主体。一句话，主体性教育是一种培育和发展受教育者的主体性的社会实践活动。主体性教育主要具有以下特征：

1. 科学性

主体教育认为，学生既是教育的对象又是教育活动的主体，在他们身上蕴藏着丰富的学习、发展的潜能。教育的作用就在于根据学生学习的客观规律，引导学生通过积极思考和独立活动，把人类的认识成果转化为学生的知识财富、智力和才能，转化为全心全意的思想观点，使学生具有合理的知识结构、智力结构和方法结构。

2. 民主性

主体性教育的民主性主要表现在两方面：一是把教育变成一种民主的生活方式，尊重学生的主体地位，让学生得以生动活泼、自由地发展。也就是说要革除一切不平等对待学生的现象，为提高学生的民主意识和参与能力，发挥学生的主体作用创造良好的教育环境。二是要实现教育内容民主意识的渗透和学生民主思想、民主精神、民主参与能力的培养，以民主化的教育造就一代主体性的新人，也充分体现了教育民主性原则。

3. 活动性

学生主体性的发展是以活动为中介的，学生只有投身于各种活动之中，其主体性才能得到良好的发展。也就是说，活动是影响学生主体性发展的决定因素。从某种意义上讲，主体教育就是通过精心设计各种教育活动，使影响学生主体性形成和发展的各种因素达到优化，使各种不同的活动形式和决定着它们的诸多条件相互促进、紧密结合，从而对学生的身心发展发挥主导作用。

4. 开放性

主体教育的开放性表现在学校教育系统与整个社会生活的紧密结合上，它要求把学生从课堂引向广阔的社会，通过课外、校外活动和社会实践活动丰富他们的知识，开阔他们的视野和思维，从而加速学生主体性的成熟过程，缩短对社会生活的适应期。这也是职业教育开放性的必然要求。

可见，主体性教育理论充分体现了"以学生为中心"的教育理念。对于强调实践性与应用性的高校教育而言，主体性教育理论为创建具有高校特色的、体现高校学生主体性地位、有利于高校人才培养目标实现的教学目标奠定了充分的理论基础。

二、心理学基础

教学方法的构建离不开心理学，对于高校教学方法而言，高校学生的认知规律与学习特性成为高校教学方法研究与实践的重要基础与依据。在此，我们着重论述认知心理学与多元智能理论两个与高校教学方法密切相关的理论基础。

（一）认知心理学

就认知过程而言，现代认知心理学把人的认知过程定义为人脑的信息加工过程，它是一组相关的心理活动。包括感知、记忆、注意、思维、学习和言语等一系列认知心理活动。信息加工的结果就是获得按一定方式贮存的信息，按我们的习惯说法就是获得知识，而获得这些知识的途径，通常包括听觉、视觉、视和听、自己活动参与或实践等。心理学家的实验研究表明其学习效率分别为：听觉 20%、视觉 30%、视和听 50%、自己动手 90%。由此可见，"手脑并用"的实践可获得最佳的学习效果。高校教育是应用型和技术型教育，在课程结构上，实践操作的课程比例普遍达到 50% 以上。从认知心理学的角度，高校教育的这一特性符合人的认知规律，有利于高校学生高效率地学习。因此，强调手、脑并用，注重实践操作性的教学方法符合认知心理的规律和高校教育的特性。

就知识的定义而言，现代认知心理学将知识定义为：个体通过与其环境相互作用后获得的信息及其组织。个体的知识又可分为陈述性知识（指个人具有有意识地提取线索，因而能够直接陈述的知识）和程序性知识（指关于进行某项操作活动的知识，即技能）两类。根据认知心理学对知识的分类，高校教育的职业属性决定了高校教育更注重程序性知识的教学。因此，相应的教学方法也应符合程序性知识教学的特殊要求，要有别于陈述性知识的教学。这类教学方法注重学生的积极参与，通常围绕某一课题、问题或项目开展教学活动，从而使学生达到会学习、独立操作、独立解决问题的目的。同时，它十分强调和注重对学生的学习动机的焕发和学习兴趣的培养。它将学生的学习内在动机（如爱好、志趣、好奇、求知欲等）；学习的利益动机（如前途、奖酬、发展条件等）；学习的社会动机（如集体的荣誉、团队的期望、角色的价值等）通过情境的创设，使学生对新知识或技能的初步尝试应用、评价、再实践等因素有机地组合起来，从而改变了他们的信息接收、知识学习、技能提高的习惯，收到了很好的学习效果，提高了学习效率。

（二）多元智能理论

1983 年，美国哈佛大学的教授霍华德·加德纳出版了一本名为《智力的重构：21 世纪的多元智力》[a] 的著作。在书中，作者首次提出人类有着完整的智能"光谱"。这一论断突破了传统智力理论的假设：人类的认知是一元的，可采用单一的、量化的智力检测手段来测量人的智能。经过多年的研究，加德纳逐渐完善了自己的理论，明确提出人类存在多种不同的思维方式，他将人类的智能类型分成 8 种，它们分别是：语言智能、逻辑数学智能、空间智能、身体运动智能、音乐智能、人际关系智能、自我认识智能、自然认知智能。加德纳相信，相对于过去在智力发展中狭隘地强调语言和数理逻辑智能，他的 8 种智能更准确地描绘了人类智力的面貌。

a 霍华德·加德纳.智力的重构：21 世纪的多元智力 [M].霍力岩，房阳洋，译.北京：中国轻工业出版社，2004.

多元智能理论的提出，全方位地揭示了人类智能的奥秘，打破了传统狭隘的智能观，成为突破传统单纯知识型教育的重要理论基础。长期以来，高职教育被定位于高等教育的专科层次，没有获得自身的独立地位，其发展模式也沿袭普通高等教育的模式。对高校学生的培养，也没有真正跨越知识型人才培养路径的藩篱。在多元智能理论的支持下，高校教育逐渐清晰了自身的定位，确立了职业教育作为一种独立的教育类型在教育体系中的地位。由此，高校教育培养高素质技能型人才的培养目标的实现有了心理学依据，并催生具有高校特性的教学方法的诞生。

第五节　原理性方法

一、行动导向教学法

简单来说，行动导向法就是"在做中学"，其理论基础主要是建构主义学习理论。20世纪70年代末，德国职业教育界呼吁加强学生实践能力的培养，1964年德国教育委员会提出的双元制培养模式、1969年颁布的德国《联邦职业教育法》、1972年颁布的《企业基本法》从法律层面为学生动手能力的培养培植了土壤，而同时期的项目教学方式在企业的职工培训中的大量成功应用给了职业教育界新的启示。1997年，16个州的文化和教育部长联席会议颁布了新的职业教育"框架教学计划"（类似于我国的教学大纲）。该计划指出：职业学校要实施"行动导向"的教学方法，使学生能在未来的职业生涯中独立地制订工作计划并独立地实施和评价该计划。

（一）行动导向教学法的概念

行动导向教学法的核心在于"行动导向"。玛雅认为，所谓行动导向，是指"由师生共同确定的行动产品来引导教学组织过程，学生通过主动和全面的学习，达到脑力劳动和体力劳动的统一"。[a] 它重点强调的是对人的关键能力的培养。所谓关键能力，是指从事任何职业都需要的、适应不断变换和飞速发展的科学技术所需要的一种综合职业能力。

从角色上看，"行动导向"强调学生是学习过程的中心，教师的作用发生了变化，从知识的传授者转变成为一个咨询者、指导者和主持人，从教学过程的主要讲授者转变为学生的学习伙伴；从教学理念和教学内容上看，"行动导向"强调培养学生形成解决特定工作岗位实际问题的技术应用能力，以特定工作岗位的职业活动为依据，综合各科的知识和技能，根据教学目标分类要求，形成以培养职业能力为目标的教学内容；从教学方法上看，"行动导向"立足于引导学生、启发学生、调动学生的学习积极性，使学生在学习过程中由被动学习变为主动学习，在教学手段上强调多种教学媒体的综合运用，让学生在形象、仿真的环境中，主动去思维和探索。评价和检查学生分析和解决问题的能力，"行动导向"教学法主要包括"头脑风暴法""卡片展示法""案例教学法""角色扮演法""项目法""引导课文法""模拟教学法"等方法；从教学组织形式来看，"行动导向"强调让学生在真实或接近真实的工作情境中进行职业活动的实践。从课程模式来看，行动导向的教学一般采用跨学科的综合课程模式，不强调知识的学科系统性，重视"案例"和"解决实际问题"以及学生自我管理式学习。教师的任务是为学习者提供咨询帮助并与其一道对学习过程和结果进行评估。

（二）行动导向教学法的特征

传统的教学方法是单向的灌输式，教师和教材是权威，学生被动接收，很容易产生厌学情绪，行动导向的教学方法就是要颠倒传统教学方式下教师和学生的位置，变学生的被动学习为主动学习。在行动导向教学思想下，教师不再按照传统的教材体系来传授教学内容，而是按照工作过程来确定学习领域，创设学习情景，组织教学。学生在学习时不再是以听讲和笔记为主，而是在一定知识准备的基础上，接受教师设定的问题，寻求解决问题的方法，以此为目标进行主动学习。这种方式下，教师作为导

---

a 杨文军，王丽. 探究行动导向教学在高职土木专业中的应用 [J]. 大家，2010（18）：138–139.

演退居幕后，只起咨询和辅助作用，学生则变成了演员，激发了学生的学习积极性，可以取得良好的教学效果。

（三）行动导向教学法的层次

行动导向教学法多以小组形式进行，强调合作与交流，一个教学单元中一般不只采用一种教学方法，而是综合运用多种方法，学生具有尝试新活动方式的实践空间。根据教学方法的复杂程度，行动导向教学法分为三个层次：

一是实验导向性教学。主要过程为制订实验计划、进行实验评价结果，目的主要是解决实际技术问题。

二是问题导向性教学。主要过程为理解问题实质、确定结构、解决问题和在实际中应用结果，目的主要是培养技术思维能力。

三是项目导向性教学。按照完整的工作过程（获取信息、制订计划、决策、实施计划、质量控制、评估反馈）进行，全面培养技术、社会、经济和政治等方面的能力，促进创新精神的发展。

（四）行动导向教学法的作用

行动导向教学法是符合高校人才培养目标的教学方法，在高校人才培养过程中，行动导向教学法的作用主要体现在以下几方面：

1.有利于学生创造能力的形成

采用行动导向教学的案例分析法可以扩展学生的眼界，原先的死记硬背不复存在，所替代的是自由地讨论，这给学生潜能的发挥提供了广阔的空间。在讨论中，答案不再是唯一的，而是多样化的；答案不再是静态的，而是动态的：答案没有最好的，只是更好的。

2.有利于学生独立工作能力的形成

采用行动导向教学的项目教学法可以提高学生独立工作的能力。按照项目教学法的要求，所有6个环节都是由学生独立完成的，学生独立地获取信息，独立地制订方案，独立地做出决定，独立地实施方案，独立地反馈信息，独立地评价成果。通过这一而再、再而三的训练，碰到新的任务时，就不再束手无策，有助于学生独立能力的形成。

3.有利于学生协调能力的形成

采用行动导向教学的模拟教学法可提高学生的协调能力。学生在模拟办公室中或者在模拟公司里工作，须在采购部门、销售部门、仓储部门、会计部门、管理部门之间轮岗，每一工作岗位都要和不同的对象进行合作，而且合作的方式不一样。比如，在采购部门，面对不同的供应商，需从中做好正确的选择；在管理部门，面对工作人员的不同方案，需从中做出正确的决策；在会计部门，面对延迟交款、拖欠交款等各种情况，需从中做出相应的对策。

4.有利于学生应变能力的形成

采用行动导向教学的角色扮演法可提高学生的应变能力。学生担任不同的角色，面对不同的对象，必须在瞬间做出回答；面对不断出现的新情景，需迅速地做出准确的应答。比如，接待顾客，有学生扮演营业员，有学生扮演顾客，扮演营业员的学生，要面对不同层次、不同类型、不同风格、不同爱好的顾客，就不能采取划一的应对方法。

5.有利于学生综合职业能力的形成

综合地应用以上多种方法可提高学生的综合职业能力。行动导向教学法注重学生自己独立完成任务，通常一个综合性的任务，总是要涉及多种多样的学科知识，比如，学习营销技术，就要涉及营销学、管理学、法律学、计算机科学、心理科学的知识，通过一个一个工作任务的完成，学生不再是单一学科的学习，而是综合知识的获得，是相对完整的一块综合的知识团。

二、综合能力开发法

随着知识经济时代的到来，职业教育的培养目标不仅是具有专业知识和专业技能的精专人才，而且更要培养具有宽广的专业知识和多种能力的复合型人才。国际21世纪教育委员会提交的报告，提出了适应未来知识经济发展需求的"教育四个支柱"，学会学习，学会做事，学会共事，学会生存。教育应使每个受教育者学会运用注意力、记忆力和思维能力，掌握学习的方法，不断学习新知识、新技术，以适应不断变化的知识，不断变化的世界和社会；教会学生运用已经掌握的知识和技能解决工作中的实际问题。教育不仅使学生获得一种专业资格，而且获得能够应付许多变化的情况的工作能力；教会学生发现他人，关心他人，为实现共同目标团结协作，互相帮助，共同努力，学会与他人一起生活，和睦相处；教育要培养学生的个性和创造性，不断增强学生的自主性、判断力和责任感，以便学生自己在人生各自不同情况下做出正确决策。因此，综合能力开发教学法应运而生。

（一）综合能力开发教学法的理念

综合能力开发是指以课程设计和毕业设计最终完成实际的产品为手段培养学生的学习能力、创造能力、探究分析问题与运用专业知识和熟练专业技能解决问题的能力，以及具有合作共事团结协作精神的教学策略体系。在教学活动中，以学生为主体，教师为主导，充分激发学生的学习动机，提高学生自我发展能力，使学生得到全面发展。可见，综合能力开发是以学生为主体，以能力为本位，以专业为基础，以实践为重点，以技能为主线的教学模式，其主要过程可分为"选题—收集资料—拟订和选择方案—生产制作—评价"五个环节。

在综合能力开发法的实施过程中，教师的角色较之传统教学方法有着巨大的改变。教师从项目选择到指导学生最终完成任务的全部教学过程，要始终贯穿培养学生综合能力的思想；在指导学生分析问题、解决问题时，教师积极引导学生，首先将问题情境搞清楚，然后从问题的已知条件，已经掌握的知识和技能水平探索多种多样的解决问题的方式。在问题解决的过程中，对于学生所表现出来的奇特想法，教师不应轻率地予以否认，而是及时给予表扬和鼓励，促使他们开拓进取，敢想、敢做、富于创新，培养竞争意识，达到最佳的效果。

（二）综合能力开发教学法的原则

综合能力开发法是有别于单项能力开发的一种教学方法，在综合能力开发法的设计与实施过程中，必须遵循以下几个原则：

1. 整体性原则

整体性原则是在现代科学哲学方法论的基础上提出来的。在教学过程中，指导学生从整体出发，用系统的观点对已有的知识材料进行整理，了解各种知识之间的相互联系、作用，实现认识的深化和提高，最终达到教学目标。

2. 发展性原则

发展性原则主要强调通过对项目研究过程，不仅提高学生综合运用知识和技能解决问题的能力，发展学生探索知识和整理知识的能力，并在此基础上发展学生的创造思维能力。发展性原则要求教学除实现规定的学习目标外，还提出发展已有知识和探求新知识的任务，使个体能力和素质不断提高，只有这样才符合认识不断深化的发展规律。发展性原则重视培养学生的创造性思维的能力。创造性思维有两个主要的思维特征，即发散性思维和直觉思维。在教学过程中重视对学生发散思维和直觉思维的培养，有利于学生创造性思维的养成。

3. 主体性原则

主体性原则是指在设计全过程中，教师不断激发学生主动参与到设计活动中来，将设计中遇到的各种实际问题作为切入点，学生在学习中主动收集资料、整理分类、扩大知识面，对各种知识融会贯通地掌握和运用，创造性地提出解决问题的行动方案，最终科学地解决问题，达到预期的教学目标。这样，不仅培养学生克服困难的意志力，而且养成勇于探索的积极态度，形成主动进取的学习倾向。

这种设计教学活动的组织形式是以小组为单位进行的，所以它是以群体间知识、经验交流方式使每个学生表现其能力的。他们互相启发，产生主动的求知欲和更强探索的愿望，形成自信、自强精神，增强战胜困难的勇气；同时，学生们之间进行知识和经验的交流，养成听取容纳不同意见的习惯，从而使谦虚和自信相结合，和谐地与他人共事，主动开拓进取。主体性原则要求学生主动探索，积极思考，创造性地解决问题。教师在整个设计活动中起主导作用，成为学生活动的组织者和咨询者，引导学生主动探索，创造性地解决问题，实现教学目的。教师在指导过程中，应积极鼓励学生发表不同的见解，对于学生的奇特想法，教师不应轻率地予以否认，而是应该用适当的词语予以鼓励，这样才有利于发展学生的创造性，增强其主动探索的能动性。

三、"模块式"教学法

"模块式"教学法的设想源于幼儿喜爱的玩具积木。每一块小小的积木好似一块块的"模块"，小巧灵活，其独特的几何外形表现出自己的个性，彼此间既可以独立使用，也可根据不同的构思、按不同的方式来选择不同的模块搭配组合，以构成形态各异的完整图形。"模块式"教学法就是借用"积木"的小巧灵活和可以组合性的精髓，使职业教育能随着市场需求的千变万化，在课程设置和教学内容的组织上，做出相应的调整，以适应特区经济、社会发展的需要。

（一）"模块式"教学法的渊源

模块是国际劳工组织职业培训领域内的专门术语，其含义是指在某一职业领域或工作范围内，将一项工作（对应工种或岗位的）划分成若干部分，这种划分要符合实际工作的程序和工作规范，要有清楚的开头和结尾。这样划分出来的每一部分即为一个模块。模块内的活动以技能为主线，辅以必要的理论知识。每一个模块是整体的基本组成部分，每一个模块本身是独立的，可以将其进行不同的组合，每一个模块都是标准化的，有严格的指标要求，否则就无法对模块进行不同组合。

模块教学法（MES）是国际劳工组织为帮助世界各国，特别是发展中国家开展职业培训，提高劳动者素质，于20世纪70年代在广泛研究世界各国先进培训方法的基础上，开发出的一种新的技能培训模式。被瑞士、德国、新加坡和泰国等几十个国家所采用，并收到良好的效果。

我国是从1987年开始引进MES的，引进的初衷是想推动我国职业教育的改革。多年来，我国学者拓宽了它的应用领域，不但在就业前培训中应用，而且还用于岗位培训；不但用于工人培训，还用于干部培训；不但用于晋升培训，还用于转岗培训。同时，有学者将MES中国化，成了"宽基础，活模块"的教学模式。现在我国接受过

MES 正规培训的人数已达数万人员。分布在全国各地和大部分行业系统，这支队伍在本职工作中自觉运用 MES 的观念和方法，不断提高所在系统的培训效率和效益。我国运用 MES 开展的职业培训工作也取得了很好的效果。

（二）"模块式"教学法的内涵

"模块式"教学法的核心是以岗位职业技能为标准培训劳动者。其特点是将完成岗位工作所需的技能分解为多个相对独立的技能模块，每个模块又分为若干学习单元。教学中以技能训练为主，将相关理论融于技能训练中教学。学员的技能由所学的技能模块组合而成，学员完成所有技能模块的学习后，就能胜任岗位工作。

模块式教学法的内涵是：根据劳动力市场需求分析，明确劳动力市场的现实需求和潜在需求，以及劳动力需求的种类和数量；然后依据岗位职业能力分析，明确综合职业能力，确定对应的专业操作技能；根据岗位职业操作技能的需要，进行教学分析和教学设计，形成相应的教学模块；再根据各教学模块的实际需要，综合运用各种教学方法、教学组织形式和教学手段，采用相应的考核方式组织教学。模块教学法是针对学生所必须掌握的理论知识和操作技能，构建相应的理论教学模块和实践教学模块，突破了学科教学的系统性和完整性，强化了针对性。它重视培养学生的综合职业能力，以学生为主体，以模块为教学单位，综合运用各种教学方法和手段不断提高应用型人才的综合素质。

"模块式"教学法的关键在于模块的划分。一般而言，划分的依据是职业能力。按照劳动者的职业能力结构由专业能力、方法能力和社会能力三部分组成的观点，确立相应模块，再将各种能力培训的内容分成若干（子）模块。其中，专业能力模块的划分以职业资格为导向，结合中等职业教育的特点，对专业综合技能进行分析，每一技能对应一个（子）模块。社会能力模块和方法能力模块以社会需要和个人需要为导向，以培养职业活动所需要的行为能力及工作方法和学习方法等为目的。

一个模块对应一定的知识或一项技能，对技能的分析包括：该技能的目标、职责；掌握该项技能所需要的若干专项技能；每一专项技能所要达到的标准和要求。根据每一模块所包含的专项技能的标准和要求，综合确定知识内容。许多专项技能的知识点有相互交叉，在模块教学中应根据先后做好安排，避免重复教学。

"模块式"教学法的支撑是模块教材（学材）。课程标准、教材（学材）与模块相对应。编写模块教材的依据是岗位技能的实际需要，而不是专业的科学体系。教材的内容力求理论联系实际，反映新知识、新技术、新工艺和新方法，重点是增加实训内容。根据教学模块制订教学计划。教学计划应该充分反映以下几方面的问题：职业教育的需求、社会需求、学生个人需求和学生继续教育的需求。教学计划的主要内容包括：指导思想、培养目标、培养规格、课程设置和学时分配等。

四、"模块式"教学法的特征

"模块式"教学法在我国已经得到较为普遍的运用，根据对"模块式"教学法的研究与实践，总体而言，"模块式"教学法主要具备以下特征。

（一）模块可大可小

一个模块可以是一个知识单元，也可以是一个操作单元，还可以是一个情景模拟单元。模块设计以便于教学组织、满足教学需要、提高学生综合职业能力为原则。只要模块设计得科学合理，便会取得良好的教学效果。作为教材的学习单元不同于传统的教材。每个学习单元仅包含一个特定的技能或知识，操作技能型单元要有详细的操作步骤，内容描述言简意赅。

（二）目标可测可量

培训大纲是通过社会经济对人才需求的分析，通过对工种、任务和技能分析而开发出来的，与社会的需求及企业的生产紧密相连，教学目的非常明确，使学生具有从事某一职业所必需的能力。培训针对就业，以应会为最终目标。除了总体目标之外，每个模块、每个单元都有一个可测量的学习目标，学员可以清楚地了解完成每个学习环节将要达到的目的，这样就可以提高学员的学习兴趣，激发学员的学习积极性。

（三）方法多种多样

"模块式"教学法在知识模块可采取学科式班级授课的方式，也可以采取讨论法、谈话法或研究法，激发学生的学习兴趣，调动学生的学习积极性，启发学生思考。这既有利于较系统地掌握本专业所必需的理论基础知识，又可以充分提高教师的使用效率。这对大多数职业学校教师相对不足有一定的缓解作用。在教学中，除可以使用上述方法以外，还可以使用参观法，根据教学目的要求组织学生到校内外一定的场所，对实际事物进行观察、验证，从而获得新知识，巩固已有知识。如在理论课和生产实习课中参观生产过程、操作方法等。

"模块式"教学法在专业课技能模块的教学方法可采取岗位练习法、模拟法、案例法结合的方式，以提高学生实践技能。岗位练习法是让学生在工作岗位上，反复进行操作练习，通过动手结果反馈，纠正错误动作，形成技能技巧。模拟法是让学生在模拟的工作岗位环境中，扮演职业角色。进行技能操作训练。案例法的应用，是在学生学习一定专业理论后。选用实际工作中出现（或可能出现）的典型事例，组织学生分析讨论，提出解决问题的意见。

（四）形式灵活多样

在教学组织形式上，根据教学模块实际需要，可以采取灵活多样的理论教学和技能教学组织形式。比如，可以采用课堂教学、现场教学、分组教学、个别辅导、个别实践等多种教学组织形式。

第六节　操作性方法

一、项目教学法

项目教学法是指通过一项完整的"项目"工作而进行教学活动的教学方法，即"将项目以需要完成的任务的形式交给学生，由学生自己按照实际工作的完整程序进行，收集信息、制订计划、决策、实施、检验成果、评估总结"。在现代职业教育中，项目教学法能将教学与真实工作过程有效地结合起来，培养学生较高的职业能力，因此，它在职业教育教学过程中处于重要的地位。

（一）项目教学法的起源

项目教学法的萌芽是欧洲的劳动教育思想，雏形是 18 世纪欧洲的工读教育和 19 世纪美国的合作教育。时任美国哥伦比亚大学劳作科主任理查特提出劳作训练不应依照老师的规定来进行，而应由学生自己计划，然后再照着计划去进行。

项目教学法的起源与发展与 20 世纪初进步主义教育运动和科学化的儿童研究运动有关。1918 年，杜威的学生克伯屈在哥伦比亚大学师范学院学报上发表《方案教学》，大陆学者译为"设计教学"，中国台湾学者译为"方案教学法"。其中"Project"一词现在更多译为"项目"。克伯屈的设计教学法中折射了杜威的两种见解：即"问题解决法"和"做中学"，是先创设问题情境再由学生去解决问题。项目教学法的理论基础是建构主义，建构主义教学观认为学习过程是学习者在教师帮助下，通过多方面因素综合作用下主动建构意义的过程。项目教学法跨越了杜威、维果茨基、皮亚杰、布鲁纳、波克等几代人的理论，基于对"发展"概念及学习目标的理解等理论原理。

（二）项目教学法的发展

教育专家弗雷德·海因里希教授在德国及欧美国家素质教育报告演示会上，曾以这样一则实例介绍项目教学法：首先由学生或教师在现实中选取一个"造一座桥"的项目，学生分组对项目进行讨论，并写出各自的计划书；接着正式实施项目——利用一种被称为"造就一代工程师伟业"的"慧鱼"模型拼装桥梁；然后演示项目结果，由学生阐述构造的机理；最后由教师对学生的作品进行评估。通过以上步骤，可以充分发掘学生的创造潜能，并促使其在提高动手能力和推销自己等方面努力实践。随着现代科学技术及生产组织形式对职业教育要求的不断提高，人们更多地倾向于采用项目教学法来培养学生的实践能力、创新能力、应用能力、社会能力及其他关键能力。

我国的职业教育发展比较缓慢，随着工业的发展才使职业教育逐渐受到重视。在职业教育教学方法上，黄炎培强调使用调查研究法，"要手脑并用，做学合一"。[a] 其中杜威的实用主义教育理论在中国得到了广泛传播，带动了中小学的教育领域实验新教法的热潮，其中较为流行的有"设计教学法""道尔顿制"等，而"设计教学法"的社会影响最大，主要风行于中小学的手工课的教学中，同时也波及当时的职业学校的工艺教育和高等教育。

20 世纪 80 年代，职业教育学理论中出现了一种新的思潮——行动导向教学法，从传授一门专业知识和技能出发，全面增强学生的行为能力，而行为引导教学中最常用的教学方法之一就有项目教学法，因此项目教学法隶属于行动导向法，项目教学法是行动导向教学法中具有代表性的一种教学形式。它首先在高等教育中比较早地得到运用，1984 年广州美术学院工艺美术系进行了项目教学法的探索，将其运用在环境艺术设计专业中并取得良好的效果。采用"向实践学习"及"干中学"的教育思路，使教学、科研和社会实践一体化。由于项目教学法在培养学生的全面素质和综合能力方面的突出效果，更多的职业技术学校开始尝试采用该教学法。

（三）项目教学法的内涵

项目教学法是一种教和学的模式，它集中关注于某一科的中心概念和原则，旨在把学生融入有意义的任务完成的过程中，让学生积极地学习、自主地进行知识的建构，以现实的学生生成的知识和培养起来的能力为最高成就目标。项目学习可以成为概念的教与学所赖以存在的中心环节，而不仅仅是在努力学习过程之后进行的一种辅助性的充实。项目教学法将一个相对独立的多任务组成的项目交给学生完成，可以根据内容分为几个小组，这个项目是跨专业、跨学科的，有较强的综合性，持续时间一般是一个月到一个学期，不占用课堂时间。此方法用以培养学生的协作能力和跨专业知识的学习和运用能力，而不主要是专业知识的学习。对学生的自觉性、自学能力、协作能力、人际交往能力等均有较高的要求，是行动导向法中学生独立性最高的一种

---

a 田正平，李笑贤.黄炎培教育论著选 [M].北京：人民教育出版社，2018.

方法。

项目教学法在诸多方面具有自身独特之处：

一是在内容方面，项目总是包含激发学生兴趣的亮点，任务呈现在复杂背景之中，学生要在不同观点之间发现存在着的学科之间的联系，努力克服任务本身包含的模糊性、复杂性和不确定性给完成任务带来困难。项目总是体现现实世界中学生关心的问题。

二是在活动方面，在研究的过程中，学生要进行多方面的调查；学生为回应挑战难免要遇到障碍，所以总是设法寻求资源支持，直至最后完成任务；学生在完成不同任务的过程中自主建立起不同观点间的联系；学生采用真实的辅助工具，如现实存在的资源和可以利用技术；从专家资源和实际校验中获得的观点，学生对其价值在研究的过程中总会得到反馈的信息。

三是在条件方面，项目学习法鲜明地支持和体现学生的自主性；学生在交际环境中参与探究性的团体活动和进行学科学习；教师要求学生以个人的集体的方式展现出任务管理和时间管理方面的行为；学生安排自己的工作和自己控制学习的进度；学生所从事的工作具有学者、研究者、工程师、记者、规划师、经理以及其他从业者的综合职业性。

四是在结果方面，项目学习法所追求的结果表现为学生现实的成就；学生生成了复杂的智力成果，如模式和专题报告，用来展现学习的过程和结果；学生参与自己学习成就的评价；学生有权决定、展现自己能力的方式；学生展现自己在容易被忽视然而对现实能力培养至关重要的方面所取得的进步，这些能力包括交际技能、生活技能、自我管理技能以及自主学习技能。

（四）项目教学法的实施条件

项目教学，是师生通过共同实施一个完整的"项目"工作而进行的教学活动。实施项目教学的课题必须满足以下条件：

1. 该工作过程可用于学习一定的教学内容，既具有一定的应用价值，又有一个轮廓清晰的任务说明。

2.能将某一教学课题的理论知识和实践技能结合在一起。

3.与企业实际生产过程或现实的商业经营活动有直接的关系。

4.学生有独立进行计划工作的机会，在一定的时间范围内可以自行组织、安排自己的学习行为。

5.有明确而具体的成果展示。

6.学生自己克服、处理在项目工作中出现的困难和问题。

7.具有一定的难度，不仅是已有知识、技能的应用，而且还要求学生运用新学习的知识、技能，解决过去从未遇到过的实际问题。

8.学习结束时，师生共同评价项目工作成果和工作、学习方法。

事实上，在职业教育教学实践中，很难找到能够完全满足这八项标准的课题，特别是完全要求学生独立制订项目工作计划和自行安排自己的学习组织形式上需要做多方面的协调工作。但是，当一个教学课题基本能够满足大部分要求时，仍可以把它作为一个项目来对待。项目教学法的适用范围：在开始的项目教学法中，主要是采用独立作业的组织方式。随着现代科学技术及生产组织形式对职业教育要求的提高，尤需采用项目教学法来培养学生的社会能力和其他关键能力，因此也就更多地采用小组工作的方式。

（五）项目教学法的一般实施步骤

项目教学法的使用程序一般可按照下面五个教学阶段进行：确定项目任务；制订计划；实施计划；检查评估；项目展示或结果应用等。

1.确定目标任务

一般由教师提出一个或几个具体项目任务，征求学生意见，或与学生一起讨论，最终确定项目的目标和任务。

2.制订计划

一般是在教师指导下，由学生根据自己情况确定分工与合作的方式，然后制订实施计划、确定工作程序。

3. 实施计划

学生根据已确定的实施计划进行具体实践活动。

4. 检查评估

项目完成后，一般先由学生自评，再由教师对项目成果进行检查评价；亦可师生共同讨论、评判工作中的问题解决方法、学习行为特征等。

5. 项目展示或结果应用

综上所述，项目教学法中的项目主要来源于现实生活，是现实生活真实存在的事物。教学过程中，学生在教师的帮助下选择既与课程内容相关的、又感兴趣的主题开展教学。强调学习的主动建构，是学生通过对项目进行深入的调查，直接的了解和观察与亲身实践，获得直接经验的以学生为本的教学活动。项目教学法中学生有独立进行计划安排工作的机会，通过小组或独立做项目的过程。在学习结果上强调学生的自学能力、观察能力、动手能力、研究和分析问题的能力、协作和相互帮助能力、交际和交流能力，以及生活和生存能力的培养。因此，对于教师来说，由于项目教学法是一套教学策略，比较灵活而又复杂，因此教师引导学生对现实生活中的事物进行深入学习的过程中也是教师灵活应变和创造性地解决教学中所遇到问题的过程。对于学生来说，项目教学法的工作任务都有一定难度，在完成学习任务的过程中，学生自己做决定，自己寻求解决问题的办法，学习过程也是人人参与创造的过程。

二、案例教学法

案例教学法是一种较为常见的教学方法，它引导学生研究实际问题，注重学生智力开发及能力培养。"所谓案例教学法是一种理论联系实际、教学相长的教学过程。它要求根据教学大纲规定的教学目标，以案例为基本教材，在教师的指导下，运用多种形式启发学生独立思考，对案例所提供的材料和问题进行分析研究，提出见解，做出判断和决策，借此提高学生分析问题、解决问题能力的一种教学方法。"[a] 案例教学的宗

---

a　李全文.高职教育教学方法研究及案例选编[M].成都：电子科技大学出版社，2011.

旨不是传授最终真理，而是通过一个个具体案例的讨论和思考，去诱发学生的创造潜能，它甚至不在乎能不能得出正确答案，它真正重视的，是得出答案的思考过程。在课堂上，每个人都需要贡献自己的智慧，没有旁观者，只有参与者。学生一方面从教师的引导中增进对一些问题的认识并提高解决问题的能力，另一方面也从同学之间的交流、讨论中提高对问题的洞察力。这种教学方法注重对案例的讨论。

较之传统教学方法，案例教学法显示出其特殊的功能：

一是灵活多样，有利于激发学生求知欲。案例教学法在具体实施中，可以有多种形式，既可以进行典型示范引导，又可以进行逼真模拟训练；既可以进行个人练习，又可以开展小组讨论。教师可根据不同的教学内容创设问题情境，激发学生的求知欲。

二是生动形象，有利于深化理论学习。案例教学法在具体实施中，往往是从具体上升到抽象，即通过对具体案例的分析研究来探寻带有普遍指导意义的内在规律，从中导出一般的原理、理论，所以比较易懂好记、生动形象，有助于理论学习的进一步深化。

三是注重互动，有利于学生能力的培养。案例教学法遵循"以学生为中心"的原则，强调在教学中应将教与学的过程视为一种社会的交往情境，在这样的情境中，学生能够主动参与学习活动，师生能够相互交流，并且在此情境中学生能够通过反复地练习，形成一定的学习能力、社会能力和职业能力。因此，在这样的教学中，学生真正被摆到"学习主体"的位置上，他们不会被要求强记内容，但必须开动脑筋、细心思考，如此反复训练，学生分析问题、解决问题的能力必然有所提高。

四是评价民主，有利于学生创新意识的形成。由于案例教学法要求教师在教学过程中鼓励学生自由探索、大胆质疑，及时提出自己的看法和见解，充分尊重学生的意见和好奇心。尤其是案例教学法中对问题的分析、解决，往往不设标准答案，只要学生分析得有道理，即使与原方案相违背，也应该予以肯定。因此，可以说案例教学法是一种民主、科学的教学方法。有关研究表明，要想真正培养出有创新意识、创新精神和创新能力的创业人才，在教育过程中就必须采用民主、科学的教学方法。总之，科学地选用案例教学法，改变传统的、单一的教学模式，是有利于学生综合素质提高的。

就案例教学法的实施而言，实施的关键在于案例的选择。因此，案例教学法的应用必须以对案例类型的明确为前提。通常情况下，案例主要分为三大类，问题评审型案例、分析决策型案例和思维或理论发展型案例。

问题评审型案例首先给出问题，例如，给出汽车的具体故障现象和具体的解决方案，而让学生进行评审和讨论，这种解决方案是否最佳？技术性、工艺性、经济性如何？是否还有其他方案可行？

分析决策型中首先给出问题，给出汽车的具体故障表现，在学生中征集解决方案。包括如何检测诊断，如何确认故障，如何排除故障，最后进行比较、判断，确定较优方案，供大家研讨。

思维或理论发展型是针对一些特殊案例而言的。例如，对于一些特殊案例，可通过案例分析来形成汽车故障诊断与维修的基本思路和普遍规律。对于高校学生，完全有能力来升华或形成一些理论观点，总结出一些规律性的东西来。对于提高学生的学习能力有极大的促进作用。

可见，对于不同的案例类型，应采取不同的实施方式，以积极引导、发散学生的思维，举一反三，最大限度地发挥学生的潜能。

三、四步教学法

四步教学法以对某些具体知识和技能的掌握作为主要的教学目的，它由四个教学环节或步骤组成。

（一）讲解

首先，教师以提问的方式了解学生已有的知识结构、专业水平等，以便根据他们的情况有效地展开教学活动；然后，教师通过演示某器械的功能等方式生动、有趣地引入教学的主题——如器械的安装或制作。在这一步骤，教师尤其应该注意激起学生的认知兴趣和动机。

（二）示范

教师首先向学生明确学习的目标，即学生在教学活动结束以后应该掌握的知识和技能，并从做什么、怎么做、为什么这样做三方面来组织教学计划，安排教学内容的展开。教师在讲解的同时，通过实验或教学用具向学生示范如何操作。

（三）模仿

在这一步骤，主要由学生进行学习活动，即按照教师已做的示范，自己动手模仿操作。

（四）练习

教师对整个教学活动进行归纳总结，对教学的重点、难点进行重复，教师也可以通过提问了解学生的掌握程度。在这基础上由学生自己通过练习达到完全掌握和熟练运用。

在四步教学法的教学过程中，教师主要采用提示型的教学样式教授教学内容，不过随着教学环节的延展，教师也采用评价、教学对话等共同解决型的教学样式。教学的组织以班级授课为主，但是教师可以采用多种变化的形式，如让学生环绕在自己周围，以便他们能够更加清晰地观察示范动作和过程，可以借助于静态或动态的直观教学技术，如模型、绘图、现场参观、演示试验等向学生讲解理论知识。而学生学的活动更多的是接纳性的，学生主要通过倾听、观察、模仿、练习等形式展开学习。

四、引导提示教学法

德国职业教育的理论和实践教学都比较注重采用以学生为主体、促进学生独立工作能力和个性发展的教学方法。其中德国奔驰公司 20 世纪 70 年代初为提高学生独立工作能力所开发出的引导提示教学法，在经过不断发展和完善后，由于它能培养和发展学生的学习能力、提高学习活动的效率和教学质量，受到了学生和教师的普遍欢迎。

引导提示教学法又叫六步教学法，是一种能力本位的教学法，以培养学生的"关键能力"为教学的最终目标。这种"关键能力"的概念近年来在职业教育领域得到了进一步的发展，它可以理解为"职业性和跨学科的能力，并且补充了职业性的资格"，并可归纳为五方面，即组织能力、自主性和责任感、交往和合作能力、承受能力、学习能力。引导提示教学法是借助一种专门的教学文件，引导学生独立完成学习和工作任务的项目教学法。这种专门的教学文件就是引导课文。它是项目教学法的完善和发展，其特点是：学生主要通过自学的方式，从书本的抽象描述总结出具体学习内容，并由此建立起具体的理论与实践的对应关系：培养学生独立解决复杂实际问题的能力和职业经验；系统地培养学生的"完整行为模式"，适合专业提高阶段的能力培养。引导提示教学法一般由以下几部分构成：任务描述、引导问题、学习目的描述、工作计划、工具需求表、材料需求表、时间计划、专业信息和辅导性说明等。它是一种通过"完整模式的行为"培养"完整的行为模式"的方法，其实施过程可分为六个阶段进行。

（一）收集信息

学生通过广泛地收集信息，抓住由教师或书本材料提供的核心问题的本质，从而为下一步做充分的准备，便于能够独立地进行每一个工作步骤。学生可以将收集到的信息以书面的形式简短概括，或者以个人或小组的形式准备对核心问题的解答。在这一教学环节结束时，教师将每个人准备的答案贴在黑板上，引导学生展开讨论和交流各自的依据，明确核心问题的本质，即"做什么"。

（二）制订计划

在这一环节里，需要解决"怎么做"的问题，即制订工作的计划，包括具体工作的日程安排。通常以书面的形式拟订工作计划。

（三）做出决策

这一环节通常采用教师与学生谈话的方式，就所拟订的计划是否适合学生的实际水平、提出的解决方案是否可行以及所选择的工具是否合适等问题交换意见，最终做出比较合理的决策。

（四）实施计划

这是实质性的阶段，学生完成工件制作或其他委托任务。这个阶段也包括工作与检验的相互交替，不断反馈，调整进度和修订方案。

（五）检验

在实施阶段终了时，将产品同要求进行比较，检查其质量与规格相符合的程度。这时，学生可以参考检验表格独立检验或由教师检验。

（六）评价

包括对前五个步骤的评价，对产品本身质量的评价，对学生行为及工作态度、责任心等方面的评价。通常以教师和学生谈话的方式进行。引导提示法实际上是一种由教师来引导学生自主进行探究的教学法，多采用教师与学生共同解决问题的教学样式。

同项目教学法有所不同，引导提示教学法适合解决小而具体的问题，目的是专业知识的自主学习。教师根据教学目标设计一个情景，提出待解决的问题，学生可以独立或者分组完成。与项目教学法不同，教师在此时会提供给学生在处理问题时可能需要用到的材料。这种方法是基于课时的，一般在课堂上进行，持续时间为1~2学时。比如，制订旅游计划，学生五个一组，以抽签确定一个游客，其余四个学生是旅行社的业务员。指导材料：业务员要了解游客的需求，支付方式、出行要求，电脑（可上网），旅行手册，地球仪。

第五章 高校体验式实践教学模式的构建

第一节 高校院校体验式教学模式的构建与实践研究

所谓实践教学模式，是根据实践教学的需要，探索并建立起来的一种优化教学的方法论对策系统，它是在一定的教育思想的指导下，在丰富的教学经验的基础上为完成特定的实践教学任务，经由逻辑归纳概括而成的比较稳定、简明、具有可操作性、可以控制的结构性流程。高校教育是培养"高技能应用型专门人才"的教育，应着重传授"操作性学问"，培养学生"制作的智慧"，要求学生掌握"各种工具和规则的体系"。因此，高等职业教育要高度重视实践教学，并积极探索和建构实践教学模式。

一、高等职业教育实践教学的现状

目前，我国高等职业教育实践教学，基本上都依据专业教学计划来组织教学工作，实践教学环节主要包括实验、课程实习和毕业实习3方面。实验大多是结合理论课程开设的，而实验课也只是在教学计划规定的时间内进行。实验方式大多是由教师先讲，学生按照教师的布置或者指导书上的步骤，按部就班。实验内容一致，结果唯一，学生虽然也参与了实验教学活动，但实质上是处于被动接受的状态，他们学习的主动性、积极性受到一定的限制，同时还为一些不能主动参与实验的同学提供了方便。在这种模式下，虽然也强调实验能力的培养，但这种实验能力是被当作技能并以"知识"的形式加以传授，从而导致学生缺乏"创造性"应用能力的培养。

二、高等职业教育实践教学中存在的问题

（一）实践教学内容欠缺

目前，很多高等职业学校，出于实验设备、师资、授课学时等原因的考虑，对实验或者实习课程的内容设置过于简单，很多的情况实践环节都是老师做，学生看，或者学生仅仅完成一些验证性的实验，让实践环节变成一种形式。学生在实验或者实习过程中收获不大，动手能力、适应能力、创新能力没有得到提高。

（二）对实践教学认识不够

对实践教学认识不够，主要是体现在两方面，一方面是学生，主观地认为实践教学是课程学习的一个辅助部分，在思想上对实践环节的重视不够；另一方面是学校，尽管学校认识到实践环节对学生培养的重要性，但是基于现实考虑，没有根据实际教学需要，制定相关的实践制度文件，师资制度、实习基地等，使得实践教学滞后严重。

（三）对实践教学评价考核制度不够完善

而当前的实验或者实习环节的考核方面过于松懈，没有清晰的评价体系，学生普遍采用一种蒙混过关的方式，抄袭他人的实验数据，或者共用他人的设计方案等问题仍存在。

三、构建高等职业教育体验实践教学模式

高等职业学校必须根据实践教学的特点，积极探索以实践能力培养为导向的考试内容、考试形式的改革，要实行"体验式实践教学"模式。对于所有的高校高专学生来说，这种"体验式实践教学"都是应该具备的，这种素质集中体现在综合性、系统性、实践性和一定的创新性，搭建新的工程教育平台，培养复合型、创新型人才，满足社会需求。构建"体验式"实践教学模式主要包括以下内容：实践教学方法、实习及实训基地建设、健全实践教学监控体系、实践师资队伍建设等方面的内容，将实践内容、设备、教师等构成一个统一的有机整体。即从一个整体的角度出发，制定出各方面的

不同任务或者制度，并且使各方面的任务具体化，为高校高专院校的教育能从长远的、整体的、发展的角度培养学生。

（一）改变传统的教学模式

根据课程特点采用新的教学方法，如项目教学法将知识点融于实验中，将学生的被动学习改变为主动学习，改变传统的教学模式，使理论与实践结合更加契合。使学习深入学生的生活中，体现更多的创新性。合作式教学模式将学生学习的目标性更加明确化，其工学结合，对于人才的培养更加直接，由企业和学校联合制订培养方案，让学习内容和授课内容更加贴近市场。

（二）加强实习及实训基地建设

实践教学效果的好坏在一定程度上取决于实践教学设施的优劣。提高实践教学效果，必须加大投入，加强实践教学设施建设。通过校企合作，厂校联合等形式，建立数量充足，专业对口，互利双赢的校内外实习基地，搞好实验室资源的综合利用，使实习基地成为学生实践教学的重要平台。

（三）完善实践教学监控体系

实践教学的管理同课堂教学的管理一样，也应该坚持严格的质量标准。可以根据培养目标的要求，对主要实践教学环节管理出台一系列管理制度与配套措施。构建实践教学体系，包括实践教学文件和管理制度的建设。规范实践教学计划，实践教学课程大纲和教材、实习指导书等实践教学文件和管理制度。根据培养目标的要求，对主要实践教学环节，如实践课堂教学、实训、实践课程考核、生产实习、毕业设计（论文）等，都制定具体明确的质量标准，并通过文件形式使之制度化，严格管理，规范运行。

（四）实践师资队伍建设

实践教学要求教师有很强的实际操作能力，要让教师走出去，定期去企业培训、实习、挂职锻炼，不断提高教师的综合素质；要引进来，引进专门的实践课教学老师，适当聘请企业高级职称人才作为兼职教师参与实践教学，注入新的血液，提高实践教学的水平，让教学更加贴近实际生产，更加贴近社会需要。

总之，实践教学新模式，一定要彻底改变老师做学生看、随意敷衍的现有模式，创设一个自动、创新、轻松的气氛，建立相应的运行体系和长效机制。让学生从单纯性的实验验证、技能模仿向自主动手、独立完成方向转化，使学生在牢固、系统地掌握专业知识的同时发展他们的创新能力，为企业和社会输送合格人才。

四、灵活运用体验式教学方法

（一）生活体验法

生活是最好的教育。"社会即学校，生活即教育，教学做合一"[a]，这是陶行知先生生活教育理论的精髓。真正把握不同学生的生活背景及驾驭知识的能力，是从学生近距离的日常生活背景中找出学习的切入点。在大学生职业生涯规划课程中，灵活运用这一方法，比如，讲授职业生涯规划步骤的时候，首先让学生制订一份旅游计划，旅游是大部分学生喜闻乐见的生活方式，以此入手启发学生联系两者之间有何相似之处，从而引出所要讲授的内容。

（二）情感体验法

借助于各种媒体，如电影、电视、音乐等多媒体手段，充分整合学校的各种教学资源，根据教学内容创设一种情景的气氛，感染学生的情绪。通过情绪的感染把课堂气氛烘托出来，由情绪上升为情感，进而升华为意志和行为。比如，介绍"兴趣"这个概念时，播放舒缓优美的钢琴曲，让同学们闭目回忆幸福时光，体验一种自然流动的情感，可以忘却时空、忘却自我、全身心投入，通过情感体验引出兴趣的基本概念。

（三）角色体验法

根据教学内容，事先让学生准备小品表演、情景剧、模拟招聘或即兴表演等，通过角色的扮演让学生体验角色的心理活动和行为内涵。把枯燥乏味的课本知识幻化成活生生的现实，不但表演者有了内心的体验，观看者也会产生共鸣。这种戏剧化的效果往往会使人产生真实的感受，进而变化为某种行为规范。通过角色的表演转换到现实中来，使人自觉或不自觉地知道做什么和不做什么，比空泛地讲解课本内容起到更

---

a 陶行知.陶行知选集（三卷本）：第1卷［M］.北京：教育科学出版社，2011.

好的教学效果。

（四）游戏体验法

寓教于乐应当是体验式学习教学的重要特征之一，是指教师把传授的知识融入能激发学生兴趣的教学活动中去。根据本课程的特点，任课教师设计了一些简单易行的体验游戏，进一步增强课程的趣味性，营造愉悦轻松的学习环境。比如，在认知自我职业价值观的课程中，设计了价值观拍卖游戏，让学生通过竞价拍卖，在权衡利弊的艰难抉择中，领悟价值观对职业选择的重要性，明白什么是自己最看重的，最重要的是明确在职业选择中如何判断取舍，有所为有所不为。

（五）项目体验法

项目体验法就是将教学任务设计为一个具体的项目，设有项目的目标、项目负责人、时间和质量等考核指标。学生们划分为一个个项目小组去完成任务、提交项目完成报告，从而锻炼学生集体协作、创造性完成工作任务的能力。比如，布置学生完成我校学生就业心理调研项目、优秀毕业生访谈项目、大学生简历制作成本费用调查项目、大学生创业项目等，启发学生发现问题，思考问题，解决问题的能力。

（六）竞争体验法

当代大学生都有一种急流勇进、力争上游的进取拼搏精神，可以根据学生的心理特征积极组织一些有益的竞赛活动，激发学生们的学习热情。比如，可以组织辩论赛，通过新课的预习由教师确定辩题或学生自己确定辩题，分工好正方、反方、评委，让他们充分准备论据，在课堂上组织辩论会。

（七）现实体验法

可以通过社会实践把学生引入真实的现实社会环境中，让学生提前接触社会、了解社会、认识社会，而不能把他们关在"象牙塔"内。学院和任课教师要利用各种资源为学生提供更多的社会实践机会，鼓励学生积极参与实践，在现实社会中历练自己，在历练中不断成长。比如，组织学生参加各种人才招聘会，了解人才市场的需求变化；安排学生参加实习活动，完成职场初体验教学实践环节；邀请业内成功人士与学生交流，完成职场人物访谈的教学实践环节。

五、高校教育实践教学改革

（一）高校教育实践教学改革的必要性

1. 从职业教育的特征看改革的必要性

教育部关于《加强高职高专教育人才培养工作的意见》（2000 年）中指出，"高校高专教育的人才培养模式的基本特征是：以培养高等技术应用性人才为根本任务，以适应社会发展需求为目标，以培养技术应用能力为主线设计学生的知识能力素质结构和培养方案。毕业生应具备基础理论适度、技术应用能力强、知识面较宽、素质高等特点高等职业技术教育培养的是应用型高级技术人才，高级强调的是理论基础宽"，应用型强调的是技能熟练程度。培养的学生应在具有必备的基础理论知识和专业知识的基础上，重点掌握从事本专业领域实际工作的基本能力和基本技能。这就要求在教学过程要重视理论性，加强实践性，突出实践性教学环节，贯彻"必须够用"的原则和"以综合素质为基础，以应用为主线，以能力为中心"的教学指导思想。以满足社会需求为导向规划高校教学体系，由高校教育的出发点所决定，同时为学生进行职业发展规划而提供合适的教学活动以及培训，使学生能适应社会需求的长远计划。

2. 从教学体系稳定性看改革的必要性

学校的教学体系会受到学校办学思想、办学条件、社会价值观等多种隐私的影响，需要保持一定的稳定性。同时人才培养计划的制订由于需要经过多重环节的研究、编写、评审，使得制订好的人才培养方案和教学计划在一段时间（至少三年）内不能发生变化。并在实施的过程中，不断观察人才培养方案及教学计划的实施情况。

因此，教学体系的稳定性相对于社会需求的多变性呈现出较严重的滞后，从而出现知识体系与实际使用的脱节。只有构建以满足社会需求为导向的高职教学体系才能实现学生培养规格与社会用人需求的"无缝链接"。

3. 从高校学生就业现状看改革的必要性

高校教育是为了让社会需求得到满足，为了毕业学生能更好更快地融入社会工作中去。高校学生的就业问题成为检验高校教育的重要指标。然而，由于教学体系与社会需求之间的矛盾，使得学生就业困难重重：专业设置的僵化，满足不了社会需求的变动；毕业生的职业道德、职业技能未能满足岗位需求；毕业生自身的求职观念、价值取向等偏差更加加剧了就业形势的变化。因此，以满足社会需求为导向的高校实践教学体系改革实在必行。

4. 从国外高校教育发展趋势看改革的必要性

国外高校教育对经济建设和社会发展有一定的推动作用，高校教育自身发展与其所在的国家经济建设和社会发展相同步的，甚至会有所超前。而我国高校院校的发展由于以上种种的原因，发展状态为能达到相应的水平，明显有滞后的状态。所以更应构建以满足社会需求为导向的高校实践教学体系改革。

（二）高校教育实践教学改革的思路

1. 创新实践教学体系

实践教学体系的设计，关系到实践教学的效果和质量，直接影响人才培养质量。

对实践教学体系的研究不能仅限于实践教学的内容。实践教学体系是由实践教学活动中各要素构成一个有机联系的整体，具体包含实践教学活动的目标体系、内容体系、保障体系和管理体系等要素。高校院校的培养目标是根据产业结构和企业生产需求，结合各专业设置的适应性，制定本专业的总体及各个具体实践教学环节的教学目标。在实践教学体系中，目标体系起着引导驱动的作用。内容体系是指各个实践教学环节通过合理结构配置表现的具体教学内容，它在整个体系中起主动作用。保障体系由实验实训设施设备、师资队伍和学习环境等条件要求组成，是影响实践教学效果的重要因素。管理体系是指实验实训管理机构及人员、管理规章制度、管理手段和评价指标体系的总和，它在整个体系中起到信息反馈和调控作用。实践教学体系各组成要素在运行中既要发挥各自作用，又要协调配合，构成实践教学体系的总体功能。

为促进学生个性发展，更好地满足岗位能力的需要，创新实践教学体系十分必要。构建创新型实践教学体系的关键是在原有基础上，尊重学生的个性发展，充分发挥每位学生的潜能和积极因素，使具有个性差异的学生都能获得最大限度的发展；进一步加强产学合作关系，缩小或避免学校教学与工作实际的距离。为实现这一目标，实践教学体系的基本框架是：按照学生能力培养层次，将技能划分为基本技能、专业技能和差异性技能三个部分。其中基本技能为认识实习，主要通过课内实训组织实施，采用理论讲授与上机操作相间的教学方法，对课程内容进行演示、验证、求解，培养学生的基本素质和通用能力。专业技能要求为学生构建面向生产、管理、服务第一线的训练平台，主要通过专项实训、课程设计、毕业实习、综合实训等环节的组织实施，让学生系统掌握专业综合知识，提高综合应用能力，培养学生的职业能力。差异性技能通过积极开展社会实践、顶岗实习、职业资格证书考试、创业考试、课程选修、第二课堂等活动，创造有利条件，充分满足学生的个人爱好和需求，促进学生的就业和创业。

2. 加强实践教学内容

教学内容的改革是实践教学改革与创新的关键。高校实践教学内容必须符合职业岗位（群）的技能需求，参照职业标准，引入企业新技术、新工艺，校企合作共同开发专业课程和教学资源，确保教学内容的针对性、实用性。

（1）完善与规范课程标准

课程标准是实施教学的依据，课程标准应突出教学做合一的职业教育特点，明确课程教学知识目标、能力目标和素质目标，设计教学内容，体现理论知识与实践操作的交融并进，提出课程教学实施的组织形式、工作对象、工具、工作要求以及评价标准等。

（2）教学内容面向生产实际

教学内容的选取与确定，应结合职业岗位的技能要求和企业生产实际，按照实际的工作流程，以项目、案例、任务的形式进行设计，体现出完整的生产过程。学生完成一个项目的学习，就可以掌握一个完整工作过程中的操作技能，同时感受职业岗位的工作氛围和职业要求，以实现专业教学与企业岗位的有效对接。既要满足近期就业"必须够用"，还应考虑到学生在职业生涯发展中的"迁移可用"，同时还要不断引入现场所采用新技术、新工艺、新设备的相关内容，使职业教育的知识和技能跟上专业的发展。

（3）加大"双证书"制度的落实力度

在专业课程体系建设中，一方面课程内容的设计要参照职业标准，并且单独设置有针对性的职业资格考证培训，引导学生在毕业前取得与本专业相关的职业资格或技术等级证书，提高就业竞争力。另一方面还应设置综合性较强的实践课程，培养学生处理复杂故障和解决突发问题的能力，突出综合职业技能的训练。

要使学生在校期间完成从学校到社会、从理论到实践、从模拟岗位到实际工作岗位的零距离对接，必须进一步转变观念，加强实践教学的软硬件建设，建立完善的实践性教学体系和运行机制。

3.改革实践教学方法

教学方法的改革与创新要突出对学生职业技能和职业素养的培养，坚持工学结合、学做一体的原则。根据教学内容的不同采取引导文、角色扮演、头脑风暴、四阶段、现场教学等不同形式的基于行动导向的教学方法和手段实施教学，重点培养和提高学生日后工作所需的基本专业技能和综合职业素质。

（1）组织多样化的教学方法

在教学中注重方法的灵活性，讲授时注意多种方法的结合，在讲述、讲解的基础上，将案例式、启发式、对比分析法、师生互动教学、问答式等多种方法融于整个教学过程中，将理论教学、现场教学和实验教学有机结合。在课堂教学中选用的实例，应尽可能地取自生产实际，将应用中必备的技能和知识点融入其中，使教学内容丰富而不单调，教学过程生动而不枯燥，充分利用所讲授的实例和项目激发学生的学习积极性和学习兴趣，改变"满堂灌"的教学状况。

教学中应更多地运用现代信息技术手段，以多媒体技术和网络为平台，利用国际贸易实验室、数控仿真等软件，弥补传统授课方式的局限性，使教学内容更加形象直观、丰富多彩。

（2）开展丰富多彩的课外实践活动

定期开展以专业为依托的形式多样的课外实践活动是提高学生实践能力的重要途径之一。通过学生自行组织的计算机协会、动漫工作室、英语俱乐部等专业社团，广泛吸收学生中的相关专业爱好者，定期开展活动，渐渐形成良好的专业氛围和浓厚的学习兴趣。

开展各类实践竞赛活动，如举办网页设计大赛、摄影比赛、科技节等，激发学生的专业兴趣与热情。将课堂教学与课外活动结合，提高学生的实践能力，培养严谨的工作作风。

4. 转变实践教学形式

（1）模拟型向实用型转变

改变传统的模拟性实训项目，把实训内容与生产实际紧密结合，从现实应用中提取素材，直接与职业岗位实际工作接轨。

（2）指定型向自主型转变

过去的实训多由指导教师提出课题，学生根据要求按部就班地完成，其创造力和自主精神受到很大制约。应基于岗位工作过程，由教师提出实训任务，按照咨询、决策、计划、实施、检查、评价的"六步法"实施教学，提高学生的自主创新力。

（3）验证型向创造型转变

验证型实践的目的在于求证"已知"，创造型实践的目的在于探求"未知"，高校教育的实践教学应从培养创新人才的目标出发，强调创造型的实践教学。

（4）单一型向综合型转变

实践教学应注重学生综合能力的培养，注重专业知识的交叉和融合，以扩大学生的知识面与工作适应能力。

5.加大实训条件建设

实训条件的建设是实践教学的基本保障。高校教育的特点，对实验室和实训基地的建设和管理提出了更高的要求。一方面要求完善和规范现有的实验实训场地和设施，另一方面要求深化校企合作、产学结合实践模式，拓宽高校教育的办学思路。

（1）加强校内实训条件建设

按照"源于现场，虚实结合，学练一体，校企共建"的原则，进行校内实训条件建设，突出职业技能的培养。校内专业实训室建设，要注重实用性、综合性和先进性。通过学校投入和校企共建等方式，不断改善校内实训条件。充分利用网络技术建立虚拟实训室、虚拟工厂，使学生通过虚拟平台真实地了解掌握各种技术，保证实训的开放性、针对性，使学生训练不再受时间、地点的制约。对已掌握的技能，学生不必再浪费时间，可以按照自己的需要自行选题，同时也可以和专业技术人员及其他院校的学生进行合作、交流、讨论，实现新技术的资源共享。

（2）按照互利互惠的原则，加大校外实训基地建设力度

校外实训基地建设是高校实践教学改革的主要内容，依托行业企业，校企合作、产学结合是高质量培养高校人才的有效途径。本着优势互补，校企"双赢"的原则，采取"请进、走出"等方式，选择装备水平高、技术岗位多、新技术应用广泛、管理规范的周边大、中型先进企业，建立长期稳固的校外实训基地，签订校企合作协议，明确双方的责、权、利。为真正发挥校外实训基地的功能，学校应主动为企业提供技术服务，解决技术难题，并聘请企业技术人员进行现场教学，企业为学校提供实训场所与便利条件（工作条件、生活条件），并与学校共同承担实训教学任务，校企紧密合作对高技能人才综合应用能力的培养提供了有效的保证。

第二节 "卓越计划"背景下高校教育课堂有效教学实践探索

2010 年 6 月启动的"卓越工程师教育培养计划"（简称"卓越计划"）是国家旨在培养面向工业界、面向世界、面向未来的卓越工程师后备人才的重大教育改革项目。"卓越计划"对于中国高等教育，尤其是以工科为主要特色的高校及其专业教育模式提出了更高层次的要求，并加快了中国在传统意义上的高校培养模式与发达国家的工程师培养模式衔接的步伐。为了在高校工科教育中确保"卓越计划"的顺利实施，在现有学制的范围内保证学生能有扎实的专业理论储备和充裕的理论向实践过渡的适应时间，必须首先保证课堂教学的有效性。"卓越计划"课堂有效教学的实践探索，正是在这一背景下应运而生的。通过"卓越计划"课堂有效教学，使卓越工程师教育中的学校课堂学习和工程师培训学习成为一个有机的整体，使学生能够在有效的课堂学习中更好地完成专业知识和能力的培养与训练，从而顺利完成从单纯的学习接受者到专业理论与实践并重、训练有素的卓越工程师的转变。

一、有效教学的研究现状分析

有效教学的探索始于 20 世纪上半叶西方开展的教学科学化运动。20 世纪以前在西方教育理论中占主导地位的教学观是"教学是艺术"。但随着 20 世纪以来科学思潮的影响，以及心理学特别是行为科学的发展，人们意识到，教学也是科学。有效教学就是在这一背景下提出来的，在当时研究的主要方面是关注"好教师"所具有的特征和品质，学者们认为："好教师"所具有的一些优秀品质，如语言魅力、性格因素等，是主导教学活动有效开展的因素。20 世纪 80 年代，有效教学的研究内容从关注教师特征扩展到关注教师的有效教学行为、有效教学技能、有效教学风格、有效教学模式、有效教学的教学艺术以及学生学习的有效性等方面。

在国内的研究中，吕谓源等针对目前大学教学中对教学效果归因不明，和由此而产生的教学评估的模糊性和失效性，依据有效教学原理，即教学效果取决于教学有效知识量，探讨了大学教学有效知识量的测试和有效教学评估的指标体系。所谓"有效"，主要是指通过教师在一段时间的教学之后，学生所获得的具体的进步或发展。肖用从教育学、心理学、哲学等多学科角度，将高校有效教学目标定为培养学生健康、丰富的个性，充实学生的经验系统，并且提出实现知识向智慧的转化，促进智慧能力的全面发展。在有效教学的实践探索上，国际上不少高校通过若干年的实践探索形成各具特色的课堂教学模式，并取得实效。如美国、德国、日本等各个工程教育发达的国家均已形成一系列完善的课堂教学理念。教师不是课堂的主角，所扮演的更多的是导演的角色，教师不是照本宣科地向学生灌输知识，而是引导学生质疑和提出问题，指导学生查找相关资料来解决问题，及时注重师生之间信息的交流反馈。对各校教学经验进行对比分析可见，成功的课堂教学模式均有 3 个特点：（1）课堂教学有效性处处体现在教师对课堂的调控策略上，在课堂中教师和学生的互动，可以有效地激发学生的参与积极性，促进学生对问题的思考。（2）教学中关注学生的进步发展，以学生为主体，师生共同探索教与学的实践创新，促进师生教学相长。（3）重视与生产实践的结合能有效提高学生的工程应用能力。

二、"卓越计划"课堂有效教学方法探索

（一）立足工程问题激发学生课堂参与积极性

有效教学研究者曾指出一个问题：在基础教育中有效教学成果较多，专家学者和广大在基础教育教学第一线的教育工作者获得了大量有效教学的丰硕成果，而在高等教育中有效教学的理论与实践研究却显得明显不足。在中国高等教育的理论和实践中均存在着这样一种现象：认为高等教育与基础教育存在较大的差异，大学生的思维方式和学习能力已经相对成熟，因此教师对教育教学过程中激发学生积极性的问题显得不够重视，那种在中学里强调的"师生互动""启发式教学"等教学模式在高等教育中不再广泛应用。同时，大学教师重视自身科研创新，对教学法的研究相对较少。加之

高等工程教育中课程单位时间内教学量大，学习内容理论深度大，理解困难，为保证在课堂教学的单位时间内的教学既定任务的完成，高校工程教育中教师多习惯用一种"压倒性的"思维进行教学活动，教学方式较为单一，多为单向的讲述与解释分析，理论与实践的结合较少，学生缺乏形象的认识，失去学习的积极性。在基础教育界的教育方式改革如火如荼进行的今天，当基础教育界"启发式教学""研究式教学"都相对成熟稳定的今天，高等教育的课堂还充斥着"一言堂""演说式"等现象，这不能不说是高等教育教学实践中的一种误区。在培养学生的创新能力方面，单一的"授—受"课堂教学模式也明显驱动力不足。

高频电子电路课程具有课时少，教学内容多，重点难点多，实践性强的特点，其书本内牵扯到的电子线路灵活多变，是一门老师普遍反映难教，学生反映难学的课，但实用性又很强。因此，为保证高频课堂的教学实效，必须把握本门课程特点，将课程教学与实践探索结合起来，将工程实际问题引入课堂教学，以生动的工程实际问题为实例引出教学知识点。工程技术发展是日新月异的，尤其是信息技术及其配套的技术解决方案，几乎可以说是处于知识爆炸和知识更新的最前沿。这使得高校的信息工程类理论教学在某种程度上是一直滞后于现实信息技术工程实践发展的。如果总是墨守成规地遵循"理论—分析—习题"这样的旧有教育思路，则很难激发学生的学习热情和学习兴趣，有效教学的目的也很难达到。如若在教学中，立足工程问题，以当今最新的前沿工程成就和成果作为教学的基本导向，使学生在一开始接触本专业的理论系统教学的时候就能对前沿理论发展动态有一个直观的认识，这能有效地激发学生的学习积极性。与此同时，教师在教学中循序渐进地灌输先进的工程思想和工程意识，学生便在学习中逐渐建立起知识与实践应用的联系，逐渐具有一定的工程思维素养，为今后的卓越工程师培养打下良好的思想基础。

例如，高频电子电路省精品课程团队在教学中，坚持将课程的知识体系围绕无线通信系统的结构组成展开，坚持紧密结合当今通信行业的最新发展，将校企合作课题介绍给学生，启发学生思考并激发大家学习的热情。例如，讲高频功率放大器时，教师在课堂上介绍学校与油田联合开发的超声井下油路清洗疏通设备，并介绍其中的技术难点：将超声功率放大器通过 1000 多米的电缆高效输给井下的超声换能器时，遇到了电缆发热、功放效率不高两大难题，应该如何解决？引入两大实际工程问题在课堂向学生设问，引导学生对高频功率放大器的基本原理和其中的核心问题"阻抗匹配"等知识点的学习。课后结合课堂内容和实际课题师生共同探索解决问题的方案，开展一系列集体研讨会探索解决之道，引导学生课后主动查阅资料及学习相关知识，并在下一次课堂上由学生汇报他们对问题成因的分析和解决方案。在这一过程中，教师积极引导，适时点拨，巧妙地将课堂知识点的讲解融合在探索解决实际工程案例的始终。这种立足实际工程问题而展开知识的学习过程，活跃了学生思维，激发了学生课堂参与积极性，加深了学生对知识点的理解和记忆，有效提高了学生学习的效率。

（二）用校企合作平台提高师生解决工程问题能力

从国际上来看，工程师的培养模式大体可分为注册工程师培养模式和文凭工程师培养模式。注册工程师制度下的工程师培养以美国为代表，其基本特点是大学生在校期间着重进行工科基础教育，毕业后由社会提供工程师职业方面的训练，通过专门的考试和职业资格认证成为工程师。文凭工程师制度下的工程师培养以德国和法国为代表，其基本模式是大学生在校学习期间除了完成工科基础教育外，还要完成工程师的基本训练，毕业时获得一个工程师学位文凭，同时也具有一定的职业资格。目前中国尚未建立起比较完备的专门性工程师培养模式，工科学生在大学期间主要接受的是较为系统的工科基础教育以及一定程度上的工程实践教育，在毕业后通过具体的工程实践锻炼与相应的资格认证考试取得工程师的职称。由于中国的工程师认证标准与发达国家相比还存在不完善的方面，工程师的培养体系尚未规范和成熟。目前的工程师社会培养体制，还不能给学生提供充足的普适性岗前工程理论与实践的学习时间，学生从理论学习到实践应用的"软着陆"适应时间显得较为仓促，加之学生毕业后的工程实践经验积累和实践能力发展严重受制于学生就业方式和就业渠道的选择，以及工程教学水平和高技术产业分布的地区性差异等各项因素，这使得中国在实施培养高水准的工程师进程中具有一定的难度。

就目前而言，中国的高等工程师社会教育体制的建立尚需时日，工科高校仍需承担起大部分的工程师培养任务。教育部实施的"卓越计划"在工程人才培养模式上明确指出：按现有学制培养工程人才，一般不搞长学制、跨层次的连续培养，而且必须在学校学习中安排足够数量的实习实践和"真刀真枪"的职业化实践学习。采取高校和企业联合培养模式，明确要求学生到企业学习，而不是到企业实习，其目的在于使部分由于师资水平或环境设备方面因素的学校无法满足工程师培养要求的学习任务，可以到国家一流企业由高水平的企业工程师来组织完成。即主要仍通过高校学制教育的主平台，完成对"卓越计划"各个阶段任务的实施。

"卓越计划"的开展打破了中国传统课堂教学的桎梏，改革了大学教学模式中与实际工程应用脱轨的现状，开创了学校和企业联合培养人才的新模式，强化了大学教育要主动服务行业企业需求的意识，在人才培养方面学生的工程素养和工程实践能力、工程设计能力、工程创新能力等方面均可得到提升。因此在"卓越计划"课堂内必须强调学生对基础知识点的理解与掌握，改进教学策略，丰富教学方法，增进师生互动，激发学生课堂参与积极性，培养学生的终身学习的能力；必须强调课堂教学与实际工程应用的联系，利用校企合作平台加强学生的动手能力锻炼，将企业理念灌输到平时教学中，培养学生的工程应用能力；必须强调教学活动的实践创新，增进师生教学相长，培养师生的创新智慧。在课堂教学中关注学生知识、能力和智慧三方面的共同发展，实现学生将书本知识通过理论实践环节转化为工程应用能力，并关注学生的应用能力到创新意识的飞跃，即在面向实际的过程中加强学生能力的积累和思维的拓展，最终实现培育具有创新意识的工程应用型人才的教学目标。而创新智慧的养成又可以促进理论创新，推进知识层面的理论活跃。

（三）面向实际探究知识实践创新，增进师生教学相长

当前中国高等教育存在的主要问题是社会对人才的能力需求与教育输出的人才素质之间的矛盾，而最为突出的是工程型创新人才的匮乏。创新是社会进步发展的源

泉，是人类进步发展的原动力。大学作为知识生产和传播的基地，是建设创新型国家进程中不可替代、日趋显著的基础和生力军，大学课堂教育则是工程型创新人才培养过程中的关键一环。教什么才有效？这个问题如今被热热闹闹的"怎么教"的讨论所掩盖，其实教什么才是本质的，然后，才是因材施教、因时施教、因地施教等教法问题。作者认为教育的根本便是在培养学生各方面能力的发展的基础上，灌输学生创新的思维，实现培育人的创新智慧、实现社会的长足发展的最终目的。学会创新，这是教育的本质，也是社会赋予教育的使命。"卓越计划"课堂教学更是要加强学生创新能力的培养。为了稳步推进"卓越计划"的实施，教育部要求各试点高校第一步的工作重点放在人才培养方案、标准和课程教学大纲的制定上，然后再开展教学方法的相关研究。

从教学的历史脉络看，自古以来中国在教法上的研究就先于、优于西方，如今若能及时传承并发扬光大，不生吞国外的教学方式可能更为有利。经过对文献的总结，可以发现有效教学具有多样性，并根据教师身心发展和对教学的感知体验表现出不同的特色。教师在教学活动中起到主要引导作用，教师自身的能力素质（包括基础知识储备、语言表达能力、思维逻辑方式等）和教学感知（包括教学经验、教学情感等）都对教学活动产生影响。有效教学还受学生认知水平和情感因素调控，不同学生认知水平有高低之分，接受知识的能力有强弱之别。综合来说，有效教学是教学相长的过程，是知识与能力不断创新进步的过程，师生双方都应在教与学中得到共同发展。师生双方的共同发展是教学活动的最终目标，在教学中关注学生在知识和能力培养的同时，教师也在有效教学活动中不断反思和总结，从而得到发展。教师的发展进步又有利于教师自身不断增进教学能力，创新教学改革实践，提高教学效益，进而促进学生的有效学习。这种良性的循环，正是有效教学开展的结果。教师和学生形成和谐融洽，亦师亦友的师生关系，亦有利于促进有效教学的不断发展。因此，创新能力的培养必须贯穿到教学过程的始终，在课堂内外都要关注学生创新思维的发展，同时培养学生创新能力的意识也必须内化到教师教学活动的点滴中，在师生交互的过程中教师和学生双方均受到启迪，获得发展提高。师生创新能力的培养必须面向实际，在原有知识水平和工作能力的基础上进行提升和创造。

老师在课堂教学中，坚持面向实际探究知识的实践创新，培养学生的创新能力，坚持通过校企合作的实际课题研发需求引出课堂教学的知识点，在知识点的教学中重点放在科学家发现和发明知识的过程，培养学生的发散性思维，鼓励学生从多种角度理解知识的来源；坚持在每次上完课后请全体同学写出简要的书面教学反馈意见，内容主要涉及学生个人的课堂收获和对教师教学的建议，从而使教师能及时掌握教学的实效到底如何，为及时改进教学提供了第一手材料。从多年的教学反馈来看，学生普遍对具有挑战性的学习和实践感兴趣，希望老师能引导其参与目前国际范围内具有先进意义的工程创新设计。

"卓越计划"的实施要求高校加强对工程技术创新人才的培养，作为大学教育中的重要一环，课堂教学唯有提高教学有效性，不断探究有效教学方法，改进教学不足，才能实现"卓越计划"教学目标。

第三节　体验式教学模式在高校人才培养中的运用

高校课堂的教学现状与当今社会对人才的素质要求相脱节，与工作岗位要求相脱节，与教育改革发展趋势相脱节。现行的高校教学模式的劣势日益显现，故急需一套与之相适应的有效的教学模式。作为一线教师，我们深知开展实践教学的重要性和紧迫性，并为此投入了大量的精力进行探索和尝试。主要内容如下：

一、体验式教学特点概述

长期以来，我国的就业指导课程以知识的传播为主，较少职业体验，课堂教学中教师单向灌输的多，学生主动学习的少，教师与学生、学生与学生之间缺乏积极的互动。

由于职业能力与素质属于特殊能力，它的形成和发展是一个需要参与特定的职业活动或模拟的职业情境进行亲身体验的过程，也是通过对已获得的知识和技能进行迁移和整合的过程。

体验式教学，就是指在教学过程中根据学生的认知特点和规律，通过创造实际的或重复经历的情境和机会呈现或再现、还原教学内容，使学生在亲历的过程中理解并建构知识、发展能力、产生情感、生成意义的教学观和教学形式。它关注的是与工作有关的知识、技能或态度，主要传授与实际工作联系密切、能够在特定环境中加以运用的各种知识和技能。在实施"体验式"学习过程中，除了进行工作所必需的知识、技能和行为的培训外，更多的是让学生通过各种体验方法对企业文化、职业道德、献身精神、人际沟通等技能素质进行培养，注重人的长远发展和综合素质的提高。

二、实施体验式实践教学模式的现实意义

首先，体验式实践教学模式固化实践教学的基本内容、实施流程和运行环节，构建了专业实践教学的基本框架，符合专业实践教学的规律，从而成就了专业特色，为探索应用型人才培养模式提供依据，为职业化教育改革提供参照路径。

其次，体验式实践教学模式符合现代教育规律，凸显人本倾向。在施教过程中更多关注学生的个性差异、情感升华、参与程度、合作交流，将学生置身于动态营销的情境之中，强化其职业的体验与感受，从而达到专业素质的生成状态，为其步入社会谋职创业奠定基础。

再次，体验式实践教学模式将理论与实践紧密衔接，有效地将课堂理论教学演化为课外实践活动，促使学生在施教对象与职场人员之间不断进行角色转换，其结果有助于院校与职场的联结与互动，职场愈加关注院校专业研究动向和人才培养成果；院校的专业研究和人才培养愈加具有针对性和实用性。由此，"教""学""用"进入统一协调的状态，步入良性循环的轨道。

最后，体验式学习弥补了传统教学模式的缺陷与不足。传统教学模式以灌输为主，

学生跟着老师指挥棒走。我们听得见声音，却得不到印象。我们听得见声响，却看不见行动。因为他们缺乏对内在生命的直觉，他们缺乏内容。学生主体性体验的缺失，意味着主体性的萎缩，他们缺乏独立思考、主动学习和自觉实践的观念，缺少创造性思维的能力。

传统教学忽视课程的人文性、生命性，舍弃了知识以外的精神追求和个性满足。人的丰富的精神世界被简约为计算的智能。因此，传统教学的"教"不一定导致"学"，更不一定产生"会"。而在体验式学习中，学习者通过具体情景中的活动获得体验，同时也体验到了学习的乐趣，有效促进了学习者高级认知能力的发展。体验式学习最终要实现这样的目的：通过改变学习者的态度和观念来开启学习者的所有潜能，并让他们将这些潜能运用到实际工作中，带来最优的个人绩效，让学生提升智慧品质和创造精神，实现完美人生。

三、强化实践，构建体验式实践教学模式的核心内容

（一）学练并重，整合能力，加强教学的针对性

高校课程和教学内容的设置应按照突出应用性、实践性的原则，重组课程结构，更新教学内容，应突出基础理论知识的应用和专业技术能力的培养。既要突出人才培养的针对性和应用性，又要让学生具备一定的可持续发展能力。

在教学中，可以使用分层次教学目标，学练并重，整合能力，加强教学的针对性。

比如，在求职与创业课中运用"体验式"教学模式，按照不同年级的学生根据其不同水平和需要分层次进行使"体验式"教学模式更具针对性。如针对不同的学生设计不同的教学重点，一年级主要进行职业生涯规划的引导教育，二、三年级注重各项职业素质的拓展，毕业班加强适应岗位的能力培养，贫困生增加自主创业意识教育等。

（二）采用有效的教学策略，提高教学的实效性

传统教学的课程呈现方式呆板，不能激发学生兴趣。呆板性一方面表现为各科教材形式单一，不够生动活泼，缺乏新颖性。另一方面表现为教学方式陈旧枯燥，教学

方法落后，缺乏现代化教学手段和艺术。

在体验学习中可以充分使用游戏法、头脑风暴法、讨论法等适合年轻人的教育方法，能够吸引学生，提高兴趣，把培训与职业、理论与实践、学习与应用紧密结合起来，缩短"知识—能力—素质—运用"之间转化的时间；并且在教学中调动学生的参与性、自主性，将知识内化为学生能力与素质，大大提高了教学的实效性。

（三）注重个性化体验，提升学生的职业素质

教学过程是培育学生"知情意行"的过程，是学生个性彰显，能力拓展提升的过程。课程的意义在于过程，这是一个生活的过程，是一个知识的过程，是知识与生活共建的过程。把教学过程与学生的成长过程融合，注重学生的个性化体验，增强了教学的人文价值和生命价值，激发学生创造的热情和创造精神，从而提升学生的职业素质。

提倡小型团队进行自我探讨，引导其主动进行自我素质的完善，其中非常重视个体的个性及情绪。在"体验式"教学中鼓励学生将自己的疑惑及感受与他人分享，教师选择具代表性的问题进行讲解，做到有的放矢。

采用诸如"职业生涯工作坊"和团队游戏等方式，让学生更充分地表达自己的看法，教师从中引导学生在学习中去感悟、去体验，想方设法去营造学生尽情体验的环境，更好地顾及不同的个体，让每一个学生都能参与进来，使教育更具人性化。

（四）与时俱进，创新教育教学内容和方法

当社会经济出现改革与变化时，教学的内容、模式就会随之变化，出现许多新的形式和内容。教学内容必须根据社会经济和科学技术的变化发展而不断地调整、发展和创新。如今，"团队责任感培养""创业培训"等应运而生，教师应针对个体和形势要求设计适合被教育者的教学内容。在"体验式"教学中，可以相应增加团队合作素质拓展、职业挫折感调节等适应新形势的内容。企业"体验式"培训中出色的企业文化、团队精神、跨文化沟通、献身精神等培训的理念、内容、模式、方法，都可以为课程注入新鲜血液。

四、体验式学习的教学策略探索

（一）游戏法

例如，教师在上创业课之前，可以不做生硬的、说教式的讲解，出人意料地提出这节课先来做个游戏。游戏的目的：从 A 地走到 B 地；游戏规则：自己一个人走，而且必须保证安全地从 A 地走到 B 地，绝不允许重复前人的走姿。每人走两遍，且 30 人不得重复。这样的游戏可以使课堂气氛一下子活跃起来。同时，可以伴随着欢快的乐曲，让同学们琢磨着自己的走姿，只要出现重复的或与前面类似的都被一一罚下场重来。第一遍还算容易，第二遍会出现重复，此时人人力争创造新的走姿，场面会非常热烈。音乐声停止后，很多走姿会诞生。

然后，请同学们联系生活实际，品味刚才所做的游戏。说出不同的感悟：不同的走姿，告诉我们做事必须要有创新；不同的走姿，告诉我们创新是发展的基础；不同的走姿，告诉我们过程更重要；不同的走姿，告诉我们做是起点，要敢于去做；不同的走姿，告诉我们要想与众不同，很难；不同的走姿，告诉我们超越自我是改变的关键等。

至此，一个个冥思苦想都想不出来的观点将诞生。学生从看似游戏的活动中会升华认知。由于体验学习是在"做"中学、"玩"中学，它能打破参与者的心理防线，创造自我探索的契机。

（二）情景体验法

1. 在小品中体验

小品是学生感兴趣的文娱形式，在课上偶尔采取小品的艺术形式，能让同学们在开怀大笑之后有所思考，培养健康的心理品格。

可以设计这样的情境：台上横眉怒目的李老板对员工小张拍桌子："你怎么搞的？我看你是屡教不改！今天这么重要的场合，你居然迟到了二十分钟……"小张低头擦汗。这时台下喊了："换老板，换老板！"和蔼可亲的刘老板上台了，笑眯眯地说："小张呀，你怎么才来呀，看你满头大汗的，一定跑累了吧？来，喝口水，不急不急，是不是家里有什么急事呀……"台上台下热闹非凡，有人说："这个老板太面，再换，再换！"

这时老师提出了问题：这几个老板在面对员工时体现的是什么样的人生观？以后如果碰到这样的不同的情形，我们应该如何应对？学生通过小品间接获得体验，同时也感受到了学习的乐趣。

2. 利用多媒体创设情境

教师创设一些形象逼真的情境，让学生身临其境。比如，可以引用视频资料《成龙的成长故事》，让学生了解成龙的一路摸爬滚打，用一身的汗水和伤疤书写着自己人生传奇的故事。让学生懂得：他所扮演的不仅仅是一个单纯的银幕英雄，更承载着一个中国人面向世界舞台的责任态度与榜样；良好的情绪控制能力是保证职业规划有效实施的条件。通过体验，让学生在顺境中不得意忘形，在遭遇挫折时不萎靡不振，能辩证分析对待挫折带来的痛苦，化悲痛为动力。

具体还可采取以下一些方式：邀请一些成功的企业界人士谈自己的体会，说说他们面对顺境和逆境时的心态和处理方式；组织学生讨论一些不能受挫折教育的反面例子，让学生知道心理承受能力的重要性，增强情绪控制能力，提高学生情商，实现可持续发展。

3. 在角色中体验

这是让学生以一种类似游戏的方式，体验角色的心理或行为。例如，培养合作精神，可以采用活动《盲行游戏》。让一个同学扮演"盲人"，另一人为盲人的"拐杖"。"拐杖"用丝巾把"盲人"的眼睛蒙住，让其在原地转三圈，然后由"拐杖"带领他穿越有障碍的路线。"拐杖"不可说话，只可用肢体语言给对方暗示，完成后交换角色。这个活动让学生充分体会了一个残疾人在生活中遇到的困难，及别人对他的态度，从而了解到一个人的自尊与尊重他人的关系。

4. 在音乐中体验

探讨职业价值观时，可以先让学生在热烈地讨论中说出自己最喜欢的、最离不开的五样东西，并罗列在纸上。然后配上背景音乐《春江花月夜》和老师的解说话语："人生是美好的，但美好的东西也会有逝去的一天。你会让哪一样先失去呢？失去之后你又会怎样呢？"让学生在背景音乐下沉默、思考；然后再告诉学生，必须得失去某样东西，来慢慢引导学生澄清自己的价值观，了解自己最宝贵的东西，学会取舍。

在学生即将进入最后一次抉择时，不经意地改变背景音乐，换成《二泉映月》。让学生在《二泉映月》的背景音乐下痛苦地沉思选择。然后老师接着解说，"你的生活滑到了前所未有的低谷，你必须做出你一生中最艰难也是最果决的选择。你只能留下一样，其余全部放弃。当这种命运真正来临时，我们又能做些什么呢？让我们在失去之前，写下我们最想说的话语……"此时仔细观察学生的表情及做出的艰难抉择。

这样的音乐体验形式不仅能提高学生的知识水平，更将提升学生的心灵境界。

（三）辩论法

首先确立辩论题，如"大学生就业难，是因为机会太少，还是因为自身素质不高"等。然后再确立正方和反方的同学，让同学们课后广泛收集有说服力的资料。上课时，先让正方、反方各推出四位同学上台辩论，其他同学可随时补充。辩论结束后，老师及时点评。通过辩论，不仅使学生掌握了知识，拓宽了知识面，还增长了见识，锻炼了能力。

（四）案例讨论法

教师指导学生阅读一定的材料，使其产生相应的情感体验，引起心灵的共振，达到认识与情感的统一。问题通过争辩，就会更加明晰。可以让学生前后四人组成一个小组，就阅读的材料，就某一观点、某一现象发表见解、做出评判，加深对知识的理解和运用，由"静听"的记忆变为热烈的"辩论"。学生阅读完提供的材料后，以课堂所学内容为中心，说课本、说自己、说生活，活动培养了学生的逻辑思维和语言表达能力，增强了他们的参与意识和"主角"意识。

（五）在团体活动中体验

在体验式团体活动中，可以给出四个图形：圆形、方形、三角形、梯形，让大家进行选择，选择同一种图形的人归为一个团队，团队要讨论为什么要选择这个图形，然后再让四个团队交叉讨论选择图形的理由。通过这个团体活动，让学生体验，不同的人有不同的思维模式，不要局限于自己的思维和视野，要扩大学习的视野和范围和不同思想的人进行交流与合作，才能够提升自己学习的能力。

（六）在社会实践中体验

在社会实践中体验，是高校教育课堂教学不可缺少的组成部分。因此，在教学中教师应努力使课堂延伸，鼓励学生走出封闭的课堂，通过开展现场调查、参观访问、社会服务、收集信息等，让学生融于社会，去亲历体验，在动态中掌握知识，内化情感。除此之外，还可以采用演讲比赛、知识竞赛、优秀毕业生座谈、校企结合工学交替等促进专业技能训练，激发内心情感体验。

"社会即学校，生活即教育，教学做合一"这是陶行知先生生活教育理论的精微。环境、生活在人的发展中起重要作用，特别是对非智力因素的影响，尤为突出。学会做人，主要在生活体验中实现，教学必须拓展时空，延伸体验。学习的时间不限于上课时间和作业时间，学习的空间不限于教室和学校。教材只是例子，而不是法典。教师要引导学生拓展思路，提出新问题，并将新问题引向课外、引向生活、引向综合性学习。让学生产生意犹未尽的余味，生成新的学习的需要。教师应该少布置"死"作业，布置学生爱做的活动性作业、开放性作业、社会调查性作业，让他们在新的时空中不断提高职业素养。

五、体验式学习在高校人才培养中的运用应注意的问题

（一）转变观念，创设情境，提高学生的学习主体性体验

精心营造适合教学的生活情境或仿真情境，能诱发学生强烈的好奇心和实践欲望，使学生始终保持高涨的体验热情。生活情境可以涉及自然风光、文物古迹、风俗民情、

国内外的重要事件、学生的家庭生活，以及日常生活话题等；仿真情境则可通过语言描摹、画面再现、媒体演播、角色扮演等方式创设。在体验过程中，教师要善于将学生的体验兴趣引领到学习的重点、难点、疑点之中。体验学习的特点决定了学习者在体验过程中的感受、感悟的"独特性"和"自我性"，这体现了学生自主体验的过程。对于学生的不同感受教师要以宽容的心态去面对，切忌主观地将学生的体验感受引入自己的思维定式，否则，体验学习也可能成为被动的过程。另外，"过程与方法""情感、态度与价值观"的形成，不能奢望一次体验就能完成，它需要不断的外化，不断的反复，不断的调节才能形成。教师的作用在于积极观察、认真引导，并善于捕捉最佳契机推波助澜，引导学生提升自己的感悟和体验。教师要成为学生最可靠的心理支持源泉。

（二）整合资源，以学定教，提升学生的创造能力

体验学习的方式是丰富多彩的，教学实践中，教师要善于利用、开发和整合各种课程资源，为实现学生有效的体验学习提供多种途径。例如，各种现代化教学手段：幻灯、实物展台、录音机、录像机、CD、VCD、计算机等，不仅可以增大体验情境的信息量，丰富体验的情景，还可以通过其直观的听觉、视觉的冲击力，强化体验，引发学生的积极思维，加速学生体验内化的过程。同时，资源不仅包含以上技术层面，还有许多隐性资源，如学生的差异、学生的生活和学生已有的经验等，都是教师在组织和实施体验学习的重要资源，教师要善于运用。

在传统教学中，教师是知识代言人、占有者。在体验教学之前，教师必须给学生一个充分自学、自主体验的过程，然后以学定教。这样，学生在自由的状态下很容易找到适合自己的学习方式，就会产生许多不乏生命灵性的独到见解，在教学过程中，教师要善于不断追问学生："为什么？""请你说具体些好吗？""你是怎么发现这个问题的？""你还发现了什么新问题？"让学生主动分享，主动展示思维过程，质疑交流、互相启迪，让更多的学生在"豁然开朗"中受到启迪，从而提升学生的创造能力。

目前，在课堂教学领域中对体验学习的研究刚刚开始，在实践中也会出现新的问题，这就要求教师提高对体验学习的价值和内涵的深刻认识。因为体验学习对教师的

能力要求更高，加上学生缺乏适合进行体验学习的环境等问题，导致体验学习还不能真正有效地实施。所以，需要加强对体验式学习的理论层面和操作层面的深入研究，需要继续进行实践探索。

第四节　体验式教学在高校创新创业教育中的应用

体验式创业教育是针对传统创业教育存在的问题而提出的一种新型教育模式，这种教育模式一切以学生为主体，力使各个高校不断加大创业教育投资，在课程设置中也越来越注重创业教育比重，但就业情况往往凸显尴尬。一方面是无固定教育套路，目标明确，即培养的学生与时代发展脱节。许多毕业生就业难，而很多用人单位急需的高技能人才招不来。另一方面是用人单位反馈已就业学生情况是专业基础的现实意义。扎实、动手能力差、缺乏创新思维等。

当前大学生就业压力空前巨大，大学生就业已成为社会普遍关注的重要问题。如何提高大学生就业水平，提高大学生的生存发展能力，实施大学生创新与创业教育，也逐步成为时代赋予高校的重大使命。创新教育与创业教育虽然存在一定的差别，但在内容结构上相互融合，相辅相成。创新是创业的基础，创业是创新的重要载体和表现形式，创业的成败，根本上又在于创新教育的成效，两者相互促进又相互制约。

一、我国高校院校创新创业教育现状

目前我国高校院校的创新创业教育重视和普及程度不够，发展缓慢，不能满足学生开展创业活动的需求，也无法满足我国经济社会发展对高素质应用型创新人才的需要。

我国高校院校创新创业教育现状主要表现在：

（一）思想观念滞后，科学定位缺乏

一些高校院校在观念上存在误区，把就业率当作衡量学校办学水平的主要指标，普遍狠抓就业率，而对创新创业教育重视不足，将学生的自主创业当作提高就业率、缓解就业压力的有力补充，认为如果学生就业情况良好，创新创业教育则意义不大或没有必要。另一方面，对创新创业教育定位不科学，仅仅将创新创业教育理解为举办创业讲座、创新创业活动等表面化的工作，没有将创新创业教育与通识教育、专业教育有机融合起来，纳入高校院校的整个育人体系中。

（二）教师水平有限，师资力量缺乏

创新创业教育对教师的创新创业知识水平、实践经验、操作能力等有较高要求，创新创业教师既要有扎实的创新创业方面的理论功底，又要兼备创业经验和经营管理经验，然而目前我国高校院校这类教师还比较缺乏，大多数教师只是纸上谈兵、照本宣科，无法为学生提供深入的、实战性的、有效的创业指导，影响了学生创业能力和创业素质的提高。

（三）学生创业意识淡薄，创业成功率低

高校院校传统的教学方式和人才培养模式不利于激发学生的创新思维和创业意识，导致所培养的学生思维僵化保守，缺乏创新精神、质疑意识和进取精神。很多毕业生不懂创业、不敢创业、不愿创业，自主创业的毕业生数占当年毕业生总数的比例不到2%，而欧美国家这项比例达到20%~30%。即便已经自主创业的大学生，其创业的成功率也比较低，所创办公司或企业的存活期较短，其创新成果很难转化为现实生产力。

（四）创业环境有待改善，创业服务发展滞后

近几年，我国十分重视创新创业，将创新提高到国家战略的高度，鼓励和支持大学生创新创业，并出台了一系列政策和优惠措施，如减免税收、资金扶持、提供小额贷款等；但在实际操作中，由于学生创业方面的法律法规不够健全规范、行业和地方保护主义的阻碍、银行贷款条件层层设限难以获得、优惠政策落实不到位等原因，加

之我国专业化的创业服务如创业法律法规咨询、创业中介组织、创业服务外包等缺乏，导致理想的创新创业环境缺乏，学生自主创业步履艰难。

二、体验式教学的内涵及其思想追溯

（一）思想内涵

体验即知情意行的亲历和感悟，是亲身实践所获得的经验。体验式教学是指根据学生的认知特点和规律，通过创造实际的或重复经历的情境和机会或呈现，或再现，或还原教学内容，使学生在亲历的过程中理解并建构知识、发展能力、产生情感、生成意义的教学观和教学形式。体验的东西使我们感到真实，能够在大脑中留下深刻的印象。王俊道、王汉澜先生在《教育学》中写道："研究表明：通过书本阅读获得的信息，我们能记得 10%；从外界听到的信息，我们能记得 20%；但亲身经历过的事，我们却能记得 80%。"[a] 近年来，体验式教学在旅游管理专业英语课程教学中应用颇多，并取得了良好的效果。

（二）思想追溯

西方文化中彰显的体验思想多于中国传统文化，在西方的教育思想中，蕴含着丰富的体验式教学思想。体验式教学思想最早可以追溯到古罗马时期，古罗马教育家主张学生在观察、辩论和实际试验中学习，这一时期的家庭教育主要是孩子观察、见习父母的做事方法，然后亲身体验。17 世纪，捷克教育改革家夸美纽斯提出"教学的直观性、主动性、自觉性等原则，强调教育适应自然的原则"；18 世纪，浪漫自然主义教育家卢梭强调培养"自然人"[b]，主张儿童在生活和活动中亲历、体验、发现学习，重视通过实践、体验获得知识的过程；19 世纪末 20 世纪初，实用主义教育家杜威建立了以"从做中学"为核心的教学体系，反对传统教育的"书本中心"，主张从做事中获得学问。杜威认为，教学过程应该就是"做"的过程，如果儿童没有"做"的机会，那必然会阻碍儿童的自然发展。

---

a　王俊道，王汉澜. 教育学 [M]. 北京：人民教育出版社，1989.

b　夸美纽斯. 大教学论 [M]. 傅任敢，译. 北京：教育科学出版社，1999.

由此可见，不同历史时期的教育家们的体验式教学思想都认为教育应该根据学生的认知发展规律使他们自由发展，强调自主学习、亲力亲为、亲身体验在教育过程中的重要作用。尽管他们关于体验式教学的思想源远流长，但是对体验式教学模式的研究依然很少。

三、体验式教学在高校创业教育中的应用

创业教育为个人潜能的释放和个人自我价值的实现带来机会，使个体能够在充满机会和选择的社会里为经济和社会的发展做出其独特的创造性的贡献。在高校创业教育的教学设计过程中应该遵循个体的认知发展规律。下面分别论述其认识特点、规律及其在创业教育中的应用。

（一）高校学生的认知特点和规律

一般来讲，高校院校的学生学习基础差，不善于抽象思维的运用，对于纯理论性的知识的学习存在一定的抵触情绪，但是他们的实践动手能力比较强，对于技能、操作等具体事物的兴趣点比纯理论知识要高，掌握速度快。尤其在学习的过程中，如果能够创设一个良好的学习情境，则更能激发他们的学习兴趣，使他们以更积极的态度参与其中，主动构建知识经验体系。

另一方面，随着年龄的增长，个体的认知主体性意识逐步增强。从高中进入大学以后，环境相对自由，时间相对宽裕，有更多的时间来思考自己的人生，规划自己的未来。高校学生独立性增强，对家庭、老师的依赖程度降低，富有责任感，追求成功的欲望越来越强烈，易于接受新鲜事物，敢于提出自己的独到见解。

高校学生的上述认知特征，使得高校创业教育必须打破传统的教学方式，创设诸如情境、角色、操作或探究等多样化的体验教学形式，充分利用现代教育技术，优化教育过程，增强创业教育课程的吸引力和实效性。

（二）体验式教学在创业教育中的应用

1.划分内容模块，创设教学情境

理论性创业知识的学习，由学生在课下自己完成；非理论性的教学内容设计成合适的教学情境，让学生在活动中、在角色扮演中、在操作中、在探究中亲历体验，不断发现问题、解决问题，使学生成为学习过程的主角。改革考试评价方式，体验式教学以平时的分散考核为主的方式，请活动小组成员互相评分，由他们组成评审团当场评分。

2.搭建体验式教学平台

进一步加强校企深度合作，携手成立校内创业产业园，划拨大学生专项创业资金。只要学生的创业计划书能够通过"资金委员会"的审批，就可以申请到创业启动资金。同时，设置专职就业与创业指导教师进行一对一指导，帮助初创企业孵化。这虽然不是真正的商场实战，也不能使每一个接受创业教育的人都成为创业者或创业家，但这种高仿真的创业环境可以激发学生的创业热情，培养他们的创业意识和创业精神。

3.营造创业教育的环境

根据高校学生的认知规律特点，可以带领学生到企业和校内创业产业园进行实地参观考察，感受企业氛围：充分利用现代教育技术，通过网络、视频等方式学习交流创业知识；聘请成功企业家或创业校友做专题讲座，领略企业家的风采；定期举办创业大赛，在校园内营造浓厚的创业氛围，鼓励优秀的创业计划项目进行创业"路演"，经天使投资人现场深入讨论、剖析，进一步挖掘项目价值，开阔视野。

四、体验式教学在创业教育应用中应注意的问题

体验式教学在创业教育应用中应注意以下问题：

第一，创业教育涉及的学科复杂，如经济学、管理学、社会学、道德教育、伦理学、诚信教育、法学、文学等都纳入了创业教育课程中，这对创业教育师资提出了较高的要求，尤其是体验式教学需要针对不同的教学内容创设不同的教学情境，而多数教师

本身缺乏创业经历，很容易使实践性很强的课程变成空洞的说教。

第二，为使体验式教学达到良好的教学效果，教学场地应该是活动式桌椅，尽量采用小班授课形式，班级容量不超过 50 人，这样可以对课堂纪律进行有效的控制。

第三，体验是学习者自身的知情意行的融合，在教学过程中教师如何掌握学生的体验程度，如何使所有的学习者都达到较深层次的体验，是一个比较难把握的问题。同时教师还要注意时间的掌控，以免体验教学过程中脱离教学目标。

五、以体验思想为指导，实施创新创业行动

（一）创新创业意识教育

高校需要开展创新与创业思想教育，引导学生养成创业意识，激发学生的创业精神。这种教育可以通过营造氛围、课程教学、SYB 培训以及一些创新创业典型案例教育来展开。

1. 广泛宣传，培育校园创业文化

利用学校校报、广播、电视、网络等媒体广泛宣传，开设专栏，使创新创业教育思想深入人心。通过重点收集历届毕业校友中的创新创业典型事迹，为学生树立榜样，用学生身边的创业者事迹来培养学生的创业心理，警示学生的创业理性，激发学生的创业热情；开展丰富多彩的创业教育活动，设立创新思维论坛，开设"创业大讲堂"，播放与创业教育相关的音像资料，邀请创业成功人士、企业家等来校举办创业讲座等；积极开展并鼓励学生参与各类创新创业比赛、创业项目推介、创业成果展示等活动，努力营造鼓励创新创业、支持创新创业的校园文化氛围。

2. 开设创业课程，普及学生创业基础知识

构建工学结合的创业教育课程体系，将学生的创新创业能力教育分为专业技能、拓展技能、创业技能等部分。专业技能包括基础技能与岗位技能，是针对岗位需要开设的专项训练技能；拓展技能在生涯规划课和就业指导课程中融入创业意识教育，并增加人际沟通、市场营销等综合管理课程，拓展学生的综合素质；创业技能是通过学习与创业相关的公司管理、金融与法律、创业环境等知识，以培养学生创业意识、创

新能力和创业素质。

与此同时，不断探索具有高校教育特色的创业教材，突出行业、专业以及学校特点，同时兼顾区域文化对创业的要求，使创业教材更具有针对性和实效性。如与国家精品课程电子商务相结合形成模拟公司项目、营销实战项目等创业内容等。

3.开展 SYB 培训，系统进行创业教育

与劳动和社会保障部门合作，利用社会资源开展 SYB（Start Your Business）培训。组织学生撰写创业计划书，思考创业问题，体验创业梦想。学校对参与 SYB 培训学生的创业项目进行评审并开展"我的未来我做主"创业计划展示推进会，通过现场答辩金融、税务、法律、财会等方面专家的提问，检验创业项目选择、设计、规划、管理等能力，真实展现社会环境中创业所必须经历的种种问题。

（二）创新创业能力训练

高校学生创业需要有一定的技能作为支撑，技能训练成为创新创业教育的一项重要任务。在技能训练中实施特长生工作室、科技项目孵化等具有良好的训练效果。

1.设立特长生工作室，训练学生的专业技能

各二级学院可根据不同专业设立相应的特长生工作室，一方面为学生的技能训练提供良好的条件，另一方面可以为学生的技能发展提供更好的机会。如机电专业的学生可以参与机电一体化、数控诊断与维修等特长生工作室；电子电气专业的学生可以参与足球机器人、智能电子等工作室；计算机软件专业的学生可以参与单片机（嵌入式系统）的设计等工作室。学生在工作室需要运用专业知识和技能解决实际问题，并进行一些项目管理和运作。这里涉及资金的使用、人员的组织和激励、任务的分工与合作、问题的协调与沟通等，这可以为学生的创新与创业奠定技能和管理基础。

2.参与科技项目孵化，体验项目管理与开发

大学生科技项目园，专为有较高科技含量的大学生科技项目提供试验和创新创业项目孵化场地。大学生科技项目需要通过专家评审遴选入园，在教师的指导下进行研究、设计与开发，最后需要提交一定的研究成果才能完成结项。学生在参与项目的过

程中逐步完善自己的专业知识和技能，同时也训练了合作与沟通、分工与协作、组织与管理等方面的能力。这些技能的训练为日后的自我创业奠定了一定的专业和素质基础。

（三）创业情景模拟

大学生的创业教育总体上缺乏实际环境与条件，创业情景模拟也逐步成为各高校进行创业教育的一种有效形式。国际贸易、市场营销、商务策划等专业的实践性非常强，但又与一般的技术类专业有明显区别。"行业订单""生产型实训"等都不适用于这些专业。针对这些专业的特点，可以设立校内实体公司即模拟公司，成为学院与当地公司合作创建的商务贸易实践平台。如常州信息学院的宁信小铺，就是采用模拟公司的形式，以经营服装类产品为主。学院教师和当地某贸易公司的相关人员为指导，不同专业的学生通过选拔加入公司，以社团组织形式延续运营。公司设总经理与顾问团，下设机构可划分为电子商务部、信息采集与处理部、商务实体平台部、采购与物流部、财务部和公关与促销部等，不同专业的学生在"公司"内各司其职。学生在"校内公司"实践，不仅可以在走出校门之前就有机会尝试创业，更可以是走入社会前的真实演练。目前，学院其他院系也已拥有这种模拟的"校内实体公司"。

（四）创新创业行动体验

为学生提供科技创业园、大学生商贸一条街等场所，为大学生创业提供一定的条件支持，并指导学生开展创业行动，进行创业实战。创业实战项目更多地关注学生的创业行动和体验，培养学生的经营思想、决策能力、合作精神以及社会责任感和感恩的心态等。

1.营销实战，创业体验大练兵

针对营销和电子商务专业，可提供给学生一周时间进行营销实战。学生自定企业名称，确定经营内容和营销策略，并实际开展校内营销活动，核算经营成本和经营利润，全程体验营销流程与创业的激情。

2.大学生科技创业园

大学生专业创业园主要吸收和支持与专业有关的创业项目，严格创业项目的专业含义，以引导学生开创具有一定技术含量的创业实体。目前专业创业园拥有5家公司入住，其中2家公司拥有正式营业执照，3家为校内营业执照公司。

3.大学生商贸创业街

为了鼓励创业类别的多样性，学院在专业创业园的基础上建立商贸创业一条街，允许科技和专业以外的创业项目与团队通过一定的程序遴选进入，学校给予一定的指导和资金、政策扶持。创业街包含商贸类、电子类、艺术类、娱乐类、电子商务网点实体店等创业项目，由学院统一要求与管理。学院还可根据运行情况，拓展场地，扩大规模。

4.网络平台：电子商务网店

学院结合国际贸易、市场营销、商务策划专业指导学生开设网店，体验电子商务运作过程。目前有许多学生开有自己的网店，部分学生达到一定星级，部分网店还设有实体店。通过电子商务帮助学生网上创业，让学生充分感受现代电子商业和体验网商的过程，体验到更精彩和更丰富的创业经历，也得到了更多的创业锻炼与经验。

大学生创业项目的运行可以是模拟企业式，也可以是实体企业式；在资金组合方面可以是合资项目式，也可以是独资项目式。无论哪种创业项目，都应遵守和执行国家有关法律规章制度，守法经营，遵守和执行中心有关规定，积极支持并协作配合中心管理机构开展各种创业服务工作。

第五节　基于创新创业导向的体验式教学模式探索与实践

学生主动性学习行为的产生，有赖于教学过程中能否成功地唤醒和激发学生的兴趣和热情，能否挖掘出学生潜在的能量，能否有效地引导和组织学生开展自主学习活动，能否对学生自主学习行为进行及时有效地评价和固化。要达到这样的效果，仅仅依靠理论知识的灌输和说教是不能奏效的。国内外多年教育研究结果表明，通过实践性教学环节来进行诱发，提高学生的意识，强化学生的行为是行之有效的方法。学生在实践环节中通过亲身体验和感情，有利于激发自己主动自觉地朝着创业实践所必须具备的要素，即创业精神、创业知识、创业心理、创业能力、创新意识等方面的不断修炼和努力。

当然，如果这一实践教学环节安排上能够使学生亲身去尝试创业活动，直接受到市场和社会的洗礼，其作用会更加直接，效果会更好。然而事实上在校学生面广信息量大，这样的教学安排必然受到学生时间、精力、经济等多方面因素的制约，再加上真正尝试创业活动需要承担很大的经济风险，实现时存在很大困难。而采取"体验式教学法"进行情境教育，可根据广大学生的实际情况，利用有限的资源和条件进行精心设计，则可收到较好的效果。

一、创业教育课程体验式教学的内涵及特点

所谓"体验式教学法"，即根据学生的认知过程、认知特点，在学习准备阶段、课堂教学阶段、课后延续阶段和评价分析阶段突出"体验"，以学生主动参与、主动探索、主动思考、主动操作、自主活动为特征。创业教育实践环节采用体验式教学活动，不仅可以促发学生主动且有意识地学习创业知识，而且更为重要的是它更容易唤起学生各种心理因素的参与，对创业素养中的创业能力、创业人格和创业情感等非智力因素产生直接的影响，从而使学生的心理与行为在体验中相互交融、相互促进、共同发展。

具体来说，创业课程中体验式教学就是要求教师通过活动和情境设计，使学生积极主动参与特定情境之下的活动，并运用各种方法，使得学生在多维的人际互动的环境中，通过亲身体验和实践实现有效的学习。在整个教学过程中，教师不只是知识的传授者，更应是心智活动的启发者和引导者。教师的主要职责是创造一定的环境让学生体验，启发和引导学生按照一定的流程和逻辑去讨论和思考创业过程中涉及的相关

问题，从而得出自己对问题和知识的理解。对学生而言，体验式学习是通过亲身介入模拟的企业活动和情境，不仅用眼看、用耳听、用手做、用嘴说，而且要用脑想、用自己的身体去亲身经历、用自己的心灵去感悟，这既能加深理解创业知识、激发学习潜能，又能促进学生在创业能力、创业情感、创业人格方面的成长和发展。学生在体验过程中不仅使知识、技能、情感、认知获得丰富和提升，而且对学生综合素质的主动发展是极有帮助的。

创业课程体验式教学的主要特点是：

（1）主体体验性对学生的发展来说，无论思维、智力的发展，还是情感、态度、价值观的形成，都要通过主体与客体的相互作用实现，而主客体相互作用的中介正是学生的体验。体验式教学在于创造各种条件和机会，让学生作为主体去体验，在体验中完成自我的建构，最终实现主体的主动发展。

（2）合作互动性强调教师引导，学生主动参与。师生在设置的特定情境下，通过师生互动、生生互动，完成特定的活动和任务，在过程中获得情感体验。

（3）寓教于乐性将学习过程变成乐趣而不是压力，最终达到主动体验、主动学习的目的。

（4）学用一致性提供解决实际问题的机会和场所，使学生能够在学习的过程中边学边用。

（5）环境支持性创造的学习环境能让学生敞开心扉、相互信任、忠实反映实际情况，既要使学生更进一步认识自己，又要建立与其他人彼此支持的互动关系。

二、创业教育课程实现体验式教学的几种方法

不同的课程所采用的体验式教学方法可以有较大差别。针对创业教育课程的特点，在教学活动中常采用媒体借用、案例讨论、直观感受、角色扮演、拓展训练、创业模拟、课外项目等方法，让学生在活动中主动体验，以取得较好的效果。

（一）媒体借用法

可以充分利用多媒体等现代化教学手段，以多媒体教室为载体，变黑板教学为课件教学。它不仅能在短时间内向学生传达大量信息，使课堂活动更加有序紧凑，提高教学的容量与效率，而且可通过直观的媒体资料，更好地渲染必要的气氛，激发学生兴趣。教师可先收集和整理国内外有关创业故事的影音资料，在讲授相关课程内容时，可通过生动活泼的画面和创业故事情节的展现，使课堂教学变得生动形象、易于接受，激发学生的学习兴趣，达到画龙点睛的作用。如在讲授企业家精神时展示《首席执行官》张瑞敏的创业故事；讲授创业动机时利用《世纪大讲堂》专题片中的罗伯特·清崎（《富爸爸、穷爸爸》的作者）的"金钱未必使您富裕"的演讲影像资料，对其观点进行讨论，收到很好效果。

（二）案例讨论法

此方法可提高学生解决实际问题的能力，并促进学生积极思维，使其主动参与到教师的教学过程中，尤其是对于创业教育过程中理论部分的理解。单纯的理论十分枯燥，但结合适量的案例会使教学内容丰富且生动，案例教学可以帮助学生加深对所学理论知识的理解掌握，激发学习热情；同时，案例教学有利于培养学生分析、表达、争辩及理论联系实际的能力，在群体讨论活动中可以极大地锻炼学生多方面的能力。此外，案例教学将教学方式由单向转变为双向，利于活跃课堂气氛，充分调动学生思考问题的积极性和学习的主动性。

（三）直观感受法

学生对现实世界的直接感受和体验，对其意识和行为会产生深刻而持久的影响。在教学过程中教师可通过如下几种具体的做法，让学生更多地了解企业和创业者：（1）教学参观。组织学生多参观，实地感受企业运行过程，了解企业经营和市场各种变化。（2）专家讲座。为帮助和指导学生对小企业创办能力需求的一些专业问题或热点问题，邀请业内专业人士做专题报告，介绍在经营企业的过程中适应市场的能力和经营理念。还可聘请工商、财政、税务、银行、法律等部门有关工作人员，来讲述办理营业执照、税务登记、资金注册、银行贷款、法律法规等实际操作问题。（3）创业论坛。邀请一些成功创业的本校毕业生或者是有一定影响力的企业家，让他们以自己创业过程的亲身经历为例，通过现身说法，谈创业过程中的成功和失败的种种经历、体验和感悟，在实际创业和管理中应注意的关键问题，以及现在可为未来创业活动在哪些方面早做准备等，以拓宽学生的视野，坚定他们未来自主创业的信心，并尽早有意识地锻炼自我。（4）现实参与。可考虑邀请一些目前企业经营过程中有困难和问题的小企业主与学生交流并共同寻找解决问题的办法。这种做法难度较大，但效果最好。

（四）角色扮演法

角色扮演法强调以学生为教学主体，重视学生综合运用知识的能力，通过与教学内容相关的并有一定应用价值的情境，将某一教学内容的理论知识和实际技能结合起来，让学生在一定的时间范围内自行组织、安排自己的学习行为，并有能力去克服和解决在完成该学习过程中所遇到的困难和问题。教师根据教学目的设计创业过程中可能遇到的各方面的问题作为背景，在情境设置中给出需要扮演者来解决的问题。扮演者并不是以客观的、局外人的立场，而是以主观的、当事人的角色考虑问题，身临其境地体会总经理、人力资源、财务、生产和市场等职能部门经理考虑问题的角度和方式。这样可以使学生从模拟情景中去认知岗位职责、工作任务、决策过程。既要求独立动脑思考寻找决策依据、制定决策过程，又要求彼此配合、相互协商。

（五）拓展训练法

通过设计独特的富有思想性、挑战性和趣味性的户外活动和游戏活动，培养学生积极进取的人生态度和团队合作精神。创业课程教学过程中可以通过在室内和户外精心设置一系列新颖、刺激的情景，让学生主动去解决团队合作中可能存在的问题。在参与、体验的过程中，学生心理受到挑战、思想得到启发，然后通过共同讨论总结进行经验分享，感悟完成共同目标任务中团队合作精神的重要性，而这些精神也是创业者所必须具备的。

（六）创业模拟法

创业模拟的主要内容就是撰写创业计划书。创业计划书是创业教育课程体系中的内容，是创业课程综合学习的考核依据。学生是针对一项经营业务或考虑成立：一个小型企业撰写创业计划书，提出创业者的想法和思路。它是对新企业的蓝图、战略、资源和人的需求等的构想。通过学生的社会调查，选择创业项目，进行多种创业途径分析，形成创业思维。学生以自由组合的方式形成5~6人的创业团队，各人根据兴趣爱好，开动脑筋，提出各自的创业构思并在团队范围内进行交流和讨论，选出较为理想和可行的创业构思。创业团队以此来构思创业计划书的设计，最后进行课堂汇报。在创业计划书的撰写过程中，学生不仅要主动学习和综合应用创业计划书所涉及的各方面的知识，调查现实中相关的企业和市场，而且还要在完成任务中进行团队合作和分工，获得创业的感性认识和实践经验。

（七）课外项目法

主要的目标是接触企业、了解企业、了解市场，尽可能创造条件进行实战演练，增强实战能力。课堂上理论的讲解、案例分析、角色扮演都无法使学生获得实战的能力，原因在于课堂上毕竟没有真实的环境和对象，因此应该多让学生在真实的情境中检验解决问题的过程，从而获得解决问题的能力。例如，可以撰写小企业运营调研报告、帮助企业做市场调查、向社会或学校有组织地提供劳务、参加学校各种社团活动、在不影响学习的情况下进行短时间的"练摊"活动、有条件的学生可以试办"小企业"。通过这些活动，学生可以多方面锻炼自己的沟通能力、分析事物的能力等，与他人和社会建立和保持更多的联系。

三、创业教育课程应用体验式教学需要注意的问题

体验式教学方法的应用在给教师带来很大的施展空间的同时，也对教师提出很高的要求。

（一）需要教师具有丰富的临场指导经验和较高的技能水平

体验式教学活动的重点不是抽象的推理，而是如何设计问题情境、如何引导学生分析和解决问题、如何进行决策。教师在此过程中更多地以教练、协调者、伙伴等身份，就疑点、重点、难点向学生进行启发式的发问和指导，帮助学生自己来发现、分析、解决问题，并给学生创造充分自主的探索空间和反思机会。这就要求教师必须有丰富的实践经验和较高的技能水平，必须与企业保持密切联系，甚至要有创业的经历。

（二）需要注重不断提升学生的体验感悟能力

教学活动要想获得预期的、良好的效果，必定涉及诸多因素，其中学生能否在行为、情感和认知，积极投入尤为关键。因此教师在指导学生实践的过程中，必须加强对学生感悟能力的启发、引导和培训，不断提升其相关素质和技能。这些素质和技能的培养，将会使学生受益终身，有利于他们将来在没有教师的指导下，仍然可以凭借自己的悟性分析研究和处理创业管理中存在的各种问题。

（三）需要注重对学生进行及时的评价和鼓励

由于体验式教学是通过活动和情境来教学，学生在互动中需要教师及时地鼓励、支持和肯定，同时教师也需要反馈、评价和建议。既要对学生的组织能力、人际沟通、表达能力、合作精神和耐挫能力等方面进行评价，又要对学生的知识面、特长、闪光点等方面进行评价，这涉及态度、性格、自尊、自信、情操和意志等诸多因素。教师在评价过程中要多予以肯定和鼓励，并引导学生相互进行评价。

目前我国高校创业教育课程体验式教学尚属探索阶段。如何在有限的教学时间和空间内，通过体验式教学实现创业教育的目标，使学生既能在团体互动、相互合作中达到更好的学习效果，又能把学习效果更加持久地移植到现实生活之中，这些问题的解决有待于广大教育工作者在未来的教学实践中进行更多的探索。

四、创新创业教育与素质拓展体验式教学的结合

（一）素质拓展体验式教学内涵

素质拓展训练英文名"Outward Bound"，其寓意为"一艘孤独的小船，离开平静的港湾，去迎接暴风骤雨的考验"。素质拓展起源于"二战"期间的英国，当时是为了提高生存能力和生存技巧而产生的一种特殊训练方式，后来，以美国人大卫·库伯的体验式学习圈为理论基础，拓展训练强调通过体验从而转化为知识的过程，以独特创意和训练方式的逐渐推广，训练目标也由原来单纯的体能、生存训练扩大到心理训练、人格训练、管理训练等，在经济发达国家，尤其被企业所重视，是对企业员工提高素质、完善人格和培养管理人员素质的重要途径。拓展训练通常利用自然条件和自然环境，精心设计包括水上、野外、场地、室内等具有挑战性的运动内容，使受训者掌握一定遇险生存技能的同时，开发其心智，培养团队精神，提高创新创业能力。常见的项目有信任背摔、高空单杠、高空漫步、天梯、断桥、沼泽、绳网以及各种个人和团体组合项目，课程中包括组织能力、人际处理能力、创新能力、协调能力、判断能力、领导能力等管理素质培养的专题教学项目。在西方社会早已把素质拓展体验式训练作为企业员工培训的一种载体，通过培训使员工更好地融入企业中。

（二）素质拓展体验式教学特点

素质拓展体验式教学是一种体验式教学，是借助于心理学、教育学和组织行为学等相关学科成果，针对社会不同的需求和学生的特点设计出来的一种教学模式。其主要特点有：一是教学方法新颖性。在教学方法上素质拓展体验式教学不同于传统课堂教学，其方法灵活，载体新颖，教学方式更容易让学生接受，是学生由被动学到主动尝试的一个过程。二是课程环节生动性。素质拓展体验式教学在课程环节中体现了生动性，每个课程项目都有历史故事和战争情境作为教学背景，通过教师现场讲述，让学生模拟当时的情景，能很快引导学生顺利进入角色。运用多种感官去接触情境中的事物。学生面对即将发生的事情无法预料，但又必须马上运用所学知识和现场的工具

进行思考，做出反应，加以解决，在这个完成任务的过程中获得对知识更深刻的体验。这对于封闭在书本、课堂里的大学生来讲素质拓展体验式教学更有一定的生动性和吸引力。三是现场体验感悟性。每个教学课程结束前，学生要进行体验感悟，学生从这个课程中体验到什么，学到什么，感悟到什么，关键就是这种心灵的震颤所带来的思索。通过教师的回顾与分析，学生的分享与体验都是一次重新认识自我的过程，这个过程会给学生带来的感受在心中生根、发芽、升华，使学生将素质拓展体验式教学的收获迁移到学习和工作中去。素质拓展体验式教学中的这种感悟性学习恰好弥补了课堂教学中只注重知识的学习，而忽略了其内在精神升华的不足。四是学生个体实用性。当前的大学生绝大部分是独生子女，缺乏吃苦耐劳精神，在与人沟通方面自我意识较强，团队合作意识较薄弱。而素质拓展体验式教学重点突出的是个人与团队的关系，从学生个人培养角度讲通过自我挑战和克服困难，增强了学生的吃苦精神，培养了学生与人合作的意识。从团队角度讲就是合理组织和运用好团队中的每一个资源，团队的决策力和执行力的科学性。素质拓展体验式教学重点强调做中学，学中体会，体会中总结。侧重于激发大学生学习兴趣和创新精神，发掘学生自身的潜能。学生通过素质拓展体验式教学能很好地弥补自身的不足，培养一种良好的与人沟通和团队意识。

（三）素质拓展体验式教学在创新创业教育中的应用

创新创业教育中除了传授创新创业技能知识外，更重要的内容是培养创新创业者所具备的素质与能力。这与素质拓展体验式教学内容是一致的，两者共同特点都是为培养学生具备某种素质与能力的教育：即培养学生坚强意志、乐于奉献的精神、合作创新的意识、良好的人际关系和团队合作精神。

1. 把素质拓展体验式教学理念融合在创新创业教育中

以素质拓展体验式教学为载体，把创新创业教育的内容融入素质拓展课程中。正确认识素质拓展体验式教学与创新创业教育的关系，创新创业教育强调在做中学的观点与素质拓展课程重点在于体验与分享，这两者有着异曲同工之效，两者都突出了实践与先行。以"先行后知"的体验式学习方式，打破了传统的以"教"为主的教育模式，从教育方法上起到了新颖的作用，教学中以学生为中心，充分加强教师与学生、学生与学生之间的互动环节，让学生在愉快、积极地参与中学到知识、领悟道理。

2. 以素质拓展课程作为创新创业教育的内容

素质拓展课程内容以围绕创新创业为主线展开，在教学环节中充分发挥体验、感悟、分享三大环节的作用，以挑战性和趣味性作为课程魅力的展示，课程中融入创新创业所需要的知识和能力，在课程活动中把创新创业知识以潜移默化的方式传递给学生。素质拓展体验式课程有着灵活的教学方式，可根据创新创业教育的内容需要调整授课计划。如创新创业教育内容需要学生理解个人和团队之间的关系时，拓展课程可设计"信任背摔""过沼泽""有轨电车"等项目。如"信任背摔"从这个传统拓展项目中对学生个人和团队都有一定的挑战性，通过这个项目能使参加的学生明白个体和团队之间的关系。在这个项目中个体做得再完美，如果没有团队的支撑和保护，对个人来说一样是失败的。而对团队来说这时就是一份责任感，如果团队中的成员不全力以赴，也很难确保这个项目顺利完成。参加体验的学生不但要挑战自身的心理极限，同时还要对团队的队员有充分的信任感，让学生明白团队的重要性是创新创业中的一个重要理念和观念。

（四）素质拓展体验式教学在创新创业教育中的作用

1. 有助于学生对创新创业教育的理解

素质拓展体验式教学通过各种体验式项目将创新创业教育内容融入项目中，让学生在体验中明白与理解创新创业教育中的不同概念和内容。这与传统教学中学生获得知识的途径和方法不一样，学生在体验过程中身体各种器官都受到一定刺激，这对学生接收和理解知识起到一定积极作用，学生由被动接受知识转变为主动探索与体验，让学生在体验中感悟，在感悟中升华。

2. 有助于提高学生综合素质

创新创业教育以素质拓展体验式教学为载体有助于提高学生综合素质，拓展体验式教学的重点在于体验与分享，学生在素质拓展体验式教学中不但能学到创新创业知识，还可以在拓展体验式教学中通过分享环节提高自身的逻辑思维与语言能力，加强与人之间沟通的能力，通过交流与分享发现他人的优点，接受他人的观点，在尊重和真诚的环境中，学生发现人与人之间的交流会变得简单、容易得多，这对于创新创业教育来说是至关重要的。同时体验式教学中每个项目中还带有明确的任务性和目标性，要在一定的时间内完成各种任务与目标，加强了学生的任务目标管理的意识。学生在体验项目过程中要学会合理分工，同时对学生理解信息交流的重要性有很大的帮助，积极的反馈对帮助建立人际交往是很有效的，在拓展体验式项目中有些项目学生是需要不断克服自身的恐惧心理，通过项目提高学生情绪调节和自我调控的能力，保持平和的心态，挑战自己，战胜自己，从而塑造冷静、果断、坚忍不拔的优秀品质。

第六章 "互联网+"给高校教育改革带来的机遇与挑战

第一节 "互联网+教育"的核心与本质

学校、教师、教室，这是传统教育。互联网、移动终端、学生，学校任你挑、教师由你选，这是"互联网+教育"。在教育领域，面向中小学、大学、职业教育、IT培训等多层次人群开放课程，可以足不出户在家上课。"互联网+教育"的结果，将会使未来的一切教与学活动都围绕互联网进行，教师在互联网上教，学生在互联网上学，信息在互联网上流动，知识在互联网上成形，线下的活动成为线上活动的补充与拓展。

"互联网+教育"不只是影响创业者，还能提供平台实现就业。在2015年6月14日举办的"2015中国互联网+创新大会"河北峰会上，业界权威专家学者围绕"互联网+教育"这个中心议题，纷纷阐述了自己的观点。学者们认为，"互联网+"不仅不会取代传统教育，而且会让传统教育焕发出新的活力：第一代教育以书本为核心；第二代教育以教材为核心；第三代教育以辅导和案例方式出现；如今的第四代教育，才是真正的以学生为核心。

其实在"互联网+"提出之前，互联网教育已经有了近10年的发展历史，这表示即使政府不制订"互联网+"计划，"互联网+教育"的模式探索与尝试也已经开展，大数据、云计算、互联网等逐渐与教育相结合，教育的形态被"智能"的力量重塑，可以说教育行业已经实现了互联网化。

如今，虽然互联网成为教育变革的一大契机，但是它只是对传统教育的升级，其目的不是去颠覆教育，更不是颠覆当前学校的体制。基于此，我们认为，"互联网＋教育"的核心和本质就是基于信息技术，实现教育内容的持续更新、教育模式的不断优化、学习方式的连续转变以及教育评价的日益多元化。

一、"互联网＋课程"：教育内容的持续更新

"互联网＋课程"，不仅仅产生了网络课程，更重要的是它让整个学校课程，从组织结构到基本内容都发生了巨大变化。正是因为具有海量资源的互联网存在，才使得高等院校各学科课程内容能够全面拓展与更新；能使得适合大学生的诸多前沿知识及时地进入课堂，成为学生的精神套餐；使得课程内容艺术化、生活化变成现实。除了对必修课程内容的创新，在互联网的支持下，各类选修课程的开发与应用也变得"天宽地广"，越来越多的学校能够开设上百门的特色选修课程，诸多从前想都不敢想的课程如今都成了现实。

二、"互联网＋教学"：教学模式的不断优化

"互联网＋教学"形成了"网络教学平台""网络教学系统""网络教学资源""网络教学软件""网络教学视频"等诸多全新的概念，由此不但帮助教师树立了先进的教学理念，改变了课堂教学手段，大大提升了教学素养，而且更令人兴奋的是传统的教学组织形式也发生了革命性的变化。正是因为互联网技术的发展，以"先学后教"为特征的翻转课堂才真正得以实现。同时，教学中的师生互动不再流于形式。通过互联网，完全突破了课堂上的时空限制，学生几乎可以随时、随地、随心地与同伴沟通，与教师交流。在互联网的天地中，教师的辅助作用得到了提高，教师可以通过移动终端，即时地给予学生点拨指导，同时，教师不再"居高临下"地灌输知识，更多的是提供资源的链接，激发学生学习的兴趣，进行思维的引领。由于随时可以通过互联网将教学的"触角"伸向任何一个领域的任何一个角落，甚至可以与远在千里之外的各行各业的名家、能手进行即时视频聊天，因此，教师的课堂教学变得更为自如，手段更为

丰富。当学生在课堂上能够获得他们想要的知识，能够见到自己仰慕的人物，能够通过形象的画面和声音解开心中的各种疑惑，可以想象他们对于这一学科的喜爱将是无以复加的。

三、"互联网＋学习"：学习方式的连续转变

"互联网＋学习"创造了如今十分红火的移动学习，但它绝对不仅仅是作为简单的随时随地可学习的一种方式而存在的概念，它代表的是学生学习观念与行为方式的转变。通过互联网，学生学习的主观能动性得以强化，他们在互联网世界中寻找到学习的需求与价值，寻找到不需要死记硬背的高效学习方式，寻找到可以解开诸多学习疑惑的答案。研究性学习倡导了多年，一直没能在高校真正得以应用和推广，重要的原因就在于它受制于研究的指导者、研究的场地、研究的资源、研究的财力物力等，但随着互联网技术的日益发展，这些问题基本上都能迎刃而解。在网络的天地里，对于研究对象学生可以轻松地进行全面的、多角度的观察，可以对相识的人或陌生的人群做大规模的调研，甚至可以进行虚拟的科学实验。只有当互联网技术成为学生手中的"利器"，学生才能真正确立主体地位，摆脱学习的被动感；自主学习才能从口号变为实际行动；大多数学生才有能力在互联网世界中探索知识，发现问题，寻找解决的途径。"互联网＋学习"对于教师的影响同样是巨大的。教师远程培训的兴起完全基于互联网技术的发展，而教师终身学习的理念也在互联网世界里变得现实，对于多数使用互联网的教师来说，他们十分清楚自己曾经拥有的知识是以这样的速度在锐减老化，也真正懂得"弟子不必不如师，师不必贤于弟子"的道理。互联网不但改变着教师的教学态度和技能，同样也改变了教师的学习态度和方法。他不再以教师的权威俯视学生，而是真正蹲下身子与学生对话，成为学生的合作伙伴与他们共同进行探究式学习。

四、"互联网＋评价"：教育评价的日益多元

"互联网＋评价"还有另外一个名字，即热词——网评。在教育领域里，网评已经成为现代教育教学管理工作的重要手段。学生通过网络平台，可以给教师的教育教学

打分，教师通过网络途径可以给教育行政部门及领导打分，而行政机构通过网络大数据也可以对不同的学校、教师的教育教学活动及时进行相应的评价与监控以确保每个学校、教师都能获得良性发展。换句话说，在"互联网+"时代，教育领域里的每个人都是评价的主体，也是被评价的对象，而社会各阶层也将更容易通过网络介入对教育进行评价。此外，"互联网+评价"改变的不仅仅是上述评价的方式，更大的变化还有评价的内容或标准。例如，在传统教育教学体制下，教师的教育教学水平基本由学生的成绩来体现，而在"互联网+"时代，教师的信息组织与整合、教师教育教学研究成果的转化、教师积累的经验通过互联网获得共享的程度等，都将成为教师考评的重要指标。

总之，随着"互联网+"时代的正式到来，教育工作者只有顺应这一时代变革，持续不断地进行革命性的创造变化，才能走向新的境界和高度。

第二节 "互联网+"给高等教育带来的机遇

随着工业社会向信息社会的过渡转型，国际化和信息化已经成为高等教育发展的必然趋势。特别是"互联网+"时代的到来，以及最近几年大规模公开在线课程的广泛兴起，正在引发世界范围内高等教育格局的竞争与变革。在这种背景下，中国高等教育的发展方式正在全面转型，而这种转型也给中国大学教育带来了更多的机遇。

一、"互联网+"让大学教育从封闭走向开放

"互联网+"打破了权威对知识的垄断，让教育从封闭走向开放，使得优质的教育资源不再局限于少数的名校之中，人们不分国界、不分老幼都可以通过网络接触到最优质的教育资源。在全球开放的时代下，正在加速形成一个基于全球性的知识库，通过互联网，人们可以随时随地地从这个知识库中获取各国、各地区优质的学习资源。

在我国，教育，尤其是大学教育的质量具有较大的差距。进入大学之前，虽然城市之间与城乡之间不可避免地会出现师资力量的差距，但是由于总体上大家接受的都是基本一样的标准化教育，相互之间的差距也并不是非常明显。但是大学教育却与之不同，同一个专业在不同的学校所开设的课程是不一样的，培养手法也是不一样的，再加上学校开设课程时间的长短以及教师对于课程方面研究的程度、课程解读的不同，都会造成不同的效果。1959 年，在《中共中央关于在高等学校中指定一批重点高校的决定》中，决定设置全国重点高等学校，保证一部分学校能够培养较高质量的科学技术干部和理论工作干部，提高我国高等学校的教育质量和科学水平。1960 年，在《中共中央关于增加全国重点高等学校的决定》中，在原有的基础上增加了 44 所大学，一共 64 所院校。1978 年，国务院转发教育部《关于恢复和办好全国重点高等学校的报告》中，恢复 20 世纪 70 年代前 60 所全国重点高等学校，并增加了 28 所高校为重点大学，至此我国基本上确定了重点高校的格局。我国高校数目从 1985 年的 1016 所上升到 2015 年的 2845 所，国家重点高校 985、211 类共 112 所。根据国家建设重点院校的政策可知，为了支持学校的建设，国家的财政性教育经费很大一部分给了 985、211工程的学校，而剩余的经费才能分入其他院校。

2000—2012 年国家财政性教育支出、预算内教育支出虽然在稳步地上升，但是与发达国家相比还是具有一定的差距，此外，就"财政性支出占 GDP 的比重"这一项能够影响教育支出的数额来说，我国的支出比重一直都在 20% 左右。也就是说，随着高校数量的增加，最优质的教育资源都集中在少数的 985、211 等重点高校中，那些普通院校能够得到的国家支持相对来说会越来越少，能够提供的教育质量也会随之下降。但是通过互联网，高校学生能够通过网络接触到 985、211 等重点高校的教育资源；通过互联网，可以跨地域、跨时间段重复地针对一个知识点进行反复的学习，加深对知识的理解，不至于在短短的 45 分钟或是 1 小时的课堂上强行接收所有的知识点，且担心知识点的遗漏，由此知识获取的效率大幅提高，也为终身学习的学习型社会建设奠定了坚实的基础。

二、"互联网+"降低了学生接受大学教育的成本

美国佩尤公众与媒体研究中心 2013 年 3 月的一项研究发现：60% 的美国成年人认为，大学对于国家的发展具有积极的作用；84% 的大学毕业生认为，对他们而言，接受高等教育的费用支出是一项很好的教育投资。但是，该中心 2011 年的另一项调查发现：7% 的受访成年人认为，对大多数美国人来说，上大学太贵了，几乎难以负担；57% 的受访者说，美国高等教育体系没能让学生及其家庭感觉物有所值。塔皮奥瓦里斯（Tapio Varis）是坦佩雷大学的荣誉教授、联合国教科文组织首席研究员，他认为不同的教学实施模式会强化不平等，因此，他提出"经济因素将在很大程度上决定高等教育的命运，传统的面对面式的高等教育将成为少数人的特权，部分教育领域则需要实现全球的标准化，在许多情况下，这还将会降低教育水准"。[a]

根据国家统计局的调查表明，自从 2005 年开始，我国家庭中子女的教育支出在家庭可支配收入中占的比重不断增长。大学学费的增长幅度几乎是居民收入增长幅度的十倍，但是大多数学生，尤其是非热门专业的学生在毕业后却很难得到相应的投资回报。[b] 但是"互联网+"出现后却不一样，互联网强调的用户可以免费享用各种资源。

由此，"互联网+教育"使得高校学生能够通过较低的成本得到更优质的教育资源，从而促进更多的学生去主动学习。中国广西大学教授、美国环境保护署科学顾问委员会主任唐纳德·巴恩斯（Donald G.Barne）曾道："大学日趋增长的成本将难以为继，尤其是在大学教育全球化日趋增长的情况下，更是如此。所以，借助网络实施高等教育的做法才会迅猛发展，这种方式更加经济、高效。"[c]

互联网极大地放大了优质教育资源的作用和价值，从传统的一个优秀教师只能同时教授几十个学生扩大到能同时教授几千个甚至数万个学生，使得在一堂课中大学教师讲授的辐射面更广。另外，互联网联通一切的特性让跨区域、跨行业、跨时间的合

a　乐国斌.“互联网+”时代商务英语教学模式研究 [M]. 长春：东北师范大学出版社，2018.
b　刘龙刚.民办高校核心竞争力研究 [M]. 长沙：湖南大学出版社，2012.
c　达巴姆.“互联网+”时代高校课堂教学模式改革与创新研究 [M]. 长春：吉林人民出版社，2021.

作研究成为可能，这也在很大程度上规避了低水平的重复，避免教师一年又一年重复的教学讲解。

三、"互联网+"改变了大学教育的教学模式，并加速了教育的自我进化能力

互联网使得教师和学生的界限不再泾渭分明，改变了传统的"以教师为中心"的授课形式，使其转变成"以学生为中心"的形式。在"校校通、班班通、人人通"的"互联网+"时代，学生获取知识的速度已变得非常快捷，师生间知识量的天平并不一定偏向教师，因此，教师必须调整自身定位，让自己成为学生学习的伙伴和引导者。

要做到"以学生为中心"，就必须强调学生的个性化特征，而互联网中的"用户思维"就是指在价值链的各个环节都要以用户为中心去思考问题，根据用户的需求进行服务。在"互联网+"时代下，应充分利用大数据来分析学生的特点，准确分析学生的兴趣爱好、认知水平、接受能力等，然后在此基础上进行因材施教。例如，美国亚利桑那州立大学是美国最大的公立大学，拥有72000名学生。学校采取了一个在线教育服务商 Knewton 的"动态适配学习技术"来提高学生的数学水平，在2000名学生通过使用该系统两个学期之后，该学校的辍学率下降了56%，毕业率从64%上升到75%。因此利用大数据进行学生特性的分析，然后为学生提供相应的教学，这样能够更为有效地提升学生的学习效果。现在为了满足学生的需要，互联网为学生提供了多种学习模式，如体验式学习、协作式学习及混合学习等。而其中最具特点的是4A（Anytime、Anywhere、Anyway、Anybody）学习模式，即学生可以在任何时间、在任何地点、以任何方式、从任何人那里学习。这也在一定程度上体现了培养学生，尤其是培养大学生自主学习的理念。

传统教育体系中包括"教育对象"和"教育环境"两大体系：教育对象指的是学生，而教育环境则包括了学习主体以外的周围事物，如教师、教学内容、教学条件等。在传统的教学系统中，我们的出发点和落脚点在于考试和升学，对于人的发展则关注得

相对较少，因此，我国的学生总是在经过反反复复地打磨后，成了一个个"标准的产品"，个体之间缺少差异性。英国著名教育理论家怀特提出，学生是有血有肉的人，教育的目的是激发和引导他们走上自我发展之路。也就是说，教育的核心是要充分调动人的主体意识，使其在学习、发展过程中变"被动"为"主动"，产生积极主动的心理状态，从而提高自身的认知水平和学习效率。而互联网时代强调的正是主动性和创新性，即通过提升学生的主动性来提升教育的能力。首先，当"互联网＋"进入现有的教育体系之后，它打破了原有的教育体系的平衡，敲开了教育原本封闭的大门，为传统的教育体系提供了新的知识信息源泉，使得原有的学生子系统能够更为快捷和方便地与外部的大系统进行知识的交互并获取信息，因此推动了自身知识的增长，从而推动了教育的自我进化能力。其次，互联网的虚拟环境能够为学生创造一个拟真世界，学生能够利用互联网以三维的视角去认知世界、探索世界。陶行知曾经说过，"劳力上劳心"[a]，这才是创新人才的办学模式。陶行知认为，学习应该是实践与认知相结合的过程，而非沉浸在书本中，但是我国传统的教育却是一味地学习书本的知识，甚至是过时的知识，所以才会出现"纸上谈兵"的现象。而在"互联网＋"的时代，学生能够通过网络中的拟真世界进行相应的实践，并随时根据网络信息及时更新知识。例如，学习管理类的学生能够通过网上进行沙盘模拟获知与企业运营相关的知识等，由此加强学生的实践操作能力。

随着"互联网＋"时代的来临，大学教育正进入一场基于信息技术更伟大的变革中。本章分析了"互联网＋教育"的内涵与特征，认为其核心和本质是基于信息技术实现教育内容的持续更新、教育模式的不断优化、学习方式的连续转变以及教育评价的日益多元化。由于大学教育不仅是利用互联网和相关信息技术进行教学方式的创新，而且还包括如何有效利用互联网和相关信息技术提供的平台和空间，由此也引发了我们对大学教育本质的再思考。在此基础上，本章探讨了"互联网＋"给中国大学教育带来的机遇和挑战。"互联网＋"打破了权威对知识的垄断，让教育从封闭走向开放，极

---

a　陶行知 . 陶行知自述 [M]. 济南：泰山出版社，2022.

大地放大了优质教育资源的作用和价值，改变了大学教育的教学模式，并加速了教育的自我进化能力。

"互联网+"也催生出相关的教育市场，教育要素自发地在国际流动，使中国大学教育面临市场化和国际化的冲击，普通高校面临严重的优质生源危机，大学教育受到了深远的影响。因此，在接下来的章节中，我们将探讨如何借助互联网在高等教育中产生的越来越广泛而深入的影响，通过提升大学生的研究性学习能力来提升其创新思维与创新能力。

第三节 "互联网+"给中国高等教育带来的挑战

进入21世纪，随着互联网的广泛应用和普及，以及其对人类文明和社会进步带来的巨大冲击，促进了人类学习方式、学习方法和学习习惯的改变。继2011年国家提出要"加快建设一批世界一流大学"之后，2015年国家又提出"建设世界一流大学和一流学科"这一目标。可以预计，今后很长一段时间里，大学教育都会统筹所有的重点建设经费到这一目标之下，那就是建设世界一流大学和世界一流学科。然而，如何建设世界一流大学和世界一流学科？时任加州大学伯克利分校校长的田长霖教授认为，世界一流大学的重要标志是要有世界一流的科研成果，但不能只看论文发表的数量有多少，最重要的是要在某一个领域真正达到世界一流。由此可见，随着"互联网+"时代的到来，中国的大学教育必将面对新的挑战。

一、"互联网+"使中国大学教育面临市场化的冲击

千百年来，大学一直被认为是知识和学习的中心。尽管科技手段带来了巨大的社会变革，如活字印刷机、电报、电话、无线电、电视机和计算机等的发明和使用，但是大学生产、传播知识，评价学生的基本方式一直未变。有一种观点认为，正像那些

以信息为核心的产业（如新闻媒体、报纸杂志、百科全书、音乐、动画和电视等）一样，高等教育很容易受到科技的破坏性影响。知识的传播已不必局限于大学校园，云计算、数字课本、移动网络、高质量流式视频、即时信息收集等技术的可供性已将大量知识和信息推动到无固定地点限制的网络上。这一现象正激起人们对现代大学在网络社会中的使命和角色的重新审视。

无论是否存在争议，大学教育已经发现竞争对手正在侵蚀自己的传统使命，它们包括营利性大学和非营利性学习组织、系列讲座的提供商，还有为特定行业和职业提供指导和认证服务的大批专业培训中心。相比实体教育机构，它们都能更快捷地提供规模化的网上教学服务。因此，尽管有时受制于财务预算短缺和抵制变革的学术文化的影响，高等教育管理者们仍在努力回应，并着手进行改革。美国佩尤研究中心2011年对大学校长的一项调查研究显示：超过3/4（77%）的受访者声称他们学校会提供网上课程；有一半的受访校长认为，未来十年中，他们学校会有大部分学生注册一部分网络课程。弗吉尼亚州大学有关"大学校园变革的紧迫性和变革速度"的争论很是热烈。校董事会认为，校长特蕾莎·沙利文（Teresa Sullivan）未谋求快速的变革，因此经过表决要求她下台。教师、学生和校友一片哗然，一阵骚动之后，校董事会改变了原来的决定，恢复特蕾莎·沙利文（Teresa Sullivan）的校长职务。不过，学校在她复职的一周内宣布：本校要加入私人开办的在线教学服务公司Coursera。这意味着该校将会加入有其他诸多精英研究性大学的一个团体，这些学校包括杜克大学、约翰霍普金斯大学、普林斯顿大学、斯坦福大学、宾夕法尼亚大学等，它们成为Coursera网络联盟机构的一个成员。

二、"互联网+"使中国大学教育面临国际化的冲击

事实上，经济全球化的迅猛发展，使得人力资源和物质资源在世界范围内的跨国、跨地区流动成为新常态。这种资源的流动已经渗透到教育领域，教育要素自发地在国际流动，教育资源自发地寻求优化配置，世界各国间的教育交流日益频繁，竞争更加

激烈，并逐渐形成了教育国际化的大趋势。教育国际化既是经济全球化的必然产物，也是各国政府教育战略的重要目标。各国在人才培养目标、教育内容、教育手段和方法的选择上，不仅要以国内社会经济发展的需求为前提，而且还需适应国际产业分工、贸易互补等经济文化交流与合作的新形势。因此，教育国际化的本质归根结底就是在经济全球化、贸易自由化的大背景下，各国都想充分利用"国内"和"国际"两个教育市场，优化配置本国的教育资源和要素，抢占世界教育的制高点，培养出在国际上有竞争力的高素质人才，为本国的国家利益服务。

从方法论的角度讲，教育国际化就是用国际视野来把握和发展教育。从各国的教育国际化实践来看，教育要素在国际的流动，最早始于各国高等教育之间，并由此波及中等教育、基础教育、职业教育等领域。从全国高校整体情况来看，包括本科、高职高专，至少2/3的高校已经有自己的中外交流或合作办学项目。合作办学就是一个载体，通过这个载体，国际化的课件、教材，都可以流动起来，同时伴随着的是学生和教师的国际流动。更重要的是，随着师生资源和教学资源的流动，必然伴随着教育观念、教学方式、管理方式的跨国流动与融合。通过教育国际化进行资源重新配置的方式有很多，比如，出国留学与来华留学、访学游学与国际会议、合作研究与联合培养、结成友好学校等，这些途径为教育国际化搭建了平台，为国际教育要素的流动提供了载体。

三、"互联网+"使大学生学习碎片化

祝智庭认为，学习碎片化起始于信息碎片化，进而带来知识碎片化、时间碎片化、空间碎片化、媒体碎片化、关系碎片化等，即学习者可以利用乘坐公交车、课间休息、睡前十分钟等零碎时间，通过网络获取一些零碎的知识进行学习。碎片化学习资源具有短小精悍、结构松散、传播迅速、生命周期短、去中心化、多元化、娱乐化、多方式表达、多平台呈现的特点，而也正是因为这些特点导致学生会对网络学习产生障碍。[a]

---

[a]　祝智庭. 信息时代的学习文化：建构主义理论国际交流会演讲报告. 2002.

首先，碎片化知识短小精悍、结构松散促进了学生认知方式的转变，对新知识的呈现形态提出了新的要求；学生适应了简短的信息阅读方式，可能会对较长的信息和图书阅读产生不适感。而且长期以来，我们受到的大学教育都是系统的知识教育，要求学生能够对结构松散的知识进行加工构建，如若不行那么学生就会产生认知的障碍，甚至以偏概全。

其次，碎片化知识传播迅速，生命周期短，这样对学生的记忆能力提出了更高要求。一直以来，高校学生都习惯了纸质书籍这种连续的、线性的知识获取方式。先后信息相互联系具有一体性，这样便于学生对于知识进行记忆。但是碎片化知识以短时间记忆为主，因此学生日后进行信息的提取时可能产生虚构和错构，导致信息失真。

最后，碎片化信息去中心化、多元化和娱乐化等特点，导致学生的思维不能集中，产生思维跳跃。知识碎片的多元化导致学生正在思考的内容很容易被环境中时刻变化的新信息吸引，尤其是娱乐信息吸引，因而无法围绕一个主题进行深入思考。同时由于大量碎片化知识和唾手可得的信息中不乏有的信息内容空洞、缺乏价值甚至毫无价值，而学生对于这类信息全盘接受而不加以思考，会导致思维活动空洞，毫无深度可言。

正是因为互联网下的教育与各行各业的知识在不断融合，知识不断更新拓展，知识的复杂度加强，信息以指数级增长，且呈现出碎片化的形式，可用的资源虽丰富却也鱼龙混杂。在传统的学习模式下，学生一直接受的是填鸭式的教育，对于知识实行的是全盘接受，不须考虑其他，但是在互联网时代，却需要学生对知识信息进行加工处理，而这对于学习能力不足、信息加工处理能力不足的学生来说是一个巨大的挑战。

第七章 互联网＋实践课堂新型教学模式的探索

第一节 互联网＋新型教学模式的特征和意义

一、互联网＋新型教学模式

互联网＋教学主要是以超媒体技术为基础，以超媒体环境为支持的一种新型的教学模式。从学习环境上来看，互联网＋新型教学模式是以多媒体信息环境为教学基础的，这种基于超媒体的教学方式，其实质是一种多媒体信息教学。这种教学模式的出现，对高校课堂教学模式的探索与发展具有重要意义。在互联网＋新型教学模式环境中，信息是通过教学内容呈现出来的。同时，通过多媒体设备能将教师收集到的这些信息传递和表达出去，在现阶段的教学中教师主要是通过图片、文本、动画以及声音等方式来传递教学信息。信息内容的获取与教学互动都是以超媒体环境为基础，学生通过运用多媒体平台可以实现教学内容的非线性获取，同时通过多媒体互动平台实现与师生、同学沟通交流。在互联网＋教学模式下，互联网教学系统中包含着丰富的教学信息，这种教学信息的组合属于非传统的线性文本。在互联网＋教学环境中具有丰富的信息节点，这些信息节点之间的多页面链接则构成信息的非线性组合，并通过不同的分类实现这些学习信息的多维度导航。通过超媒体交互可以实现一系列的学习活动，例如，学生可以通过互联网进行自主学习，继而利用便捷的交互平台实现交互活动，教师则可以通过交互活动掌握学生的学习动态并及时更新信息。互联网＋教学环境的多种传递形式可以实现信息整合，而丰富的信息节点链接可以让学生进行实时访问，且信息的储存不受时空限制，充分满足随时随地学习的环境与技术支持。互联网＋教学模式被称为极具发展前景的教学模式，互联网教学系统为教师、学生以及学者提供了新的教学和研究方向，通过在高校教学中融入互联网＋教学模式，有利于实现高校教学模式的新发展。

首先，互联网＋教学模式是以教室为基本单位的互联网教学模式。在这种教学模式下，教师作为教学活动的主要引导者，通过利用多媒体技术将教学内容制作成教学课件。然后，借助教室的多媒体网络环境在计算机上进行授课，实现即时调度。在此种教学环境中，学生能根据自己的需求查看或保存教学课件中的相关内容或其他教学资料；教师也可以通过便捷的网络环境制作并上传测试习题，学生则通过互联网环境进行自主学习或练习；学生提交课堂作业也可以通过网络实现，学生只需要在局域网服务器将课堂作业上传至平台，教师通过下载即可收到学生的作业；同时，教师可以实时为学生进行答疑解惑，师生可以及时快速地获取资源信息，为师生交流提供了便利的环境基础以及技术支持。

其次，互联网＋教学模式是以互联网教学视频为传播载体的教学模式。在这种教学模式下，教师通过前期的设计与整理制作好教学视频，并通过互联网服务器将教学视频上传分享给学生。这些教学视频包括基础教学内容以及延伸辅助资料，以充分满足学生的学习需求。同时，教学视频通过丰富的影像画面将教师教学与教材内容紧密结合，充分符合学生联想记忆学习的特点；按照内容属性进行组合的视频，将大量的教学内容与信息资源囊括其中，具有学习需求的多样性以及连贯性特点。这种教学模式可以让学生根据自身需求进行自主学习，能够适应不同学生的学习时间、学习环境以及学习兴趣（需求）等多种差异，使得学生可以自行下载或观看教学视频，并自主利用视频调控学习节奏，实现高校学生对教学内容的全面掌握以及巩固内化。

再次，互联网＋教学模式是以互联网为基础环境的教学模式。教师利用 Internet 网络和 WWW 链接技术下载教学资源，将制作的教学课件或教学视频上传至 Web 服务器；学生则可以进入网络平台进行认证登记，访问相关教学站点，观看或下载网络平台的教学资源。这种建立在互联网基础上的教学模式，打破了传统教学的时空限制，教师和学生可以实现实时互动、学习；同时，学生的学习资源也更加丰富多样。除了教师制作的教学课件、教学视频以及教学资源等，还可以通过站内链接直接访问相关站点，如其他院校的学习互动平台，了解优秀的教学案例，或请教其他学校的教师、学者；此外，除了提高教师的教学效率，还可以有效缓解部分高校校园教学内容相对滞后、教师资源相对缺乏的状况。

此外，互联网＋教学模式是以教师个人网站为传播基础的教学模式。教师根据教学目标、教学内容、学生的学习水平及学习需求制作教学方案，从而根据教学方案进行教学设计、教学课件、教学资源的制作。教师通过个人网站将教学资料上传并分享给学生，学生则进入这个网站了解和阅读教学内容，实现教学资源（视频）的观看与下载。同时，学生可以通过多种网络互动形式向教师请教疑难问题；教师则可以通过网站互动平台收集学生的学习反馈、意见等，及时掌握学生的学习动态，帮助学生解答疑惑；并根据学生的学习情况进行学生自主学习以及课外学习的辅导和调控。

最后，互联网＋教学模式还是以教师博客为传播媒介的教学模式。这种模式主要适用于教学交流过程。教师通过在互联网上注册博客，然后将博客网址分享给学生，学生则可以进入教师博客实现互动交流。教师也可以通过发表个人博客文章让学生了解到课堂延伸知识或其他教学内容，学生可以对遇到的问题进行留言，与教师或同学共同探讨。这种互动相对于教学平台的及时互动，可以给学生更多的思考空间，还便于教师收集整理学生的学习反馈。此外，由于博客媒介的教学环境较为轻松，学生能表达除学习外的多种疑惑，能帮助教师全面了解学生。在拉近师生距离的同时，利于教师教学活动的开展。同时，教师还可以观察了解高校学生的道德素质、学习能力、社会责任等，以更好地促进学生的综合素质培养。

二、互联网＋新型教学模式的特征

互联网＋新型教学模式充分发挥了互联网和多媒体在教学中的作用，结合文字、图形、声音、动画、视频等多种形式展现教学内容，丰富了教学模式，促进教学内容的全面展示，让学生能更好地理解和吸收教学内容，进而更好地实现教学目的。与此同时，互联网＋新型教学模式还借助网络的优势加强教学管理，实现了教学资料的远程共享和网络访问，为教学提供了诸多便利，其主要特征有：

（一）教学内容的丰富性

互联网＋新型教学模式在教学内容上具有明显的丰富性特征，这体现在教学课件内容的丰富多样上。通过网络链接，使得教学内容不仅仅局限于书本，学生也能够通过互联网浏览、下载教学课件、练习试题以及课外资料等诸多学习资源。

（二）表现形式的多样性

互联网＋新型教学模式在教学内容的表现形式上具有多样性。多媒体技术的应用实现了文本、声音、图像多种媒体的统一，通过多种形式表达教学内容，丰富了信息的表现力。通过多种表现形式共同作用于学生，教学内容通过声画传达出来，刺激学生的感官，帮助学生通过认知、联想、思考、反馈等活动学习知识，活跃思维，构建知识体系，优化学习能力。

（三）教学资源的共享性

互联网＋新型教学模式下教学资源的使用具有共享性。教师可以通过互联网下载相关教学资料制作教学课件，学生则通过网络平台观看或下载教师分享的教学资源。此外，这些教学资源不仅为教师和学生所用，还可以被任何互联网用户观看、保存和分享。例如，在不同院校的高校教师可以从互联网平台进行教学课件的共享，实现教学资源跨区域的优化组合。从教学资源的使用、学习等活动中，全面体现互联网＋教学模式下教学资源的使用共享性。

（四）教学信息的综合性

网络能够整合各种超文本和超媒体技术，有多种方式的表现形式，且在表达和传递信息的时候不会受到时间和空间的限制。随着社会经济的发展，教学的需求也在不断增多，根据教学的需要以及学生的需求，可以促使教学内容更加生动形象的表现在学生面前。能够促使学生自主的调动各种感官来配合以及更深层次的理解教学知识。同时，网络信息教学是运用多种符号进行的。信息的容量比较大，且知识比较全面，学生容易接受其知识，同时，在课后也能进行知识的拷贝，从而进一步提高学习的效果。

（五）教学过程的交互性

多媒体技术具有一定的远程功能，能够促使学生获得更多的图文教育信息。同时，因为教学过程是互动性的，能够促使学生对学习的知识产生兴趣，从而进行主动的而学习。其次，在进行学习的过程中，实现教学过程的交互性也可以让学生及时地看到自己学习上的弱点，从而不断调整自己的学习状态，提高学习的效率和质量。同时，远程技术也能够为广大师生提供超越了时空限制的开放的教学环境以及提供更多交流的可能性。在这种比较宽松的环境之下，学生不用受到教材、教师教学进度以及知识的制约，而可以根据自己的需求来自己制订学习计划，在学习的内容、地点以及时间等上掌握主动权。总的来说，多媒体网络教学的发展，促进了师生教学过程中的双向互动，有利于学生实现自我更好的发展。

三、互联网+新型教学模式的意义

互联网教学方法是在互联网影响下的一种新的教学模式，互联网教学离不开计算机的使用，同时也必须使用一些多媒体设备以及网络技术，再结合以现代化的教学手段，并进行教学活动的一种方法，互联网教学能够促进教学资源得到共享。

而互联网+的教学模式拥有很多的优势，主要体现在以下几方面，首先，在互联网+的教学模式当中，整个教学过程中包括了教师和学生，以及媒体和素材等四大要素。这四个因素之间是相互作用的关系，从而完整地构成了教学系统。而互联网+下的新的教学模式就是要促进教学要素得到一定的转变，从教学的角色来看，教师的地位和角色都会发生改变，从教师的地位来看，在新型的教育模式当中，教师不再占据主导地位。从角色上来看，教师也从知识的传授者转变为学生学习以及教学过程中的设计者。并且教师也同样是学生学习的指导者以及学生参与课堂活动的组织者。而从学生角度来看，学生也从知识被动接受者变为主动参与合作以及知识的建构者。同时，运用于教学的多媒体设备也变成了学生获取知识的重要工具。总的来说，在多媒体网络技术环境之下，要求大多数的教学模式必须得到一定的完善和发展，在教学设计、教学管理、课程实施以及教学评价等方面使用互联网技术所带来的新的冲击。而互联网＋新型教学模式的实践意义主要包括以下几方面的内容：

首先，互联网＋新型教学模式具有很丰富的特征，教师能够在网上进行教案工作，在网上布置预习任务以及工作等。其次，在这种新型模式之下，还能不断扩展教育教学的内容，并且能够在计算机上面实现传输、存储、运行以及修改等以便于更好地运用多媒体课件资源。教师可以利用互联网丰富的资源展开教学设计，制作教学课件，编写丰富的教学资源库。同时，这些教学资源通过互联网平台可以实现即时快速的传播，为任何用户所接收，如此一来，学生就可以实时观看或下载教学资源。

其次，互联网＋下的新型教学模式还具有共享性的特点，能够更进一步扩大教学的空间。并且，这种新的教学模式因为网络技术的发展促使其传播信息的速度非常快，因此，这一教学模式的覆盖范围也非常广泛。在网上对这些资源和教学信息进行设置之后就可以实现资源的分享，同时，在资源的分享上是不受时间和空间的限制的，资源的分享会非常快。互联网＋新型教学可以实现双向互动，利用便捷的交互方式实现沟通交流，让学生能够利用多种学习形式进行自主学习、协作学习。学生通过在互联网与同学、老师以及其他学科的专家进行交流和互动，能够对学习内容有更深刻的理解，并且能进一步开阔自己的思维，扩大自己的学习范围，并进一步提高自己的学习效率。

再次，互联网＋的新型教学模式非常注重发挥学生的主体性，其是以强调学生主动性为特征的一种教学模式。在这种教学模式之下学生可以发展自己个性，并且发挥自己的主观能动性进行学习。实现自己的个别化的需求，并且创造一个良好的学习氛围。在遇到问题的时候，培养自主的分析问题和解决问题的能力，并且能够创造性地采取一些措施来使得自己的问题得到解决。同时，值得注意的是，学习者还能够按照自己的需求来选择学习的时间和内容，促使学生在教与学的过程中能掌握绝对的自主权。

最后，互联网＋新型教学模式还具有多向性的特点，能够对传统的教学中的一些缺陷进行完善，同时，因为是网络教学因此其更加便于管理和组织。教师可以有更多的时间以及精力来进行教学设计，可以根据网上学生的学习情况，来了解更多学生的学习状态以及学习的偏好，从而具有针对性地制定一些预习任务以及教给学生一些自主学习的方法。网络教学在一定程度上也促使学生变成了自己学习的设计者。

第二节　互联网＋高校课堂教学的冷静应对

一、互联网＋对高校教育的冲击

互联网＋给高校教育带来的影响是我们不可预估的，更是不可低估的。这种影响随着互联网技术在高校教育中的应用更加显著和突出，然而如何应对这种冲击，实现高校教育生态系统的进一步发展则更为重要。因此，高校校园首先要正确认识互联网＋形态对高校教育的重要影响，同时在面对其带来的机遇和挑战的时候，尽量发挥互联网＋的作用，促进高校教育的快速发展。互联网＋使高校教育由传统的封闭式教育转变为开放式教育形态。互联网＋高校教育模式下，改变了传统教学下知识垄断的状况，教师不仅是知识的讲授者，更是知识的传递者和教学的引导者。所有互联网用户都能制作教学课件，获得教学知识；学生可以自主获取、分析和使用教学资源，实现了个性化教学和自主化学习。在现阶段互联网不断发展的大背景之下，社会也是开放的，随着全球资源库的形成，优质的教育资源能够得到极大的丰富和充实。人们通过同样的资源需求聚集在一起，互联网将他们联结成一个整体。让人们随时随地都能够最大程度地获得自己想要的资源。这样一来，使得人们获得知识的成本降低，使得人们愿意投身学习中，从而有利于推崇终身学习的建设。

在互联网＋的冲击下，教师和学生的关系出现极大转变。在传统高校教学中，教师教学是学生获取知识的重要来源，教师的地位具有权威性以及主导性特征，学生是知识的接受者，教师通过课堂教学在教学中占据控制权。然而，在互联网＋高校教育环境下，学生除了教师课堂传授教学知识外，其知识获取来源更加丰富，也更加便捷快速。师生之间的教学互动也不再局限于教师讲授知识，互动式教学、探讨式学习、协作学习等多种教学方式让学生可以实现自主学习、独立思考等优势。如此一来，教师更重要的则是学生学习的引导者或是指导者，改善了传统的师生关系，师生互动的增加亦便于教师教学活动的开展。

在"互联网＋"的冲击下，教育组织与非教育组织的界限逐渐淡化。高校教育的实践性与社会性需要更多教学资源以及教学思路的来源，而社会教育机构的灵活性、互联网＋教学的便捷性都为高校教学提供了丰富的教学资料，有利于高校教学质量的提升。此外，互联网＋高校教育更能适应经济社会发展的变化，不断更新教学内容，扩展教学的深度以及广度，且教学资源的制作者亦是使用者，实现教育共同体化，同时对于促进高校教育跟上时代的发展与社会经济的发展一起协同发展具有重要意义。

从本质上来看，互联网＋对教育的影响主要表现在对教育资源的重新分配上，从这个角度来看，首先，互联网能够让人们注意到优质资源教育的重要性和作用，从教师的服务人数就可以看出来，以前，一个优秀的教师只能服务于少数的学生，现在随着互联网技术的发展，一个教师可以服务上百个甚至更多学习者的需求。其次，互联网也能够跨越时间和空间的限制实现各个地方的合作研究。从而进一步完善互联网＋的新型教育模式。

互联网＋同样也具备促进教育进行自我进化的能力。一个事物只有不断发展不断进化不断创新才能长久生存和发展下去，传统的教育由于与社会经济的发展完全脱节，因此，存在自我进化能力较低的问题。互联网使得教育变得更加开放性，人人都可以是教育者，人人也有可能成为被教育者。这种新的教育生态在适应社会经济发展的前提之下也会给高校教育生态圈带来更多便利。总的来说，在社会经济的发展之下，高校教育面临着很多的挑战，主要包括以下几方面。

首先，高校教育在开放的教育生态环境中面临着被逐渐弱化的问题。因为，在传统教学模式的发展之下，教师是通过跟学生面对面的交流将知识传授给学生。而在这个过程之中，教育工作者也随之将一些良好的品德以及价值观传达给学生，让学生受到更多的美德以及艺术层面的潜移默化的影响。与此相反的是，在互联网教育中，师生之间以信息的交流为主。学生很容易对以互联网为主体的辅助学习设备形成依赖，忽略教师育人的作用，久而久之，教育的育人功能将被弱化。

其次，互联网环境开放、信息丰富，学习者（尤其是低龄学习者）缺乏较强的辨别力与抵抗力，如果教育工作者没能及时加以引导，这一群体很可能会受到网络上鱼龙混杂的信息影响，从而极易妨碍学生培养美好的道德品质、树立正确的价值观念、形成积极的生活方式，甚至可能养成一目十行、囫囵吞枣等不良习惯，使之很难形成刻苦钻研的品格，也无法磨砺其意志，进而难以掌握新知识、学到真本领，不利于学习者智力的提高、能力的增强和长远的发展。

最后，碎片化的学习方式很可能会降低学生学习的专注度和深度。在互联网的作用下，理论知识可以通过分享、转载、购买等方式实现大范围传播与阅读，这不仅给学习者带来了极大便利，也大大降低了学习门槛，人们可以不再受时间、空间的限制，可以根据自己的需要或兴趣来学习知识与技能。同时，借助互联网的力量，学习者涉猎知识的范围和层次逐渐扩大，不论是否熟悉该领域的内容，都能够获取到相关资料。但与此同时，人们学习的内容和时间都呈现出碎片化的趋势，使其很难给零散的知识点建立完整的框架体系，从而容易降低知识的关联性，无法保证学习者学习的深度和关注度。

那么，在上述情况下，高校教师应当如何帮助学生正确对待互联网中海量的碎片化信息？应当如何引导学生将互联网中零碎的内容加工成有用的知识网络体系？这将是高校教育工作者亟待解决的重要问题，也是本节将探讨的重点课题。

二、互联网+高校教育的冷静应对

面对互联网+时代给教育带来的这些机遇和挑战，高校校园需要冷静应对。

（一）要坚持"教育为体、互联网为用"

首先，这要求高校教师明确并谨记一点，无论互联网的出现给课堂教学工作带来了多少便利，它始终只是一种为高校教育服务的技术手段和工具。尽管高校教师能够借此简化教学流程、提高教学质量，但使用该技术的出发点是为了满足高校教育工作的需求，提升高校课堂教学的效果。因此，可以说，有一定的教学需求和效果是高校教师运用互联网开展课堂教学的前提条件和必要依据。也就是说，高校教师在决定是否使用互联网进行课堂教学之前，必须要想清楚互联网技术需要用在哪个教学环节，它能够起到何种作用，是否可以加强和学生之间的交流，促进学生的思考，激发学生的学习兴趣，带来更优于传统教学方式的效果，以便能够有的放矢地展开相关教学工作。试想一下，高校教师应用互联网技术或设备不是以加强课堂教学为第一要务，而只是为了实现减轻备课负担、减少板书麻烦等带有满足个人利益的目的，这样不仅不能够充分发挥互联网的积极作用，还很可能会因为滥用互联网技术降低课堂教学效率，妨碍后续教学工作计划的有序进行，从而影响高校教学目标的实现。

其次，高校教师如果为了简化教授、解说知识点的步骤，直接让学生观看网络教学视频或课件，而没有适时引导或加以说明，这或许能够发挥互联网技术一部分教学功用，帮助学生接触、了解到教材范围以外的知识点，但是，如此一来，做的是"换汤不换药"的无用功，因为这样不仅和运用传统教学方式呈现的教学结果并无本质上的差别，也违背了以满足高校教育工作需要为出发点的根本原则。因此，这种做法并不能够完全体现互联网＋高校课堂教学的优势，也不值得高校教师学习借鉴。由此不难看出，要想有效发挥互联网技术和设备的辅助作用，促进高校课堂教学工作顺利实施，高校教师必须要保持本心，始终秉承教书育人这一核心目标从事教学活动，围绕"教育为本"这一基本理念开展教学工作，遵循"互联网为用"这一指导原则进行课堂教学，从而避免出现本末倒置、事倍功半的情况，进而确保互联网能够完全发挥促进高校教育变革、提升高校教学质量的积极作用。

最后，这需要高校教师把握好引入互联网进入课堂教学的度，尽最大努力做到不乱用互联网设备，不滥用互联网技术。现阶段，随着互联网的大面积推广应用，大部分高校教师已经意识到互联网可以为教育所用，能够给高职教育发展带来不容忽视的影响，因此，这部分走在时代前沿的教师应当试着摒弃陈旧观念，更新教学理念，尽可能将课堂教学与互联网融为一体，将教材理论与网络信息完美结合，进一步优化教学的手段和方法，设置更丰富的教学环节，创造更多师生互动、交流的机会，以便有效活跃高校课堂的气氛，提高学生学习的热情和积极性，进而提升高校课堂教学的效率和质量。

（二）要发挥宏观调控下的市场主体作用

在"互联网＋"时代，为了减少国家政策方面的限制，优化高校课堂教学的生态环境，推进高校教育变革，很有必要充分借助"风口"的作用，顺势发挥宏观调控下市场主体的作用。"互联网＋"时代下，高校教育改革的主力军是新兴互联网教育企业，一方面，要确保这些互联网教育企业的自主地位得到尊重、自主作用得到发挥，从而避免因政府制定过多限制性政策、约束性条例妨碍这一新兴企业发展、壮大，以便为高校教育创造一个自由民主的变革环境，搭建一个双向互动的交流平台，进一步推动高校教学朝着开放、有效的方向发展。另一方面，政府要在此基础上加强引导，并有效把握好宏观调控的度，充当好裁判员或情报员的角色，适时适度提供有关高校教育变革的重要信息，并对高校教育变革做出公正公平的评判，从而减少或避免出现高职院校和互联网企业等重复建设的现象，缩小或消除育人单位与用人单位之间的交流鸿沟，使之成为教育共同体，促进二者协同发展、进步，进而深化高校教育变革，有效提升高校课堂教学的质量和效率。

（三）高校学校教育要敢于从知识教育向思维教育转变

随着互联网＋时代的到来，越来越多的学习者开始通过网络获取教学资源，学习专业及非专业知识与技能，因此，为了更好地承担教育者的责任，充分做好"授人以渔"的工作，高校院校以及高校教师有必要明确自身职责，厘清高校教学思路，划清高校教育和高校院校之外的教育的界限，从而实现在明确分工的基础上，简化高校课堂环节，优化高校教学方法与手段，进而实现以理论知识为教学重点向以开放思维为培养重心的方向转变，并在此过程中有效提高高校课堂教学的质量，顺利完成高校院校及高校教师教书育人的目标。

总之，在面对互联网＋的挑战之下，教育不能完全不采取任何措施，不能让互联网占据改革更大的部分，而需要掌握真正的教育变革的需求，抓住互联网技术发展带来的机遇，迎接挑战，让教育事业在互联网＋的帮助之下有更大的发展。

第三节　互联网＋新型教学模式的探究实践

一、互联网＋新型教学模型的构建

互联网＋与教育相结合同时也需要构建一个新型的教学模型，而构建新型的教学模型的选择主要有两种，首先是构建一个具有丰富的网络教育特色的高校教学模式，其次，是在继续使用现有的远程教育的高校教学模式的前提下，对一些细节的方面进行一些创新。首先对现有的教学模式进行深入的分析和了解，其次，再以网络教育的一些理论作为基础，并结合构建主义的相关原理和原则，来构建这种具有典型性的，以网络教育为特点的高校教学模式。

互联网＋新型教学模式可以从"自学—助学—测评"三方面来看，互联网＋教学模式是这三方面互相结合在一起的一个整体。在自主学习理论、认知结构理论以及人本主义理论的指导下，充分发挥学习者的主体性，同时提高学习者理论知识水平、转变学习者的思想观念，以及提高学习者的实践能力为目标。促进学生提高自学能力，提高学生的综合素质水平，其中主要包括以下的内容：

1. 自学过程包含三个必要环节，即制订学生自主学习计划、利用互联网等平台学习和小组合作学习。

（1）制订学生自主学习计划

学生自己制订的学习计划主要包括了个人的课程学习计划以及学生的选课学习计划。在学生自主地制订学习计划的时候，教师要给予学生充分的建议，给学生一定的参考。以此为基础，教师具有指导学生制订自己的学习计划的作用，在这个过程中教师是作为一个指导者的角色，同时教师的指导者的角色还可以延伸到以学生的兴趣爱好为基础来对学生的扩展学习进行指导。让学生清楚地认识自己，按照自己的实际情况来制订计划。

（2）利用互联网等平台学习

在互联网＋教学模式下，学生进行自主学习的平台以网络平台为主，教材、多媒体等为辅。学生可以以此为基础，并不断地利用网络平台进行自主学习，可以通过网络平台来阅读学习资料、收看学习视频以及其他学习资源等，在网络上，大部分学生都可以实现自主学习。学生可以在网上互动平台下载教学资源，观看教学视频、进行习题练习等。

（3）小组合作学习

小组合作学习同样是需要在教师的指导下进行的，主要是指学生事先根据自己的兴趣爱好以及学习兴趣等，自行组成学习小组，或者是由老师指定组成学习小组，一起合作完成难度比较大的作业，小组在不同的学习阶段有不同的任务和目标，要实现不同的目的，在学习的重点和难点的讨论上，在对每一个章节进行总结、再与其他学生一起交流学习等方面都可以以小组的形式进行，而在这个学习过程中，教师需要做的就是根据不同的小组需求，来设置不同程度以及不同方面的习题。

首先，互联网＋教学模式十分注重培养学生的自主学习能力。以高校学生为例，他们都是成年人，有自己的思考方式以及知识的储备基础，并在相关的实践中积累了很多的经验，能够进行自主学习，并且通过自学，可以自行解决很多的问题。其次，互联网＋教学模式下，网络教学资源十分丰富，可以满足学生多样化、个性化的学习需求。最后，互联网＋教学模式以网络互动平台为传播媒介，学生可以通过网络互动平台与教师或同学进行沟通交流，及时有效地进行探讨，解决自学中遇到的问题。

互联网＋教学模式下，对教师和学生都提出了更高的要求。对学生的要求：首先，第一个要求在于学生必须自己要转变学习的观念，在接受互联网学习的时候，自己要学会从被动走向主动学习，学生只有具备自己主动学习的积极性以及热情，才能在互联网学习中找准自己的定位。其次，学生必须继承之前在传统教学中做笔记的良好学习习惯，俗话说得好，"好记性不如烂笔头"，只有把自己自学的知识点都记下来，才能更好地进行以后的学习。最后，教师在这个时候也要发挥一定的作用，其必须要加强对学生的学习小组的了解，指导学生正确开展小组讨论等。同时，教师要保持自己随时在线，并向学生提供自己的联系方式，以便在遇到问题的时候，学生可以随时向老师提问，与老师进行交流和讨论。

学生进行自主学习也是学生进一步提高自己的学习积极性和主动性的过程，只有让学生有自主学习的热情和自觉性，才能真正提高学生的自学能力，对于网络教学之下的学生的学习来说，其是对传统课堂的创新，从以教师为中心变成了以学生为中心。

2.学生进行学习的时候总会遇到各种问题，而学生在网络上的学习辅助的对象主要包括三方面的内容，即资源支持、学生互助以及教师帮助。

（1）资源支持

资源支持即是指学生学习的辅助资源，要求高校校园能够充分运用互联网技术不断建设和完善网络学习平台以及各种网络资源系统，只有这样才能真正为学生提供各方面的支持，让学生有一个自主学习的好的环境，同时还可以开设一些网络信息技术培训，给广大师生普及网络技术，鼓励学生自主报名参加计算机一级或者二级的考试，从而为学生进行学习掌握一定的计算机水平打下基础。只有不断为学生提供合适学生的各种人性化的、丰富的、科学的以及多元化的网络辅助资源，才能为学生的自主学习提供资源保障。

（2）学生互助

学生互助主要是指学生与学生之间的合作与学习的过程，有时候，一些问题的难度比较大，在与教师讨论之后仍旧没有相对应的解答思路，这个时候，就可以通过学生之间的互动来促使自己完成那些无法解决的问题，而学生的互助学习主要包括视频教学活动、小组合作学习以及BBS讨论和集中参加课程辅导等方面的内容。

首先是视频教学以及答疑的过程，在这个学习过程中，学生可以加强与对方的互相了解，同时互助的过程中，解决一些问题，有利于开阔学生视野，拓宽学生的知识面，启发学生思维，是生生互助学习的重要表现。高校校园搭建的网络互动平台都可以实现群聊互动，其次网上论坛、贴吧以及微博等都是能够让学生进行自主学习的地方。

其次，是要充分发挥小组学习的优势，小组学习也是学生进行自主学习的重要组成部分，在与其他学生进行讨论的过程中，可以让学生开拓自己的思维，同时不断地提高自己的学习效率。学生首先在进行自主独立学习的时候，就已经对知识有了一个很深的了解，而进行小组活动学习的原因主要让学生同其他学生一起进行合作，解决那些难度系数比较大的问题，同时小组合作学习也能让学生感觉到团队的力量，培养团队合作意识，教师在这个过程中可以引导学生开展小组活动进行学习，并且鼓励学生进行独立思考，解决问题。

最后，是对学生进行集中辅导，其中集中辅导主要指在互联网互动平台之上对学生的实时辅导，很多时候学生总会因各种原因，不能完成自己指定的学习计划，以及有很多积压的不会解答的难题，在这种情况下，学生也可以自主选择网络上的一对多的集中辅导，可以通过教师对知识点的再次讲解来深化自己的学习。

（3）教师帮助

教师帮助主要是指学生通过自学的方式，在初步进行了教材的熟悉和学习之后，能够独立解决一些问题，但是对于教材中一些重点和难点的把握程度还比较差，这时候就需要教师对学生进行指导和帮助了。因为学生的进行自主学习并不是万能的，相反，学生的自主学习还具有一定的问题，教师对学生进行适当的帮助是非常必要的，这样可以加深学生对学习的理解，同时，完成学生学习的整个过程，而教师的帮助又主要包含了教师引导和教师辅导。

一方面是教师引导，从引导一词我们就可以看出其是指教师通过各种手段来促使学生产生学习的兴趣，进一步转换自己的学习观念，调节自己的学习方式，并且教师引导学生掌握进行自学的方法和技巧。教师之所以要完成对学生的引导，主要的原因还在于学生的年纪还比较小，对网络上的各种资源的辨别能力的比较弱，其网络技术能力以及自主学习和自我控制的能力都有待提高，教师引导学生进行自主学习主要包括以下几方面的内容。首先是进行课程导学，这个主要是在学生已经掌握了每个单元的基本内容的前提之下帮助学生将课程教学大纲以及课程教学的具体细则进行梳理，将每一个章节的各种信息交流渠道都告知学生，让学生掌握更多的自主学习的方向。指导学生对学习课程的性质、教学模式以及教材的一些特点进行更深入的了解。同时还需要指导学生制订自己的学习计划，因为每个学生的资质是不同的，学习效率也是不同的，教师在指导学生进行自主学习计划制订的时候，必须要学生按照自己的实际情况来进行，而不能盲目地制订计划。其次，教师要激发和保持学生的学习兴趣和学习的积极性，具体来说，教师可以将一些优秀学生的自主学习的事迹进行专题收集并且展示，告知学生给学生们一定的激励和导向作用。

另一个重要的方面是教师辅导，这种形式主要是在互联网＋教学模式之下的教师辅导，主要是指网络互动平台的及时互动辅导，一般情况下来说，只能将其安排为计划学时的一部分。这种辅导方式和以往传统的面授式的辅导方式不同，传统的辅导方式能够在固定时间进行面授，而在这个过程中，教师发挥了检测、组织协调和指导的作用。首先是检查学生的自学情况，在进行网络互动辅助中，教师可以根据学生所提出的问题，来了解学生的学习情况，同时也可以检查学生的自学笔记以及查看学生的作业进度，进而去了解学生的学习态度。在这个过程中，教师要关注学生的学习动态，及时发现和了解学生在学习过程中存在的问题，进而开展针对性的辅导。其次，重点讲解和答疑。教师依据课程的实际要求，结合学生在自学过程中存在的问题，借助于以互联网为载体的互动平台，对课程中的重点和难点进行详细讲解。再次，多种媒体优化组合。在这个过程中，教师可以充分利用电子教案将文字、视频、录像等各种多媒体资源进行整合优化，并在这个过程中对学生如何利用多媒体进行指导。然后，创设互动情境。教师利用组织对话、角色扮演、小组讨论、分组表演、集体讨论等灵活多样的形式，激发学生的学习兴趣以及思考能力，尤其是协作探讨的能力，全面提高高校学生的专业能力和综合技能，弥补远程学习过程中学生因缺少实践而对实践课题的探索较为匮乏的缺憾。另外，方法指导。这种主要是指教师还应该传授给学生科学的、正确的学习方法，要注重培养学生的自主学习以及探索学习和合作学习的各方面能力。最后，教师还需要布置作业，以及收集学生对于教学的反馈意见，并且及时地对学生的作业进行批阅和修改，在给学生进行辅导的同时，对学生的作业完成情况进行讲解。让学生对自己的学习情况有一个更加全面的了解，同时教师要检查和评价学生的自学、小组学习作业完成情况，对学生的自主学习起引导和帮助作用。

3.测评过程：测评包括自评＋他评、形成性评价和终结性评价

（1）自评与他评

学生进行自评主要是指学生通过一些网络上的测试以及网上教师布置的作业等，来了解自己的学习的情况。而学生他评主要是在小组活动中的，在进行小组合作的活动结束之后，学生对这个小组的学习结构进行评价，从而使得小组内的每一个组员都能提出自己的意见，发现自己的不足，在以后的小组活动中不断改善和调整自己的不足。自评就是评价主体针对自身的评价，而他评则是其他人对主体开展的评价。只有

将这两种评价结合起来，才能够获得更多的关于学生的信息，这样才能帮助学生真正地认识到自身存在的不足，进而提高他们自身的反思能力。

（2）形成性评价

形成性评价是一种动态的评价，主要是发生在教学设计或者教学的过程中的，主要是为了不断完善教学过程以及教学设计，促使其给学生带来更好的学习体验的一种对学生学习结果进行的评价。进行这一评价的主要目的在于对学生的学习过程进行正确的指导以及科学的管理，能够及时地了解学生的学习情况并改善教学设计，指导学生进行正确的学习，进一步提高学生的综合素质，促进学生的全面发展，具体的操作方式包括作业分析、经常性的测试以及对学生的日常进行观察等。

（3）终结性评价

又称事后评价，这种评价主要是在教学活动进行了一段时间之后，对这一段时间的教学成果进行总结和评价。比如，学期末的各种考试等，主要的目的就是为了测试学生是否真的掌握了这一知识点。总结性的评价同样也是对一段时间内的教师教学状况的最终评价，涉及的内容比较广泛，主要包括学生的结业、毕业以及获奖以及教师的职称评定等。

二、互联网 + 教学模式的教学类型

（一）讲授型教学模式

讲授型的教学模式主要是以教师为中心的，通过教师讲授知识以及学生听讲知识的过程，让学生对一个章节的知识有一个了解。这种教学模式是一种比较经典的教学模式，是传统的教学模式的一种，这种模式因为有其独特的优势，因此，在教学中不能够完全被取代。讲授型的教学模式中也可以加入互联网的因素，教师运用多媒体技术对学生进行知识的讲授，而讲授型模式在网络教学中按教学的时间特性，又可分为同步式讲授与异步式讲授两种形式。

1.同步式讲授

这种讲授方式主要是指通过网络技术将教师的现场授课的情况同步传送给远端教

师或者学生的电脑上，教师进行网络授课直播，学生在同一时间内进行收听。同时，教师与学生也可以通过各种途径进行交流与互动，这种网络教学中要借助局域网或者其他的系统来实施教学。在同步的讲授教学中，教师要具备多媒体设备，同时也只能在有相同设备的学习教室内进行学习。

2. 异步式讲授

异步式的教学模式是与同步式教学模式相对应的，这种教学模式并不要求学生一定要在同一时间内听课，相反地，学生可以按照自己想要的时间，来进行教学。在这种教学模式当中，教学的整个过程都是在网络上进行的，教师要将教学要求、教学的主要内容以及教学的资源和导航链接等做成网络文件，并发布在特定的互联网平台上学生可以根据自己的不同的需求来下载并进行自主的学习。同时，教师还可以请专业的摄影师将自己的实际讲课过程录制下来，经过剪辑做成视频文件，发布到网络上供大家一起学习。学生在其他的地方听课的时候也能将自己遇到的问题通过发布电子邮件，或者在网络平台上跟教师聊天，向老师提问，教师应该给予及时的问答，并且，教师还可以在自己的教学内容的相关版面上设置一些问题讨论区，供大家一起交流讨论，对于那些提的问题比较多的知识，教师可以重新录制一个视频对其中的重点难点进行讲解。当前，随着多媒体技术的广泛应用，特别是课件在线点播系统的运用，学生可以借助于这些技术重复学习网络课程，还可以在网络上自由检索学习资料，参加测试。在这种模式之下，教师可以在全天的任何时候开展教学，学生可以根据自己的实际情况，合理安排自己的学习时间和进度，并且能够随时下载自己所需的学习内容，随时向老师请教问题。

总而言之，基于互联网开展的讲授型教学，组织形式比较简单，同时有统一的学习进程，能够和学校的课程实现同步。因此可以说，这个教学模式是在传统教学模式的基础上，实现教学的多媒体化和网络化。这种模式对教师个人的要求不是很高，针对教师而言，他们只需要准备相应的教学内容，而技术人员则负责多媒体方面的进程，当前，大部分的网络教学模式都是实施的这种模式。这种模式最大的优点就是它可以不受人数、时间和地点的限制，能够让学生自由选择教师。开展网上教学，人数没有上线，在任何可以上网的地方都可以开展教学，同时学生可以在全世界范围内选择适合自己的老师。但是这种教学模式，同样存在一定的缺点。比如，这种教学模式，不能够像传统教学模式一样实现学生与教师面对面的互动，同时教学活动的情境性也不够强。这种教学模式比较适用于那种自学能力相对比较强的学生，比如，成人教育和高校教育等。同时这种教学模式和传统教学模式相比，也存在一定的共性，其共性大于个性，除了在教学手段方面变化比较大之外，其思想实质和传统教学并无太大差别，仅仅在空间方面表现得更加广阔，时间方面更加灵活。

（二）个别辅导型教学模式

这种教学模式主要是对于讲授型教学模式的重要补充，在教学的过程也占据着非常重要的地位，无论是传统的教学模式还是现阶段的互联网＋新型教学模式，都具有一个共同的特点，就是比较注重学生进行因材施教，也就是说应该根据学生的具体的学习情况以及学生的学习需求来采取不同的教学手段，对学生进行个别化的辅导，但是这样的因材施教的形式因为现实生活中教师资源比较缺乏而很难得到实施。但是这种问题随着互联网技术的发展能进一步得到解决，网络上主要包括两种个别辅导的方式，即教师与学生利用网络通信工具进行个别辅导，还有就是利用 CAI 教学课件来进行辅导。

首先是通过网上通信的个别辅导方式，这种方式主要是通过电子邮件以及聊天软件来实现的。通过邮件进行教学的个别辅导的优势主要在于，学生向老师提出问题不会受到时间和空间限制，可以随时地向老师请教，但是这种方式的问题主要在于，学生请教不可能很快就得到教师的答复以及及时地讲解。这种个别辅导的方式也像是教师和学生面对面地进行交流和讨论一样，到学生遇到问题的时候，马上向教师进行提问，也是学生不断发挥主观能动性的重要表现。教师可以根据不同学生的问题进行有针对性的个别指导。在这种个别指导的方式之下，教师能够了解每一个学生的学习特点，在实际的课堂教学中根据这些情况进行因材施教。而通过 CAI 的教育辅导软件对学生进行个别教育，主要的原因在于 CAI 软件具有一些优势，其具有记录学生的学习情况以及与学生进行交流互动的作用，能表现出一个学习者的自身的学习特点以及发现学生个别的学习环境。CAI 软件可以代替教师的作用对学生进行指导帮助学生完成作业，解答题目。这样的话既可以减轻教师的负担，同时也可以使学生获益。网络环境下运用 CAI 软件其可以为学生提供一个个别化的学习环境，学生通过运用学习软件进行主动的学习，并对重点和难点进行模拟练习以及查看软件关于知识点的演示和讲解，对自己不懂的知识有一个更深层次的了解。同时学生也可以根据自己的学习情况和学习能力，来自己设置学习的进度以及问题的难度，从而进一步实现自主性的个别化辅导学习。

像这种类似的个别辅导的模式比较适合学生在课外辅导中进行，如果学校能够指派一些专业的教师进行在线答疑，以及编写更具专业性的软件，这种个别化的辅导模式将更具实用性，能够让学生获得更大的发展空间。现在的教育界存在一个很大的问题就是教师自主创新教学资源等方面还存在着很多不足，教师如果能够编写一些比较优秀的课程软件对于促进学生的个别辅导模式的发展具有重要意义。总的来说，个别辅导模式能够很好地满足学生的各种需求，真正地做到因材施教，在未来的发展过程中，还需要不断提高教师的能力，以促使这种辅导模式获得更长远的发展。

（三）协作型教学模式

协作型的教学模式中协作学习是非常重要的，协作学习对于发展学生的批判思维。创新思维、探索发现精神以及自己团队合作精神具有重要的作用，能够促进学生提高自己更高层次的认知能力，并且形成良好的人际关系，促进学生的身心健康发展。

网络技术发展条件下的协作学习主要包括两方面的内容，第一种是完全借助于网络评价的一种学生之间的协作学习，学生可以通过网络来收集信息，并且收集到有着共同问题的学生，并在网络上与学生结成协作团队，共同讨论交流，进而解决一些问题，同时，也可以组成团队一起向相关的专家咨询学习，向教师请教。另一种类型是将网络通信工具作为协作学习的重要工具，学生并不完全地在网络上进行学习，也可以在现实生活中与其他的同学一起交流和讨论网上的各种问题和资源。

（四）探究型教学模式

探究型的教学模式主要是从学生解决实际问题的方面出发的，要让学生知道对学习的深度理解最终还是需要让学生去解决实际过程中的问题，从而锻炼思维，让学生的学习结果更具实践性。探究型的学习模式主要是指，教师在提出了某个研究课题之后，要求学生根据自己对主题的理解来收集相关的资源，并提出自己的思路以及进一步得出自己的结论。在这个研究的过程中，学生应该根据教师的指导，进行实地的调查，并且，在网上收集资料，进行网络问卷调研等，并且与其他学生或者相关学者一起讨论学习，从而综合起来，形成自己的见解和观点。让每个学生都完成这个工作之后，教师在一起组织学生进行集中讨论。并最终根据全体师生的意见形成总的课题的倾向性意见。总的来说，探究型的教学模式主要分为确定问题（课题）、组织分工、收集信息、整理／分析信息、构建答案／解答、评价与展示等几个环节。因为这种教学模式充分地运用了各种互联网上的教学资源，因此对于发挥和提高学生的主观能动性具有重要的作用。

探究型的教学模式非常重视对情景的创设，因为探究型的教学就是要将课程学习的具体内容和目标直接转换成为可以实践操作并完成的具体目标，而要创设一个好的情境主要包括以下三方面的内容：首先，是要让学生知道自己将要学习的主要内容。其次，是教师要运用各种手段，通过各种方式让学生对课程的内容产生兴趣。最后，需要为学生建造一种学习的"支架"并适当引出学习的任务和提出各种学习要求。

探究型的教学模式在互联网上的发展比较广泛，从一些电子邮件到复杂的学习系统中都可以看到探究型教学模式的影子。在实际的教学中，主要都是通过一些教育机构包括学校以及研究机构等，来根据学生的特殊情况制定问题，可以通过网络平台发布出来，让学生进行自主的研究和问答。在发布问题的同时，也提供相关的可以查阅的资料，同时还会请到一些专业的专家对于学生在解答问题中遇到的各种问题提供帮助。当然，可以确定的是，这种帮助并不是给学生一个确定的答案，而是启发性的线索，引导学生进行思考。

（五）案例研习型教学模式

在案例教学模式当中，教师也需要给予学习者一些特定的任务和目标，然后，通过运用计算机来提供真实的情景来解决相类似的一些案例。通过让学习者看到具体的案例中解决问题的步骤和方法，来自主设计方案，并迁移知识技能，帮助学生最大程度上发挥自己的推理技能。同时，案例教学也是一个将实践与理论知识相结合在一起的过程，学生能够在分析案例的过程中，再次巩固自己的理论知识，并且能够在相关的案例当中获得一些技能。案例教学的最重要的一个部分就是让学生制定学习目标，同时教师进行案例的选择以及组织学生学习和分析案例，并从中获得知识。

在案例教学当中，可以研究的案例主要包括历史案例、故事描述以及活动模拟等，通过模拟一些真实的案例场景让学生根据自己的学习目标和任务来选定适合自己的案例，尽可能地从多方面和角度来探讨这个案例所要说明的道理。教师在这个过程中要不断地对学生的行为进行提醒和指导，以启发学生进行多方面的思考。同时，教师还需要对学生的学习结果进行评价，让学生着重将注意点放在解决问题上去，而不是去简单地看案例的细节。在网络教育中，案例研习模式可以设计为：让学生通过阅览教师事先编辑、存放在服务器的大量案例，或直接浏览互联网上的相应网站，来获得对各种案例的感性认识；然后，学生在教师的指导下，对各种案例进行信息加工，特别是对案例进行分类，寻找各类案例的共性，从而形成新的概念。

（六）讨论型教学模式

这种教学模式能够极大地激发学生的学习思维，对于调动学生的学习积极性具有重要的作用，在传统的教育课堂中的讨论活动，由于在特定教学环境下学生比较胆怯和紧张，因此实施起来比较有难度，但是在网络环境之下，学生可以做到自由地发表自己的见解，毫无拘束，能够增加学生的课堂参与度，增加学生对学习的兴趣。而网络讨论型的教学模式主要包括有两种，一种是在线讨论，另外一种是异步讨论，前者的优势是讨论能够实时地显示出来，其不足之处在于，发言的时间比较短，且相对来说没有固定的范式，主要依靠教师对场面进行掌控。后者主要以文章的形式进行，讨论会比较全面一些，但是不具有及时性。

网络环境下的讨论式教学，借助网络教学通信工具的支持，可以扩大讨论群体的范围，拓展讨论问题的角度，集思广益，在讨论中开拓学生的思维，提高学生学习的积极性，激发学生的学习热情。

三、互联网+教学模式的实践策略

随着互联网+的不断发展，各行各业受互联网的影响影响渐趋加深，而互联网技术与教育深度融合的趋势更已不可阻挡。尽管互联网+教育不可能完全取代高校校园课堂教学，但不得不重视的是，互联网+新型教学模式对高校教育的发展有着重要意义。高校校园应正确认识互联网+教育，更新教学观念，对高校教育进行系统规划，积极探索互联网+背景下高校教育的发展路径，大力推动高校教育的网络化、信息化深化发展。

（一）更新高校课程教学理念，改进教学方法

教学理念作为高校教学的指导思想，会直接影响教学方式以及教学模式，从而影响教学活动的开展和教学效果。实现互联网+新型教学模式在高校校园的实践与应用，首先要求高校学校更新课程教学理念。尽管互联网+教育的理念不断深入高校校园，但大部分高校校园的传统教学理念仍根深蒂固。现今，高校校园教学模式和教学方法较为单一，教师授课仍采用"满堂灌"的方式，高校课堂教学时间分配不合理，教师讲课时间占课堂时间的70%以上，探究式、互动式教学较少。在这种教学模式下，学生处于教学被动状态，其学习主体地位没有得到充分体现，学生也因缺乏自主学习和思考的空间，独立思考能力相对薄弱，实践能力不能得到有效培养。究其根源，在于这类高校校园教学理念陈旧，没有很好地适应时代发展以及经济社会发展的需求，致使学生的能力不能得到有效提升，教师教学也收效甚微。

第一，要转变教学理念，增强学生的主体地位。

首先，要坚持以学生为中心。互联网+教学模式强调"以学生为中心"，教师则是

学习的组织者、引导者和促进者。高校教师要转变教学理念，将学生的学习主体地位融入进教学设计、课堂教学、学习互动等各个环节，使学生真正成为"学习的主人"，让学生有更多的机会独立思考，提高自身的职业应用能力，促进自主学习能力和专业技能的培养。其次，要增强师生互动。互联网＋教学模式重视师生交流，强调互动教学。高校教师要增强与学生的互动交流，变讲授式教学为引导式教学，提升学生的学习积极性和自主学习、思考的能力。

第二，要改进教学方法，提高课堂教学的效率。

高校教师要重视互联网＋教学模式的优势作用，更新教学理念，丰富教学方法和教学形式，将互联网＋教学模式与传统教学模式相结合，提高课堂教学效率，提升学生的学习兴趣。互联网＋教学模式要求教师以学生为中心，从如何学的角度出发，围绕教学目标以教学主题为单位，依据学生的学习水平进行课堂设计。这种教学模式强调学生在实践中学习，学习通过自身的体验收获知识以及实现知识的内化。例如，教师可以通过引入微课教学，让学生在课前即进行自主学习。课堂教学则以探究式教学、互动教学为主。这样优化利用了课堂教学时间，也有利于学生有独立的时间和空间进行独立思考。

（二）积极推动信息技术在教育教学过程中的全面应用

互联网＋教育以现代信息技术为技术基础，以互动平台为学生学习以及师生交流的在线平台。高校校园要积极推动互联网＋教学模式在课程教学中的应用，就需要积极推动信息技术在教育教学中的全面应用。随着经济社会的不断变化发展，高校教学也应顺应时代发展的潮流以及经济发展的需要，不断更新教学技术和教学内容，使高校学生所学知识以及技能可以满足就业需求。互联网具有传播便捷、信息量大、及时互动等特点，而互联网融入高职教育教学则具有教学资源丰富、教学互动快捷、教学内容传播便利等优势，既可以提高教学效率，还能帮助学生扩大知识面，提升专业技能。高校校园要重视信息技术对高校教学实现互联网＋教学模式的重要作用，并不断促进信息技术在高校教学中全面应用。

首先，要完善互联网＋教学环境。互联网＋教学环境是开展教学活动的重要基础，也是推动互联网＋教学模式在高校校园应用的重要条件。完备的教学环境便于学生进行学习，也有利于教师教学效率的提升，更有利于高校教育顺应时代需求。因此，高校校园需要全面建设互联网＋教学的教学环境，改善教学模式，更新教学方法，建立与时俱进的教学资源及教学评估体系等。

其次，要搭建教学互动平台。互联网＋教学模式强调师生互动，高校校园要积极搭建并完善教学互动平台，为教学活动的开展提供必备的平台基础。有了便捷的互动平台，教师才能将教学资源分享给学生，了解学生的学习动态，掌握学生学习情况；学生才能通过互动平台进行自主学习，与教师或同学进行及时的互动交流，进行疑难解答，获取知识和技能。

最后，要更新教学评估价体系。在传统教学模式下，教师一般通过随堂测试进行教学检验，根据学生的测试成绩了解教学情况。而互联网＋教学模式下，教师则可以通过建立完善的教学评估体系了解教学效果。例如，教师可以从教学环境的构建、教学实践的效果、教学互动情况的开展、教学总结与研讨的评价等方面进行综合评估。评价体系的搭建可以让教师了解教学活动开展的优缺点，从而扬长避短。

（三）要审慎选择，认真组织网络课程

互联网＋教学模式的重要特点就是引入了网络课程教学，学生可以通过互联网平台进行自主学习。网络教学视频的内容要以特定的教学主题基础，教师围绕这个教学主题建立相关的教学资源库以及教学辅助资料包；通过对教学内容进行分析展开教学设计并在此基础上开展教学活动，其中教学设计包括教学内容的设计、教学活动的设计、教学资源库的配置等。而教师通过分享网络视频拓宽了知识传播的渠道，还可以了解学生的学习动态和对知识的掌握情况。同时，网络课程的开放性与自由性，可以让其他学者也浏览网络课程，教师不仅可以通过学生的反馈进行教学设计的改进，还可以与其他教师或学者沟通交流，进行经验总结。此外，建立网络教学资源可以为学生学习提供丰富的学习资源，优秀的网络教学课程也可以展示学校的教学优势，形成

教学品牌。

网络课程之所以取得成功，其最重要的原因就是尽最大努力为学生提供高质量的课程，有个性化，适合学生需求的服务。因此针对高校院校而言，就要严格要求教师进行谨慎选择，教师制作的内容要精心，设计要科学，而不是仅仅将讲学内容复制到网上。通过对当前部分在线课程的分析发现，一些网络课程就是简单的课程录像，并附于简单的PPT，同时课堂的内容依然非常枯燥。在这样的形势下，就要求教师改革传统的课程教学内容，调整教学内容的结构，从而适应网络教学的需要。

（四）加强教师队伍建设，提高教学效率

教师作为整个教学活动中最重要的主体之一，是教学活动的引导者，直接关系到教学质量的高低，因此可以说，教师的教学素质直接关系到高校教育的教学水平和发展程度。高校院校要重视高校教师队伍的建设，以及教师专业能力的提升，并采取多种措施逐步提高教师的教学水平，并不断完善教师队伍。

第一，要精简教师队伍。

当前，我国部分高校院校的教师来源于文化基础课教师或者其他途径改制，相对于专业教师而言，他们属于准专业教师。由于专业教师在高校院校中的比例还比较低，所以已经严重影响到高校院校的快速发展。针对这方面的问题，高校院校要不断地增加专业教师的数量，进而对文化课教师进行分流。而教育主管部门，同时也要充分结合高校院校的发展状况，对专业教师进行专业对口交流，交流到所需学校，从而降低高校院校的负担，为招聘专业教师留足空间。

第二，要引进专业教师。

针对专业教师比较缺乏的状况，高校院校需用通过多种途径来解决这一问题，比如，从企业一线或者相关的科研部门引进教师，从而充实专业教师的队伍，同时这也是高校院校建设高质量师资队伍的重要环节。教师作为相对比较稳定的职业，由于受到多种因素的影响，他们对市场行情以及企业的发展和运行规律不够了解，同事也难以获得最新信息。因此，通过引荐一线企业工作人员从事教学，传授最新的技术知识，

才能使得学生学到的技能与实践之间无差别，实现与企业的真实对接。学生通过获取最新的信息，掌握最实用的一线技能，才能切实做到真学真用。

第三，教师要开展团队合作。

在互联网+的形势下，互联网+教育并不是部分教师的独角戏。作为一种全新的思维方法和模式，是各个教育主体之间相互配合的结果，它需要教师、辅导教师、技术专业等各方面专业人士的共同合作。在课程建设方面，教师要投入大量的精力和时间，对课程的内容进行认真精心的设计和准备。同时高校院校要通过政策支持，推进课程的团队建设，构建教师积极参与的激励机制，促进教师团队合作的形成和发展。通过搭建智能化、科学化的课程服务体系，促进教师分工的细化，推进集成化形式的管理，从而促使教师由个人努力向团队合作转型。

（五）科学进行课堂设计，提高学生参与程度

互联网+教学模式不仅仅是教学模式的改革，更是通过把各种网络资源和专业领教的名师整合在一起，为学生创造一个能够积极参与、主动开展学习的良好氛围。在这种模式下，学生可以结合自身的学习目标，自身的知识储备和自己的兴趣点，自我组织和开展学习。在学生学习的过程中，教师的参与度和支持度对学生的参与积极性有很大的影响。因此要充分发挥网络技术的优势，加强师生互动、学生互动环节的设计，可通过视频聊天室、在线游戏、网络沙盘及线上论坛等多种形式，加强师生之间的互动交流，而这种形式的互动交流才是整个学习过程的重中之重。这种教学模式，对教师的时间和精力提出了更高的要求，因此这就需要高校院校在政策和制度方面给予足够的支持，在保障机制和激励机制方面创新教师的师资队伍。开展网络教学，不仅仅是模式的改革，同时还打破了传统教学与科研之间的已有关系，因此高校院校需要进一步对教学模式和科研政策进行调整，以适应这种教学模式。

（六）创新高等教育管理体制

互联网+模式在给高校教育带来机遇的同时，也给现行的教育制度带来了巨大的冲击，导致现有的学术权力、行政权力关系被打破，从而促进关系的解体以及重构。

在现有的高校院校管理体制下，高校彼此之间的边界非常清晰，彼此之间是一种隔绝封闭的状态，互相之间很少开展教学合作，因此导致课程资源浪费的现象比较严重，传统的教育管理模式已有的管理制度对互联网教育造成了制约。但是，互联网教育是社会发展的趋势，是一个促进传统教育改革和提升的历史性机遇，因此政府相关部门和高校院校都要充分认识到这一特点，进而对现有的高校院校教学模式和管理体制进行改革。在这场高校教育的互联网战争中，除了高校院校要积极参与之外，在宏观层面还要对高校院校的管理体系进行改革和创新，构建多元化的办学模式，拓宽高校教育的融资渠道。

第八章　移动自主课堂教学创新模式的构建

第一节　云课堂中师生进入自主学习角色

　　课堂教学改革是实施新课标的重要基点。现代社会要求年青一代具有较强的社会适应能力，并能从多种渠道获得稳定与不稳定、静止与变化的各种知识。传统的教学模式是教师在课堂上讲课，布置家庭作业，让学生回家练习；而翻转课堂教学模式是学生在教师的指导下，通过积极参与教学实践活动来完成知识的学习。课堂变成了师生之间和学生之间互动的场所。由此可见，面对常规的每一节课，面对基础不一的每一个学生，面对每一个新的知识点和每一个学生不同的需求，打造翻转教学模式下以学生为中心的高效课堂教学就显得十分重要。

一、云计算支持下的教学模式诉求

　　随着现代信息技术的迅猛发展，网络技术在教育中的应用日益广泛和深入，特别是 Internet 与校园网的接轨，为学校教育提供了丰富的资源，使网络教学真正成为现实，为有效实施素质教育搭建了平台，并有力地推进了新课程改革。现代信息技术的发展在为创新人才的培养提出挑战的同时也提供了机遇。教育部《基础教育课程改革纲要（试行）》（2001年）明确提出："要大力推进现代信息技术在教育过程中的普遍应用，促进现代信息技术与学科课程的整合。"而运用现代信息技术的教学具有"多信息、高密度、快节奏、大容量"的特点，其所提供的数字化学习环境，是一种非常有前途的个性化教育组织形式，可以超越时间和空间的限制，使教学变得灵活、多变和有效。处在教育第一线的我们，必须加强对现代化教育技术前沿问题的研究，努力探究如何运用现代信息技术，尤其是在课堂上将基于现代信息技术条件下的多媒体、计算机网络与学科课程整合，创新教学模式、教学方法，更好地激发学生的学习兴趣，调动其积极性，使课堂教学活动多样化、趣味化、生动活泼、轻松愉快，提高教学效率。

无线网络为我们提供了移动学习的基础设施，移动学习可解决传统教学时空受限的问题，可实现教与学随时随地进行，可开展"Anyone""Anytime""Anywhere""Anystyle"的 4A 学习模式。大数据为客观评价学习效果及教学质量、科学实施因材施教等指出了方向。慕课与翻转课堂已成为信息化环境下教与学模式研究的热点。但如何构建基于无线网络和大数据，吸收慕课和翻转课堂的优点，又结合我国基础教育班级授课制实际的课堂教学支撑平台呢？为此，我们根据需要设计并构建了云课堂教学模式。

云课堂包含的角色有学生、教师和管理员，他们都可通过 Web 或者 iPad（或其他平板电脑）与服务器交互，实现所需的功能，如出题、出卷、布置作业、考试、做题、批改作业等。Web 浏览器与服务器交互主要是给管理员和教师提供图形用户接口，以方便其使用电脑进行系统的管理工作，如系统参数设置、用户管理、题库管理、试卷管理、考试管理和教学质量分析等相关功能。平板电脑与服务器交互可为所有角色服务：管理员可以了解指定教师和班级的情况；教师可以实现实时出题、出卷、布置作业、批改作业、改卷，查询学生学习情况等；学生可以实现实时学习、考试、练习等功能。

以云课堂为核心，我们还设计了"四课型"渐进式自主学习方式。其基本模式是先学、精讲、后测、再学：教师提前通过学生学习的支持服务系统向每个学生发送资源包，包括导学案、课件、测试题及有关学习资源（包括微视频等）；学生参考资源包，依据课本进行预习自学，并记录问题或疑问；学生通过平板电脑或其他媒介展示反馈学习成果，或通过学生学习支持服务系统进行前测，通过测试展示学习成果或问题；对反馈回来的重难点内容可由学生或教师进行点拨，在充分质疑、交流的基础上进行归纳总结（教师与学生互动）；最后通过学习平台进行练习评价课，系统自动统计测试成绩并对其进行分析，之后由学生、教师或系统进行讲评。

这种课堂教学支撑平台支持下的课堂教学可满足以下诉求：第一，满足课堂教学的要求。慕课和翻转课堂无法支持课堂教学的各方面要求，而云课堂可支持课堂教学的各个环节，包括备课、上课、提问、课堂练习、单元测验、考试、学生评价等，并具有可操作性和方便性。第二，可随时随地组织课堂教学。慕课授课形式具有局限性，翻转课堂不能实时地进行课堂教学，云课堂则在无线网络的支持下，可以不限时间和地点地组织课堂教学。第三，支持各种形式的教学模式，其中包括慕课模式和翻转课堂模式。第四，支持因材施教。基于大数据，云课堂可以自动或人工地获取教学行为、学习行为等数据，建立评价体系和数据挖掘模型，客观评价学习效果、教学效果、学生分析等，从而根据这些数据和评价信息，实施因材施教。第五，支持教学资源开放、共享。原则上，云课堂支持各种形式的教学模式和学习方式。

二、云课堂中师生的自主学习角色

（一）学生角色

学生进入云课堂后会看到自己未完成的任务，其中包括教师发布的考试、作业和学习资源；能够查看自己制定的学习任务，如查看学习资源和错题练习等；系统会根据学习曲线算法在适当的时间给学生布置相应的学习任务，如学生长时间没有复习和练习某个知识点时，系统会将相应的学习资源和练习推送给学生进行复习和练习。

学生可以查看自己最近一段时间的学习记录，及时了解自己的学习情况。学习记录中包括最近学习了哪些资源以及学习每一种资源所用的时间、测试情况的反馈，包括每一个知识点测试题目的数量、正确率等信息。平时考试、做作业会产生错题，利用好这些错题可以有效提高学习效率。学生可以利用云课堂的"错题本"功能，根据时间顺序（倒序）、试题错误次数（倒序）、知识点归类和随机这几种方式查询最近的错题，每一道错题都可以进行即时练习，每一次练习都自动存入系统，并根据结果的对错调整该错题的权重。同时，系统可以自动推送与某道错题相关的知识点和学习资源，以方便学生进行针对性的学习（因材施教）。另外，云课堂的考试、作业功能可以根据学生的学习记录自动剔除学生已经牢牢掌握的试题，从而缩短学生的学习时间，提高其学习效率。学生可自主地在题库中以随机（由系统根据算法进行预筛选）或指定筛选条件等多种方式抽取试题来进行学习。系统会根据学生的特点推送与掌握不好的知识点相关的试题供学生进行练习（缩短学习时间）。同时，系统可根据高分学生的学习记录，推送这部分学生的学习资源和练习题供当前登录的学生进行练习，并根据练习题的测试情况调整推送参数，以探索最适合该学生的学习模式。针对每个学生的不同学习特点，系统能够对学习资源进行有效分类从而将知识点和学习资源建立网络结构，并根据教师指定的难度和实际测试过程中形成的难度数据建立分层结构（海量资源分类）。

（二）教师角色

教师可利用平板电脑或其他方式出题，试题应体现出所学知识点、体现的能力和难度系数等。对于试题的难度系数，系统可以根据学生答题的情况计算出来，自动将错误率较高的题目推送给教师并给出相应建议，从而优化题库。为了提高教学效率及资源利用率，系统可以统计每个资源的使用情况，包括学习次数和时间等，并针对使用过于频繁或者过少的资源推送通知。同时，系统还可以监控学生学习指定资源的情况，包括近期学了哪些资源、投入时间如何、成绩如何等，从而更准确地了解学生的学习情况，提高课堂教学效率。

教师可以通过考试系统发布随堂练习，及时查看学生对学习的掌握程度，以便当堂解决学生在本节课学习中存在的问题。考试系统可以根据历史数据，对试题库中的试题进行预筛选，剔除正确率非常高、近期出现频率过高的试题，同时将错误率过高、近期很少出现的试题前置显示，为教师提供更多的建议，从而提高出题质量，实现因材施教。在体现个性化教学方面，系统中的学生学习情况查询功能可以使教师了解学生的整体情况，包括错误率较高的知识点和题目，同时，将查询到的数据与相应学生学习资源的时间投入情况进行对应，以协助教师分析学生失分的原因；还可以针对指定学生，了解其最近的学习档案和考试、练习情况，包括其薄弱知识点、资源学习的盲区等，以便针对个体给出个性化的学习建议。

三、营造师生及生生互动的学习空间

（一）师生、生生互动

云课堂采用先学、精讲、后测、再学，并有教师参与的教学模式。在云课堂中，教师根据学科类型、知识点特点、学生特点、教学目标与教学内容等，可采用灵活多样的教学方式，并且系统可自动记录学生行为和教师行为的数据。

教师根据系统提供的数据可以了解每一个学生的学习情况，学生也可以通过"点赞"或"不赞成"，"笑脸"或"哭脸"等方式对某知识点的学习心情、学习效果、教师讲解等情况做出直观的回应。学生之间可以针对某知识点的学习进行竞争学习，教师和学生之间可针对某知识点发起话题讨论等，在课堂教学中实现师生、生生互动。更重要的是，这样可采集到用于学生分析和管理的真实数据。

（二）个性化学习

在课堂教学中，虽然学生是在教师的安排下进行有序学习，但课上时间主要集中在教师对疑难问题的解答或教学内容的精讲上。而那些在课上没学会或缺课的学生，则可以在课外登录云课堂，自主学习与在课堂教学中相同的内容。在课外，系统会根据每位学生的学习路径和近期的学习情况，针对教学过程中的重难点和每位学生学习过程中的错误点进行个性化推荐。根据系统记录的学生错误试题的数据，教师也可以进行个性化指导。

（三）学习轨迹与成长记录

云课堂可以详细记录学员的学习过程和学习习惯等相关数据，再加上教师的指导，更能充分发挥这些数据的作用。

第二节　云计算网络移动自主课堂的改革突破

　　云课堂是基于无线网构建的课堂教学支撑平台，它充分吸收了无线互联的优势，教师可根据教学目标、教学内容、教学方法等，利用教学资源支持备课、上课等教学环节，并建立知识点之间的内在联系。

一、构建自主学习的移动课堂

　　自主学习（意义学习）是相对于被动学习（机械学习、他主学习）而言的，它是指教学条件下学生的高质量的学习。概括地说，自主学习就是自我导向、自我激励、自我监控的学习。学生可以明确提出课前自学，并提出疑问。教师可在课堂上引导学生进行分组讨论，解决问题，对于一些共性问题进行点拨。

　　我们要强调自主学习、合作学习、探究学习，要把所有学生的学习都提高到自主学习的高度。自主学习就是学生自我导向（明确学习的目标）、自我激励（有感情地投入）、自我监控（发展学生的学习策略和思考策略）的过程。作为教学的一个目标，应通过解决具体真实的问题来更好地明确解决问题所依据的原理。让学生能够把这一原理应用到更广泛的情境中去。原有的试图说服学生、命令学生、简单重复已有的正确结论的学习方式不仅禁锢了学生的思想，剥夺了学生质疑的权利，更压抑了学生的创造潜能。

　　自主学习具有以下几方面的特征：学习者参与确定对自己有意义的学习目标，自己制定学习进度，参与设计评价指标；学习者积极发展各种思考策略和学习策略，在解决问题的过程中学习；学习者在学习过程中有情感的投入，学习过程有内在动力的支持，能从学习中获得积极的情感体验；学习者在学习过程中对认知活动能够进行自我监控，并做出相应的调适。

自主就是尊重学生学习过程中的自主性、独立性，在学习的内容上、时间上、进度上更多地给予学生自主支配的机会，给学生以自主判断、自主选择和自主承担的机会。过去的课堂是教师主导学生学什么、什么时间学，学生始终处于被动状态，这种过度控制压抑了学生学习的兴趣和在学习过程中的美好体验。自主学习可以有效地促进学生发展，大量的观察和研究充分证明，只有在此种情况下，学生的学习才会是真正有效的学习。学生会感觉到别人在关心他们，对他们正在学习的内容很好奇，同时也会积极地参与到学习过程中，在任务完成并得到适当的反馈后，他们看到了成功的机会，也对正在学习的东西更加感兴趣并觉得富有挑战性，感觉到他们正在做有意义的事情。例如，弗莱明发现青霉素的过程，反映了自主学习及时发现问题、提出问题、解决问题的过程。

1928 年年底的一天，弗莱明和他的同事在实验室闲聊，突然发现一只原本培养金黄色葡萄球菌的培养皿出现了一圈清晰的环状带，于是提出了"为什么霉菌周围的金黄色葡萄球菌消失了呢""是不是在霉菌中存在一种物质可以杀死葡萄球菌"的问题，他带着问题继续研究，终于制成具有杀菌力的青霉素。这说明科学的发现，需要多问几个为什么。要促进学生的自主发展，就必须最大限度地创设让学生参与到自主学习中来的情境与氛围。

二、构建合作学习的移动课堂

合作是对教学条件下学习的组织形式而言的，相对的是"个体学习"与"竞争学习"，是学生之间和师生之间的互动合作、平等交流。在合作学习中，学生不再是孤立的学习者，而是愿意与同伴一起合作学习，与人分享学习与生活中的失败与成功的体验者。合作是一种开放的交流。培养学生合作的品质，可使学生乐于与他人打交道，这是培养人的亲和力的基础。合作学习是学生在小组或团队中为了完成共同的任务，有明确的责任分工的互助性学习。它有以下几方面的要素：积极承担在完成共同任务中个人的责任；积极地相互支持、配合，特别是在面对面的促进性的互动中；期望所有学生能进行有效的沟通，建立并维护小组成员之间的相互信任，有效地解决组内冲突；对于个人完成的任务进行小组加工；对共同活动的成效进行评估，寻求提高其有效性的途径。

合作动机和个人责任是合作学习产生良好教学效果的关键。合作学习将个人之间的竞争转化为小组之间的竞争。如果学生长期处于个体的、竞争的学习状态之中，久而久之，学生就很可能变得冷漠、自私、狭隘和孤僻，而合作学习既有助于培养学生合作的精神、团队的意识和集体的观念，又有助于培养学生的竞争意识与竞争能力；合作学习还有助于因材施教，可以弥补一个教师难以面向有差异的众多学生教学的不足，从而真正实现使每个学生都得到发展的目标。在合作学习的过程中，由于有学习者的积极参与、高密度的交互作用和积极的自我概念，因而教学过程远远不只是一个认知的过程，同时还是一个交往与审美的过程。

研究表明，如果学校强调的是合作，而非竞争，既不按智力水平分班，又不采取体罚的措施，那么在这样的学校里就不太会发生以大欺小、打架斗殴以及违法犯罪等事件。事实证明，要提高一个孩子的学习成绩，更有效的办法是促进他的情感和社会意识方面的发育，而不是单纯地集中力猛抓他的学习。合作学习可以帮助学生通过共同工作来实践其社会技能。合作式的小组学习活动可以培养学生的领导意识、社会技能和民主价值观。

三、构建探究学习的移动课堂

"把课堂还给学生"即教师要积极地在课堂上开展探究式教学，让学生不仅知其然，还要知其所以然。探究教学的含义是：在教学过程中以具有教育性、创造性、实践性、操作性的学生主体参与活动为主要形式，以鼓励学生主动参与、主动探究、主动思考、主动实践为基本特征，以教师合理的、有效的引导为前提，以实现学生各方面能力的综合发展为目的，促进学生整体素质的全面发展。

与探究学习相对的是接受学习。接受学习是指将学习内容直接呈现给学习者，而在探究学习中学习内容是以问题的形式来呈现的。和接受学习相比，探究学习具有更强的问题性、实践性、参与性和开放性。通过探究过程以获得理智和情感的体验、建构知识、掌握解决问题的方法，这是探究学习要达到的三个目标。"记录在纸上的思想就如同某人留在沙上的脚印，我们也许能看到他走过的路，但若想知道他在路上看见了什么东西，就必须用我们自己的眼睛。"[a] 德国哲学家叔本华的这番话很好地道出了探究学习的重要价值。探究学习也有助于发展学生优秀的智慧品质，如热爱和珍惜学习的机会，尊重事实，客观、审慎地对待批判性思维，理解、谦虚地接受自己的不足，关注美好的事物等。

探究创新就意味着不故步自封、不因循守旧、不墨守成规，总是试着改变，所以创新、探究和发展是健康人格的重要组成部分。缺乏创新意识和能力的人的人格是不完善的，一个自我实现的人总是带有开拓进取、勇于冒险的精神，不会固守不变的东西得过且过。探究学习即从学科领域或现实社会生活中选择和确定研究主题，在教学中创设一种类似于学术（或科学）研究的情境，学生通过自主、独立地发现问题、实验、操作、调查、信息收集、处理表达与交流等探索活动，获得知识、技能，发展情感与态度，特别是在探索精神和创新能力方面开发学习方式和学习过程。

中学探究性教学过程：启发引导—自主研究—讨论深化—归纳总结—应用创新。这种探究学习教学的基本思路是，先明确学习目标，带着问题去学习探索新知识，可通过预习列出知识框架并找出疑难点，然后查找资料，尽可能地先解决此时所发现的疑难点。在课堂上，教师要走下讲台，到学生中间去，当好"导演"，要调动好课堂气氛，让学生在课堂上有问题提、有问题探究，有问题通过小组合作来解决；要允许学生发表不同的观点，教师只在一些科学性的问题上给予明确答案，适时进行点拨指导，如果学生提不出问题，教师就要事先准备好有探究性的问题，不同类型的内容有不同的探究方法，如有对新的知识点的探究，有对概念间的区别的探究，有对科学家研究问题思路的探究，有探究性实验的设计，有探究性问题的资料研究，有对照实验设计的探究，有对实习、实践等问题的探究等。总之，新课程教学要真正体现把学习知识

---

a　叔本华. 叔本华随笔 [M]. 衣巫虞，译. 重庆：重庆出版社，2022.

的主动权交给学生，那种靠教师唱独角戏，采取满堂灌或满堂问的做法都不能适应新课程改革的需要。

四、教师落实移动课堂的教学模式

教师走下讲台，创造活跃的课堂氛围，可以使学生迅速进入情绪高昂、智力振奋的内心状态，从而有效地促进学生思维方式以及思维过程中能力的迁移，达到培养学生联想类比能力的目的。这就是"激趣—探究"教学，其基本模式为：激发兴趣—提出问题，做出假设；设计方案—分组实验，合作探究；分析数据—发现规律；综合考虑—得出结论。这使课堂真正成为一种民主、和谐、共进的平台，最大限度地提高了学习的自由度。这种教学模式改变了师生在课堂中的角色定位，使学生成为课堂的主角，使教师担当了"导演"，通过教师的"导"，让课堂成为一个真正的"学习共同体"；使教师与学生能够分享彼此的思考、经验和知识，交流彼此的情感、体验和观念，共同创建一个"合作型的课堂"；使师生在合作的过程中都能有所收获，真正实现师生的共同发展；使教学从"主体失落"走向自身觉醒，教学觉醒意味着教学主体的回归，教学觉醒意味着教学过程是一种对话；使学生从边缘进入中心，这种教学模式需要重视学生的多元化，需要教学回归到学生的现实生活。

关注学生作为"整体的人"的发展，是指"为了每位学生的发展，让每一位学生都自信，使每一位学生都成功"，就要谋求学生智力与人格的协调发展。倡导个性化的知识生成方式，是指学校教学应促进学生发现和创造的兴趣，满足学生主动认识世界的愿望，使学生形成独立思维的习惯以及终身学习的能力。我们所处的时代是一个知识激增的时代，知识浩瀚无边，教师所能教给学生的只是知识总量中极少的一部分。学生只有通过自己主动地探究学习，才能形成对自然界客观的、逐步深入的认识，形成一定的概念和概念体系。变"组织教学"为"动机激发"，变"讲授知识"为"主动求知"，变"巩固知识"为"自我表现"，变"运用知识"为"实践创新"，变"检查知识"为"互相交流"。

第三节　构建网络移动自主课堂教学的重要性

网络移动自主课堂是对传统课堂的变革，是在优秀教师的指导下，先学后教的课堂教学模式。它以发挥学生参与性与主动性为目标，充分尊重学生各方面的差异，注重学生个性发展；它在知识高效传送的基础上，推动课堂教学从"知识导向"向"综合素质导向"转变。

一、网络移动自主课堂的价值定位

网络移动自主课堂，是利用当前多媒体技术的条件和大数据分析的优势，为改变学生学习方式和教师教学方式所做的一种教学改革尝试。它是指把由教师重复讲授的内容，如概念讲解和事实展示等放在课堂教学之前，通过视频或其他形式来供学生学习，从而让学生学习更加主动，让学生逐步学会对自己的学习负责。同时，在当前信息化的社会背景下，网络移动自主课堂可以充分利用多媒体技术，实现教与学的及时互动与信息反馈，把握学生的个体差异，强化教育教学的针对性，使学生的个性发展尽可能地得到满足，尝试为班级授课制背景下学生的个性化学习提供可能和载体；它使学生在课后高效学习的基础上，能够更加充分地利用课堂上的宝贵时间，用于学生完成作业、合作学习、动手操作、探究创造等，实现从"知识导向"向"知识与能力融合"，"认知导向"向"认知与情感统一"的转变。

（一）网络移动自主课堂的指向——让学生对自己的学习负责

从事网络移动自主课堂的研究者和实践者一再强调，让每个学生自己而不是教师和家长对学生的学习承担责任。个体终究要独立面对社会，处理各种复杂的社会问题。培养个体的自主自立意识和能力，既是一个社会问题，更是一个教育问题。在基础教育阶段，如何培养学生的自主学习能力，让学生自己而不是教师和家长对其学习负责，是学生学习成功的关键所在。当然，学生自主学习意识的培养、自主学习能力的养成都很难自然形成，需要教师和家长共同培养和教育。

在我国，学生的自主学习能力同样受到教育者的关注。有学者曾提出学生学习的"三个当家"的理论，即自己当家、他人当家、无人当家。在其他条件相似的情况下，如果孩子能对自己的学习负责，能自己当家，其学习以及今后的发展一般都比较好，在今后的社会生活中抗挫折的能力也较强；如果是教师和家长等他人为孩子的学习"当家"，其学习有的也不差，但是在未来的生活中，他们依赖性较强，独立性较弱；如果没有人为孩子的学习"当家"，在大多数情况下，这些孩子学习不会好，在未来生活中也会产生各种问题。这一事实表明了孩子自主学习意识和能力的重要性。

然而，在一家只有一个孩子的情况下，家长对孩子生活的过度关照、教育的激烈竞争导致的学校对孩子学习的过度安排，使不少的孩子很少有机会发展其自主的意识和能力，这对其在校学习、在社会中生存等都不利。如何培养孩子的自主学习意识和能力，已成为全球教育者共同关心的重要课题。

网络移动自主课堂作为一种"先学后教"的模式，在促进学生自主当家方面有着天然的优势。这一优势表现为：自定进度与步骤的自主学习方式有效地减轻了学生的心理负担，增强了学生主动参与讨论的积极性。

在班级授课制的情况下，教师在课堂上无法面对个别学生进行讲授，这样就会出现在部分学生并没充分掌握相关学习内容的情况下，教师已完成了他的授课任务。一句"大家都懂了吗"，似乎在提示不懂的学生可以提问（只要有学生提出问题，教师也是愿意为其做出进一步指导的），然而现实往往是，在课堂上很少有学生会经常地提出问题，因为他们害怕被别的同学认为自己比别人笨。

在微视频学习的基础上，学生初步掌握了基本的知识，他们在课堂上感到自己有话可说，有话能说，由此，在课堂讨论中的参与性就得到了极大提高。

心理学的研究表明，人的任何行为都是由其动机所推动的。这种动机有时是内部的，譬如，对阅读本身的喜欢、对探究知识的兴趣、对实验过程的好奇等，但是对学生尤其是低年级的学生而言，学习的动机更多是外部的：学得好就有更多机会在同学面前展示，就有机会教自己的同伴；学得好就能够得到教师的表扬、家长的鼓励、同学的赞扬等。网络移动自主课堂给了学生展示自己的舞台，这无疑对学习自主性的增强有着极大的意义。这是他们迈向自己对学习负责、自己对未来生活负责的第一步，其意义绝不能低估。

很多人都担心：中小学生中不乏一批自律性还不是很高的孩子，课后学生不学微视频怎么办？回到家中，手中拿着平板电脑，学生只玩游戏，不学课程怎么办？其实，这些问题就像我们现在问"学生回家不做作业怎么办"一样。微视频的学习要比做作业更"好玩"，更适合学生的"玩"的天性，因此，它要比作业更能吸引孩子，在这一判断的基础上，可以合理地假定，课后不学微视频孩子的比例不会超过不做作业的孩子。

当然，可以肯定地说，在任何时候都会有一些孩子抵挡不住外界的诱惑，出于贪玩的本性，课后不学微视频，或借学习的名义在网上玩游戏等。现代数字技术已经发展到了可以实时了解学生在线学习情况的程度，因此，就为家长与教师实时干预学生的学习，或者帮助学生树立良好的学习习惯提供了技术的支撑。

事实表明，孩子贪玩并不可怕，因为贪玩是孩子的天性。对教育而言，可怕的是让学习成为可怕的事。而网络移动自主课堂旨在转变这种状态，让学生喜欢学习，让学生发自内心地感到学习是自己的事，而不是为了应付家长与学校布置的作业，最终让学生能对自己的学习负责。

（二）网络移动自主课堂的目标——让每个学生成为最好的自己

客观地说，现行的课堂是在历史发展过程中形成的，与特定的历史阶段相匹配，它有着极大的合理性。然而，随着社会的发展，人们对教育的要求越来越高，它的一些弱点也逐步地显现了出来。

1. 整齐划一的教学步骤

在班级授课的模式下，面对着数十个学生，教师很难照顾到学生的个体差异。教师只能以大体相同的教学进度来面对各不相同的孩子。然而每个孩子都是独特的主体，智能发展、人格倾向、个人喜好都有所不同，教师的教学活动一般都很难照顾到个体之间的差别。一种教学方式适应一部分学生，另一部分学生可能感到无所适从。课堂中以教师的教为主，学生学习被动，学生学习什么、如何学习、什么时候学习、学到什么程度等，都是被规定好的，学生只有被动地按照教师设计的轨道前进。

然而，每个学生都是独特的个体，有着不同的学习速度和学习风格。一个班级内，对于同一内容，有的学生很快学会了，有的学生可能需要花费更多的时间才能学会；有的学生喜欢听讲的方式，有的学生可能喜欢看演示的方式，还有的学生可能需要亲自动手操作才能学会；一个学生学习数学很轻松，但是写作文就很吃力，另一个学生正好与此相反；有的学生喜欢分析各种物理现象，还有的学生擅长手工实践等。

在传统的班级授课制的教学方式下，教师按照相同的课程标准、同一本教材、同样的学习时间、同样的教学方式，来面对这些学习有个性差异的学生。显然，有的学生很快学会了，觉得教师再讲解就得很啰唆，有的学生刚好学会，还有的学生跟不上教师的节奏，没有完全弄明白教师说的内容。下课时间到了，教师离开教室。课程进展到同一程度，留下了同样的作业，学会的学生作业很快完成了；学得不好的学生会一直困惑。第二天，延续同样的模式，困惑的学生会越来越困惑。教学的实践表明，只有学生每一步的发展得到保障，学生最终的成才才能得到保障。对绝大多数后进生来说，他们在学业上的落后并非天生的，而是在学习过程中慢慢积累的。今天的学习比别人差一步，明天的学习再差一步，长此以往，"欠债"越来越多，无从补起。

其实，按照布卢姆的观点，后进生和其他学生的差别，就在于他们学习同一内容所需的时间更长，如果时间允许，再加上有适合他们的学习材料，95%的学生都可以达到掌握的程度。

2. 相对滞后的教学反馈

教师夹着厚厚一摞作业本走进教室，课后又带着一摞学生新交的作业本走出教室，这是目前我们在学校最常见的情景。如前所述，作业是学生巩固所学知识的重要手段，也是教师了解学生日常学习情况的主要途径。教师在课堂上布置作业，学生在课后完成作业，教师从学生完成的作业中了解他们学习的情况，这是当前教学的常态。师生们已经习惯了这样的教学反馈模式。然而，事实上，当教师在隔了一堂课后即使准确地了解了学生学习的情况，也已经很难在课堂上及时并有针对性地采取补救的教学措施。

与此同时，教师批改作业也已成了很大的负担，以致出现了一些教师采取抽查作业甚至让学生互批作业的情况。客观上这已使作业失去了教学反馈的功能，只有在学生学业上的问题积累到了一定程度后，教师才能发现他们存在的问题。也就是说，教学反馈的相对滞后在相当程度上影响了教学质量的提高。

3. 多数沉默的互动现实

为改变课堂教学中学生被动接受的现状，近年来，不少学者和教师做出了诸多探索和不懈努力，如减少班级规模，尝试班级内的同伴互助、小组合作等策略都是这方面的探索。在实践过程中，这些措施都取得了一定的积极成效，但是在教学流程不变的情况下，其效果注定都是有限的。

在大班授课的情况下，人们看到，在班级互动环节中，比较活跃的总是那么几个"尖子"学生，他们思维敏捷，性格开朗，在师生互动中积极带头，而另一批学生往往成了"沉默的多数"，他们或者很少发言，或者只是在被教师点名以后才发言，或者跟在"尖子"学生后面发言，他们担心自己对教学内容理解不深、掌握不透，因而发言水平不高，有可能被教师和同学小看。长此以往，就造成了班级内的成绩分化。

4. 让每个学生成为最好的自己

如何让教学顺应学生的差异，从而为每个学生的充分发展提供指导和帮助，一直困扰着全球的教育工作者。网络移动自主课堂让每个学生成为最好的自己成为可能。

首先，"先学后教"的模式为在教学过程中给每个学生提供公平的机会创造了条件。学生的差异是客观存在的，然而，作为一种"先学后教"的模式学生在课下就已经掌握了基本的知识，尽管他们掌握这些知识所花费的时间，以及所采用的方式可能各不一样，但是，由此他们就有了在课堂讨论中的发言权，他们就不再甘心于充当"沉默的多数"这样的角色，他们也要在班级各种活动中积极参与，找回自信。

此外，及时而非滞后的反馈使得教师极大地提高了教学的针对性，而无须等到问题成堆以后再去解决。对于少数学生的个别问题，现代数字技术能够方便地找出其存在的原因，从而使得这些个别问题也能得以解决。

多种途径的学习为不同思维类型的学生找到适合自己学习的方式提供了更多选择的机会。

（三）网络移动自主课堂的追求——让教育从知识本位走向综合素质本位

所谓综合素质，当然包含学生的认知、情感与身体各方面的素质。所谓教育从知识本位走向综合素质本位，也就是说教育要从以往只注重知识的掌握，走向也要注重学生能力，主要是学生高级思维能力的发展，同时更要注重学生态度、情感、价值观的养成，注重学生身体与心理的健康。从知识本位走向综合素质本位，是社会发展对教育的要求。重视学生综合素质的培养，尤其是价值观的养成，是基础教育阶段自始至终的重要任务，并在当前越来越受到世界各国的重视。2012 年 9 月，联合国总部启动了《教育第一》的全球倡议行动，倡议指出，教育应充分发挥其培育为人之道的核心作用，培养全球公民意识，帮助人们构建更公平、和谐和包容的社会；在教育内容上更加强调价值观的培养。对社会发展的研究表明，人才培养目标至少应该包括以下几方面。

1. 国际视野与本土情怀的融合

2010 年，中共中央、国务院发布了《国家中长期教育改革与发展规划纲要（2010—2020 年）》（以下简称《纲要》）特别强调了教育的国际化，这是非常重要的。现代人需要有国际视野，要懂得国际社会，要理解各国文化，通晓国际规则，适应国际竞争，能在国际舞台上贡献自己的一分力量。

与此同时，我们不能忘记，在让学生有国际视野时，还要让他们爱家乡、爱土地、爱祖国。国际化并不是把更多的孩子送出国，或者使更多的孩子在学期间有更多的国际交流的机会。爱国是社会主义也是中华民族的核心价值观之一。国际视野与本土情怀的融合就是要让孩子热爱祖国、热爱家庭、热爱父母，这几项缺一不可。一个人如果对家庭都不热爱，对家乡都不热爱，就很难有什么东西再值得他热爱了。

2. 精英素质与平民意识的结合

一些优质学校提出，要培养各行各业的领袖人才，当然，这里所说的"领袖人才"不一定是政界的领袖，可能是科学界的领袖，引领科学技术的发展；可能是物流界的领袖，引领物流业的发展；可能是商贸界的领袖，带动商贸界品质的提升。

中国的发展呼唤在每个行业的国际竞争中都能涌现出领袖级的人。社会需要这批精英，他们能为社会带来财富，创造财富。但是千万不要忘记，这些精英一定要有"平民"的意识，要培养他们理解创造财富是为了解决民生，是为了服务大众，是为了每个百姓；要使他们能够关注社会中的弱势群体。那些高高在上、整天在炫富的"精英"不是我们教育的追求。为此，我们要特别强调把"精英素质"和"平民意识"结合起来，否则这些所谓的"精英"可能是飞扬跋扈的，他们最终也会被社会所抛弃。

3. 科技能力与人文素养的统一

没有科技的进步就没有经济和社会的发展，就不可能有产业的提升和转型。因此，我们培养的人才还需要有人文素养，有人文关怀，能够始终从人性出发，从而以高质量的人文素养把握科技发展的方向。唯有如此，我们的社会才有可能持续地发展，我们的地球才有可能持续地成为人类栖息的家园。

现代社会发展在很大程度上是依赖于高科技的。为此，学校要让学生懂得科学，懂得技术，这样他们才能为社会创造财富。但是客观地说，相比较而言，当今社会的人们对科学技术重视有余，而对人文精神敬慕不足。所以我们要珍惜生命、关爱他人，要有人文的情怀、人文的素养。所谓人文情怀，就是要关注生命的意义、生命的价值，学会相互理解，懂得包容和谐。

4. 身体发展与心理健康的和谐

身体健康是当前全社会都给予了高度关注的问题。《纲要》提出，中小学生每天要锻炼一小时，《纲要》是一个很宏观的文件却把这么细小的一个点写进去，可见这个问题的严重性，值得教育工作者反思。

我们发现，那些最关心、最疼爱学生的父母和教师都在想方设法地把各种学习负担加给学生。因为他们相信，只有多学点知识，他们的孩子才会有更美好的未来，让孩子多学点知识，这是对孩子前途负责的唯一选择。

应当承认，家长在这一问题上的选择有非常理性的一面。从家长方面来说，他们看到了未来社会的竞争将日趋激烈，同时，他们对孩子的期望也在不断提高。家长对未来社会的竞争将日趋激烈的预期，应当说是基本正确的，对孩子的期望不断提高也是无可指责的。因为教育在客观上存在着选拔的功能。从某种意义来说，通过教育来选拔人才是最公正的选拔。通过教育来选拔人才从本质上来说，是根据人的能力来选拔，它比起根据家长的社会地位和经济地位来选拔要公正得多。它推动了社会的进步和文明的发展。成年人喜欢把今天学生在课堂上的学习看作是为了未来生活的准备，并提出所谓的"痛苦的童年是未来幸福人生的必要牺牲"，而事实上，学生的学习生活是其人生的重要组成部分，而童年只占了很少的一部分。学生接受现代教育，如果到高中毕业就已经在学校中度过了12年的时间，再到本科毕业需要16年时间，如果博士毕业则需要长达22~23年的时间。这部分的时间是人生重要的组成部分。如果学习是痛苦的会对学生未来的人生产生一辈子的影响，甚至有可能造成他们出现反常行为和反社会的倾向。过重的学习负担不仅会使学生失去童年的乐趣，影响他们身体的发展，造成他们心理的压抑和思维与创新精神的下降，严重的还会表现在社会中行为的失常。

当然，总体而言学习总是艰苦的，为此，我们要鼓励学生为了社会的发展，为了他们自身人生价值的实现，在今天要努力地学习，要鼓励他们有克服各种学习困难的毅力与勇气。但是，当学习成为一种折磨，而这种折磨超出了学生心理承受能力的时候，作为社会、家长和教育工作者，难道我们不需要认真考虑：我们让学生付出的代价是否太大，是否值得？尤其是，当学习的量超出了学生心理的承受能力，而致使学生表现出一些反常的行为的时候，我们有没有思考过社会为此付出的代价是否太大，是否值得，是否有可能减少不必要的代价。

从这一事实出发，我们对家长和教师的建议是：千万别逼你的孩子或你的学生去学超出他能力的，或他不愿去学的东西。每个孩子都是不一样的。人家孩子能做到的，你的孩子未必能做到；人家孩子能学好的，你的孩子未必能学好。当然，你的孩子能做到的，人家孩子也未必能做到；你的孩子能学好的，人家孩子也未必能学好。最好的学习，是和你的孩子或学生兴趣相配的学习。学习不能只考虑学生的兴趣，也不能不考虑学生的兴趣。看到人家孩子在哪一方面成功了，就希望自己的孩子在这方面也能成功，不从孩子的实际出发，往往是教育失败的开始。

5. 鲜明个性和团队意识的协调

没有个性就没有创造。每个人都应该有自己的个性。你是你，我是我，人家一看就知道。然而，不管人有什么个性，在现代社会中，都要讲团队、讲协作。所以，人们希望今天的教育所培养的孩子的个性是鲜明的，同时又是具有团队协作意识的，能在未来社会当中成为一个能够交流的、健康生活的人。重视知识的传递，一直是教师职业的重要表现。新课程改革虽明确提出对学生培养的三维目标——知识与技能、过程与方法、情感态度价值观，但由于受到当前考试评价体制的制约，过程与方法、情感态度价值观的内容很难在纸笔测试中体现出来，导致在当前的教学过程中，被师生所重视的依然主要是知识的记忆、理解和应用，而过程与方法、情感态度价值观的教育和培养处于被弱化的状态。

有不少人一直心有疑虑：慕课是否适合于中小学教育？在他们看来，中小学是孩子们人生观、世界观与价值观形成的主要阶段，虚拟的网络世界阻断了师生，甚至阻断了生生之间的面对面的交往。这种交往的缺失，必然会导致学生在情感、态度、价值观方面教育的缺失。事实上，在中小学，慕课一开始就是以"微视频＋网络移动自主课堂"为基本的模式，而这一模式为师生与生生之间的更深入交流提供了充分的时间，为他们相互之间产生的更深刻的影响提供了难得的机会。

微视频学习是网络移动自主课堂实施的前提，而网络移动自主课堂的目的是为了解决微视频学习不能解决的问题，如师生和生生之间的讨论交流，以及在此过程中的思维碰撞与深化、情感与心灵的交融、理想信念价值观的确立等。而这些都是需要在课堂上完成的，微视频学习和网络移动自主课堂的实施是密不可分的。这一事实就决定了网络移动自主课堂不会削弱对中小学学生情感、态度、价值观的教育。

二、云计算对网络移动自主课堂教学的重要性分析

（一）有利于学生多元化地获取知识

科学技术的发展，尤其是信息技术的到来，已大大变革了学生的学习方式。电子白板、移动学习终端等学习工具、教学工具的推广和普及，改变了由教师作为单一的知识来源的局面。云课堂教学模式让学生获取的信息量更多，探索的空间更为宽广，可利用的学习形式更为丰富有趣，从而使学生的学习从单一向多元化转变，从被动学习变为主动学习，从而真正成为学习的主人。

（二）有利于激发学生学习的热情，增加师生的互动

在传统的教学中，如果教师不能用知识的疑点去吸引学生，用优美的语言去感染学生，课堂教学就会呈现教师"单脚跳独舞"的现象。随着时间的推移，学生听得枯燥乏味，教师讲久了自己也觉得没劲。云课堂教学模式最大的好处就是全面提升了课堂教学的互动性，教师的角色已经从"内容的呈现者"转变为"学习的教练"，教师有时间与学生交谈，回答学生的问题，或参与到学习小组观察学生之间的互动，对每个学生的学习进行个别指导。在这样的环境中，学生更深刻地体会到了教师是在引导他们的学习，而不是发布指令，也不会因怕答错问题而拘谨，而是轻松、自信、想学、有意义。

（三）有利于让学生掌握学习的主动性

每个学生的学习能力和兴趣是不同的。在传统课堂教学的方式中，最受教师关注的往往是看起来"最好"和"最聪明"的学生，他们在课堂上积极举手、响应或提出很棒的问题。而与此同时，其他学生则是被动地在听，甚至跟不上教师讲解的进度，

也无法真正实现分层教学。云课堂教学则利用教学视频，使学生能根据自身情况来安排和控制自己的学习深度，真正实现分层教学，每个学生都可以按自己的速度来学习。学生可以在课外或回家看教师的视频讲解，使得其学习完全可以在轻松的氛围中进行，而不必像在课堂上教师集体教学那样紧绷神经，担心遗漏什么，或因为分心而跟不上教学节奏。学生观看视频的节奏快慢全由自己掌握，懂了的则快进跳过，没懂的则倒退反复观看，也可停下来仔细思考或做笔记，甚至还可以通过聊天软件向教师和同学寻求帮助。

（四）有利于改变课堂管理模式

在传统教学课堂上，教师必须全神贯注地注意课堂上每个学生的动向，关注自己所讲的每一个知识是否讲清、讲透。大家都清楚，讲课不可能每一节都有趣，一旦知识较难或教师准备不充分，或一些学生稍有分心就会有跟不上的情况出现，学生就会感到无聊或搞小动作甚至影响其他人学习。实施云课堂教学模式，使每个学生都在忙于活动或小组协作，这样使缺乏学习兴趣而想捣乱课堂的学生也有事可做，"表演失去了观众"，课堂管理问题也就消失了。

（五）有利于让教师与家长深入交流

云课堂教学模式改变了教师与家长交流的内容。大家都记得，每次开家长会，父母问得最多的是自己孩子在课堂上的表现和成绩如何。比如，是否专心听讲，行为是否恭敬，是否举手回答问题，是否完成作业，等等。这些看起来很普通的问题，其实在那种情景回答起来却很片面、很笼统。而在实施云课堂教学后，在课堂上这些问题也不再是重要的问题，取而代之的是：孩子们是否在学习？如果他们不学习，家长能做些什么来帮助孩子学习呢？这些更深刻的问题会带领教师与家长商量如何把学生带到一个学习的环境，从而引导学生主动地去学习，帮助学生成为更好的学习者。

总之，经过云课堂教学后，教师有精力、有时间去获取新知识和新理念，以便不断丰富自己。这样在45分钟课堂上教师不再是满堂灌，而是用高度概括的语言把知识精要在学生最需要的时候讲给学生，课堂中更重视知识的生成过程，以及教会学生归纳概括的能力。这样便能做到有的放矢，真正做到讲课的高效、学习的高效、时间的高效、效果的高效。

（六）有利于转变传统的教学模式

在传统的教学过程中，以教师讲解和学生听讲为主，然而在这种传统的教学模式下，出现了教师很努力但是学生仍兴趣不高的现象，这样的课堂无法形成真正的师生互动，更无法形成真正的生生互动。并且在这种教学模式下，学生的学习兴趣很低，学习效率也很低，尤其是对于以科学和严谨著称的信息技术课程，很多学生的学习积极性本应该很高，但是在传统的教学模式下，必然有很大部分的学生不喜欢信息技术。

网络移动自主课堂教学模式将这种传统的课堂进行了一次翻转，使学生成了课堂的主体，使学生在教师的引导下进行合作探究、互相讨论，彼此之间能够协作竞争、互相提高，并且教师在教学的过程中，其教学水平和业务能力也会有很大提高。

（七）有利于营造个性化的学习环境

在传统的教学模式中，教师如果准备一堂课，理论上这堂课要顾及班级里各个学习层次的学生，而现实是受讲授时间等原因，这堂课的内容仅仅能适合其中一部分的学生，对于其他部分的学生是不合适的。在这样的情况下，新课改所倡导的分层次教学就无法得以实施。而网络移动自主课堂的出现就打破了这一僵局，它要求学生在课前充分地预习课本内容，这样预习课的学习时间就变长了，从而提高了教学效率，并且教师在上课的过程中，利用多种教学情境引导学生相互协作、积极探究，在触发学生学习能动性的同时内化了所学知识。这样的课堂适合于每一个学生，适合于每一个层次的学生，使他们能根据教师发放的学习任务书来达成自己的学习目标。

在利用网络移动自主课堂的时候，电脑的基础知识很重要，但是单纯的信息技术知识很枯燥，学生不喜欢学习这些电脑知识，所以教师可以通过网络移动自主课堂设置一些个性化的学习环境让学生去学习、去应用。比如，现在的中学生对电脑游戏比较感兴趣，所以为了让学生能更好地学习电脑的基础知识，教师可以设置或选择一些有益于学习的小游戏，让学生进行通关式的学习，在通关的过程中，让学生学习电脑相关的硬件知识，这样不仅学生学得比较牢固，并且学生通过探索合作完成整个游戏也会提高继续学习的兴趣，在这个合作的过程中，学生的合作能力也有了显著的提高。

（八）有利于构建互动、协作、探究的学习模式

学习不是一个学生独立完成事情的过程，它需要教师与学生通过交流、互动来共同完成，在这个过程中学生完成了对知识的内化。但是在传统的课堂上，这种对知识的内化实现起来非常难，因为教师面对的是整体的学生，而网络移动自主课堂却将这一内化的过程拉长，学生不仅仅在课堂上可以通过学习得到知识，在课堂外也照样能够习得知识。并且网络移动自主课堂还可以利用多媒体及网络来实现教师授课的随时暂停、反复播放等有利于学生参与其中并且反复观看、揣摩、思考等行为的实施。并且网络移动自主课堂也能实现教师与学生、学生与学生之间的互动，使学生能够以合作探究小组的形式一起探究，最终达到学会的效果，并且能够灵活地进行知识的应用。

因此，在平时的教学过程中，教师应该专门建立一个学习、交流的平台，然后将自己制作的课件或者是攻克难点和重点的过程放在这个平台上，供学生下载学习，比如，信息库的设计方式、如何发布信息和处理信息等。有了这个平台，学生就可以随时随地地学习、复习这些知识，即使有些学生在上课的过程中没有听懂这些内容，在课下自己学习和再复习的时候，也能慢慢地理解这些内容，这其实就是网络移动自主课堂的一种方式。

（九）有利于促进教学评价的改变

在传统的教学过程中，教学评价的方式简单而又直接，即利用考试成绩来评价学生的学习努力程度和学习态度，但这种方式有一定的局限性。自网络移动自主课堂实施以来，教学评价方式也发生了相应的转变，它不仅仅评价学生的学习结果，还利用学生档案的形式评价了学生的学习过程；不仅仅做到了定性评价和定量评价相结合，更做到了形成性评价对总结性评价的总结和补充；另外，网络移动自主课堂还注重以

学生的自评和互评相结合的方式对学生进行评价，不仅仅让学生知道自己有哪些方面做得不足，还可以请同学对自己进行监督和评价，这样，学生能够随时看到自己的不足，也能够随时地根据评价内容来调整自己努力的方向。

第九章 "互联网+"背景下高校课堂教学模式改革发展策略

第一节 "互联网+"背景下高校课堂教学模式改革

随着我国高等教育改革的深化，作为高等院校教学工作重心的课堂教学也在积极探索改革的方法，以适应信息时代对高素质专门人才和拔尖创新人才培养的需要。特别是在"互联网+"的背景下，高校课堂教学与传统的课堂教学相比存在很多差别。这就要求新时期高等教育的课堂教学模式要紧跟时代的步伐，改革现有的教学模式，实现教学能力和水平的全面提升。

一、高校课堂教学模式变革的动因

（一）传统课堂教学模式的现状

传统的课堂教学模式以教师讲、学生听为特点，当下大学生多为00后，他们有个性、有想法。面对00后的大学生，传统的授课模式已经无法满足学生的个性化需求，导致"教师授课热血沸腾，学生听得昏昏欲睡"。通过观察，我们会发现大学课堂的很多怪现象，如上课睡觉、大量"低头族"、交头接耳等。这些现象说明传统课堂教学是无效的，教学效果不佳。互联网的普及和5G时代的到来，对高校课堂教学产生了重要的影响，探索网络时代大学课堂教学模式变革的重要性愈加凸显。

（二）学习模式的转变

传统的学习模式下，学生获取知识或信息的途径仅限于教材、课堂，随着互联网的快速发展以及智能手机的全面普及，信息的瞬间传播成为一种生活常态。当下，互联网成为信息与知识的主要来源。在互联网的冲击下，学习者可以在任何时间、任何地点获取海量的信息。学习不再是被动接受知识的过程，而是作用于环境的信息理解和知识建构。因此，教师必须调整自身定位，成为学生学习的伙伴和引导者。这种新型的学习模式给传统的课堂教学带来了挑战，为学习者提供个性化的学习指导，已成为高校教学模式变革的原动力。

（三）大规模网络开放课程的兴起

伴随互联网与高等教育的深度融合，网络开放课程不断涌现。一是国际性慕课的出现，即国外大学公开课引发了翻转课堂、微课等新型教学模式的探索。慕课的崛起，开启了信息时代学习的新时空、课程的新天地。二是来自"爱课程"的中国大学优质共享课程的建设与开放，展示了中国大学视频公开课的优秀成果。学生可以随时进入这些开放课程浏览学习，免费享受共享课程的学习体验。成功的慕课，要求教师成为一名优秀的课程设计师和出色的演讲家。教师既要像电子游戏的设计师一样环环相扣地设计课程环节，又要像演讲家一般将每一个环节都生动形象地讲授出来。因而，在大规模开放课程的冲击之下，照本宣科和满堂灌式的课程将失去立足之地。

二、"互联网＋"时代高校课堂教学模式的意义

"互联网＋"是将互联网技术与传统行业技术相互融合、相互整合而发展的一种新形态和新业态。"互联网＋"对提高高校课程教学质量和人才培养质量具有重要的意义。"互联网＋"使高校教育的生态环境得到了改善，使高校传统教育焕发出新的活力，也为高校教育教学发展带来新的契机。"互联网＋"使得高校的教学模式从封闭走向开放，实现了高校"教"与"学"的深度融合，高校学生学习的主观能动性得到了极大提高，师生良性互动显著增强。

三、"互联网+"背景下高校课堂教学模式存在的问题

（一）授课方式单一

当前，我们在教学过程中主要的组织形式还是班级授课，教学方式仍以传统讲授为主。这种"填鸭式"的教学模式能帮助教师在短时间内高效地完成本门课程的教学任务，教师在教学过程中的主导地位不容置疑，有利于教师时课堂和学生的管理。但是在"互联网+"的时代背景下，这样的教学模式太过重视理论知识的传授与指导而忽视了学生实践能力的培养与提升，对学生无法因材施教，导致理论与实践严重脱节，这显然不符合新时期教育发展的方向与目的。

（二）学生学习的主动性、积极性较差

学生在课堂中的表现是课堂教学成败的关键。正如苏联教育家苏霍姆林斯基所说："如果教师不想方设法使学生产生情绪高昂和智力振奋的内心状态，就急于传授知识，那么这种知识只能使人产生冷漠的态度，而不动情感的脑力劳动，就会带来疲倦。"在目前人力资源管理课堂中，多数教师仍采用照本宣科的授课模式，教师讲课方式缺乏激情，与学生之间的沟通和交流较少，这就给学生留下了课堂枯燥乏味的印象，逐渐地失去了对课程的兴趣。而处于青少年时期的大学生自制力较差，但是他们对于新鲜事物和敏感信息兴趣浓厚，这就使得与枯燥无趣的讲课方式相比，他们会转而关注手机、电脑、课外书等一些娱乐工具，学习的积极性主动性自然会逐步下降。

（三）"教"与"学"脱节问题突出

目前在教学过程中，教师大多采用常规教学手段，占据了大部分的上课时间。而高校中对教师的管理较为宽松，多数教师基本上上完课就离开了，留给学生与教师的交流时间非常有限。除非教师专门辅导，否则大部分学生的很多问题都得不到及时解决，教师的教学成效很难真正有效地体现出来。"教"与"学"严重脱节。

四、"互联网 +"背景下高校课堂教学改革路径的选择

(一)转变教学观念，构建以学生为主的教学模式

"互联网 +"环境下倡导以学习者为中心，教师在教学活动中的主导地位发生了改变，由"教学"转变为"导学"，教师的角色由传道、授业、解惑者转变为学习者的向导、参谋、设计者、协作者、促进者和激励者，而这种转变使得高校的教育模式必然会更加开放。在这种环境下，教师更应该注重学生应用能力和创新能力的培养，因此教师需要更高层次的教育教学能力，熟练掌握现代教育技术，充分研究教学的各个环节，才能适应"互联网 +"环境下的新的教育需求。作为从事高校教育的教师，要学会适时转变教学观念，跟踪现代教育思想的发展，不断更新知识，提高自身素质，努力适应学习化社会的需求。

(二)转变学习方式，提高学生的积极性、主动性

倡导以弘扬高校学生的主体性、能动性、独立性为目标的自主学习，是目前高校教学改革的一个重要举措。首先，在进行自主学习的时候，学生要加强自我管理，清扫学习中的干扰因素，使用固定的学习区域、固定的学习时间，最终养成习惯并且固化。其次，加强合作互助式学习。学生可以以建立学习小组、利用互联网建立讨论组、参加学习论坛、参加学校的社团的方式进行合作互助式学习。通过合作互助增强学习效果，提高学习效率。最后，在自主学习中，学生要积极与教师沟通交流，这样不仅可以增强师生友谊，而且可以增强学生自主学习的效果。

(三)转变教育理念，营造有利的教学氛围

"互联网 +"改善了高校教学资源分布不均、发展不平衡的情况，其教学方式不再受时间和空间的限制。在"互联网 +"环境下，高校要转变教育理念，可以让学生通过跨校选课、学分互认、师资合理流动等方式实现优质课程资源的共建共享，为社会培养优质的人才。"互联网 +"为高校课程教学改革提供了新的机遇和挑战。"互联网 +"时代的高校教师应当时刻把握互联网信息技术的发展与进步，才能更容易让新时期的

学生理解和掌握自己所授的专业知识，真正实现教学效果的提升。

第二节 "互联网+"时代高校教师信息化教学能力的提升

在我国，"互联网+"的概念于 2015 年在政府工作报告中被正式提出，随后持续升温，与各行各业产生化合反应。人们关注的热点更多地集中在教育领域，使得"互联网+"教学成为研究热点。大数据、云计算、智慧地球等技术手段的相继出现，丰富并完善了教育教学的手段与方法。在"互联网+"教学时代，信息化教学能力成为当代高校教师最重要的职业素质与核心竞争力。

一、"互联网+"时代高等教育发生的变革

（一）培养目标的改变

在"互联网+"时代背景下，社会大环境发生了翻天覆地的变化。社交网络普及、大数据热潮的出现，意味着教师与学生所掌握的信息技术应用能力，以及通过信息技术手段进行教学的创新创造能力成为新环境下竞争的核心技能。新时代人才核心竞争力的改变，要求高等院校在人才培养目标方面要从过去重点强调知识传授、原始技能培养转变为传授学生生存于信息化社会的方法与能力。相比于知识本身，获取知识的技能变得越来越重要，这些技能包括学习创新技能、数字素养技能、职业素养技能，其中，"数字素养技能"的内涵更丰富、更重要，它也是"互联网+"时代社会竞争的核心技能。

（二）培养对象的变化

根据人类信息技术接受与应用程度将学习者分为数字原住民、数字移民和数字难民三大类：数字原住民，是指在数字时代成长的新生代，他们能易如反掌地应用数字

工具和现代通信方法；数字移民，是指社会中年纪较大的成年学习者，他们成长时没有数字技术工具的陪伴，成年后开始接触数字科技，只有经历较为艰难的学习过程才能适应崭新的数字化环境，才能与周围的数字原住民有效沟通；数字难民，是指社会上选择逃离而不融入本土文化的老年学习者，他们逃避面对，甚至反感数字化生活方式。按照这种分类方式，今天的高等教育所培养的对象堪称真正意义上的数字原住民。他们绝大多数都是生于 2000 年之后，从小生长在信息化、抽象化、数字化的社会里，手机、电脑、网络就是他们生活的工具与环境，数字化是他们的生存方式，因此他们的学习兴趣、学习方法、思维模式、情感交流方式与过去的数字移民学生相比发生了巨大的改变。如今高等教育培养的对象可以称得上数字土著，他们的思维方式在一定程度上体现出超文本的、跳跃的特点，更喜欢视觉的冲击和多种感官的刺激，倾向于视觉化的、图表化的表达方式，例如，各种网络表情在社交中的广泛应用已经成为数字土著学生语言的一部分。在日常学习工作中，他们更倾向于寓教于乐的学习方式，利用互联网，他们消息搜索获取速度快，接受新事物速度快，学习新事物速度快，掌握新技术速度快，网络语言传播速度快，朋友沟通速度快。

（三）教学环境的改变

电脑和多媒体丰富了传统的课堂教学，现在数字终端和互联网成为推动教学创新与教学变革的强大外力。随着"互联网＋"时代的到来，特别是网络技术与移动通信技术成熟广泛地应用，大大拓展了教学的空间，延长了教学时间；信息密集、快捷方便的远程教学、虚拟学校使得教学不再受时间、地点的约束，学习环境更加自由，教师教学灵活性提高，学生学习自主意识不断增强。

二、"互联网＋"时代信息化教学与传统教学的辩证关系

从技术与教学互动的发展史来看，教学形态出现了从传统教学、多媒体教学到信息化教学的发展趋势。"互联网＋"是个新生事物，它的出现与教育教学相互融合渗透，创造出无限可能的教学形态。"互联网＋"热潮的出现，一方面要求教育工作者要关注

时代为现有教育教学带来的机遇与挑战，思考现有教学方式的不足，利用"+"号的无限可能改进现有教学方式，提升教学效果。另一方面，"互联网+"时代的信息化教学改变了知识传播的载体，相比于传统教学，信息化教学在知识传播方式与传播效率方面具有显著的优势，但这并不意味着传统常态教学方式会完全被信息化教学所取代。

在如今这个包容、多元化的教学环境下，探索和发挥各种教学方式联合使用的优势应该被大力提倡，同时教育工作者还应该保持清醒的头脑与认识，不管在什么时代，采取何种多样化的教学手段，"教"与"学"才是根本出发点，它并不会因为时代的改变、教学手段的改变而变成非教学的东西，所以无论是现在普遍采用的多媒体教学方式，还是"互联网+"信息化教学方式，教师与学生始终要处理好"教"与"学"的关系，实现教学相长。

三、"互联网+"时代对教师信息化教学能力的新要求

随着计算机网络的飞速发展，互联网已经应用到生活的各个领域，基于"互联网+"背景下的各种新的教学技术手段（微课、慕课、翻转课堂等）不仅提高了课堂的教学效率，而且提升了学生的创新能力。传统的教学方法已经跟不上时代的发展，教师需要不断更新知识，掌握新的技术，尤其在互联网时代，将信息化应用于教学是必不可少的一种能力。

基于"互联网+"背景下产生新的教学方法，均是以学生为主，教师为辅，也就是说，教师的作用从主导变为引导，这种角色和地位的转变，使一些教师还不适应新的身份。因此，教师要及时转变思想，积极应用，提升信息化教学能力，给学生新的教育方式和方法。

四、高校教师信息化教学能力的提升策略

近年来，"基于大数据的学习分析""云计算"这些新技术和新理念改变了学生的学习方式和教师的教学方式；视频公开课、开放教育资源，丰富了教学资源形式：翻

转课堂、网络社交媒体拓展了知识的获取形式，为教学改革创新带来了新的契机。高校教师及相关管理部门应该从以下几方面着手提升教师的信息化教学能力。

（一）教师需加强自身的学习意识，更新教学理念

"互联网+"时代的信息化教学，只是利用了新的载体与手段进行教学，无论什么形态的教学，要想取得理想效果，教师的自我更新与提升才是至关重要的。只有教学理念跟随时代进步了，让先进的理念指导教学行动，才能收到理想的教学效果。对"互联网+"没有宏观的把握，对信息化教学没有正确的理念认识，就无法开展有效的信息化课堂教学，这也是高校信息化教学要解决的首要问题。

在部分高校教师中，尤其是前面提到的"数字移民"与"数字难民"类教师群体，他们在经过十几年甚至几十年的教学后，已经形成了个人固有的教学模式与教学习惯，要让他们在短期内改变固有的教学模式，接受新兴的教学模式是非常困难的。对数字化与信息化不敏感的教师普遍认为，信息化教学就是在教学中使用图片、音频、视频、PPT 课件演示教学内容，事实上，这混淆了多媒体教学与信息化教学，是对信息化教学本质上的错误理解。真正的信息化教学是一种教师能够充分利用现代信息技术手段，根据教学内容合理构建学习情境，引导学生通过资源与信息的收集，依据自己实际认知水平与学习能力来开展自主探究式与协作式学习的教学方法。

（二）教师要善于利用互联思维与大数据思维

"互联网+"的信息化教学并不是将多媒体教学内容通过 PC 应用程序简单地在终端设备上呈现，而是要根据教学内容和学习对象，面向智能终端或移动终端的中小屏幕，用互联思维融合各种优质资源，根据学生的碎片时间学习特性开展合理的教学设计，为学习者提供传统互联网所不具备的移动互联网创新教学功能。同时，在传统教学中，高校教师的教学往往都是依据经验教学思维，分析总结学生的学习情况，改进教学实施办法。在"互联网+"时代，随着物联网、云计算在教学中的运用，教育领域也积累了海量的数据，教师应该善于运用大数据思维对学生学习过程、学习行为进行解释与分析，从而评估学生学习效果，得到每个学生的真实情况，发现潜在问题并

实施有效的教学改进。比如，利用信息技术总结的数据，可检测学生的学习行为和学习经历，方便教师针对学生整体和学生个体进行有针对性的教学；利用大数据开展学业质量评价，帮助教师优化教学内容，调整教学安排，为学生提供个性化的学习服务。

（三）学校开展全方位的理论学习与业务学习

教师培训是提高教师专业素质及教学技能的重要且有效的途径。高校教师的信息素质高低直接影响到信息化教学设备的应用水平、利用效率与信息化教学的应用效果。高校本身以及教育主管部门应当根据教师的年龄结构、专业结构、知识结构、既往学习情况等提供分层次的进修培训，通过为教师提供信息教育技术方面的培训，为"互联网+"信息化教学提供人才保障。

当然，除了培训对象应该分类以外，培训内容也应该分模块地系统化层层推进：首先是信息化教学基础理论学习。学校可以组织全体教师以教研组、专业为单位，学习与信息化教学有关的内容，从抽象的文字概念上对教师进行信息化教学普及，建立初步的印象。其次是提升认识学习。在了解了信息化教学的相关内容后，邀请开展信息化教学的同行与专家进行专题讲座，专题内容具体涉及信息化教学资源建设、信息化教学设计、信息化教学实施与信息化教学效果评价等方面，分专题细化信息化教学的内容，拓展提升教师对信息化教学认识的广度与深度。再次是具体案例学习。组织经验丰富的教师进行信息化教学案例与作品展示讲解，结合具体课程作品，介绍设计初衷、设计思路、设计过程，将信息化教学理论落实到教学各环节里，更加直观、生动地呈现在教师面前，使教师能够更清晰地明白信息化教学具体如何开展。最后是实操巩固练习。学校采取相应的激励措施和资金技术支持，鼓励一线教师在日常教学中进行信息化教学的尝试，开展信息化教学比赛，组织全体教师进行信息化教学案例征集，真正通过个人的实际操作将信息化教学理论内化为教师信息化教学的能力。

（四）主管部门加大投入力度，学校加强硬件建设

"互联网+"信息化教学打破了传统的教学模式，它通过构建虚拟教学空间，建设以专业教学资源库为核心的教学应用平台，并通过资源共享，为更多的教师提供优质

的教学准备、教学演播及教学评估条件。信息化教学能否顺利开展与校园网在日常教学中的应用普及有关，也就是说，校园网的硬件建设在很大程度上影响并决定着师生参与信息化教学的兴趣与热情。对教师而言，校园网意味着能否有效地支持备课以及上课，能否提供便捷流程平台供师生教学交流；对学生而言，校园网意味着能否主动参与到专题讨论以及网上投票当中，能否利用校园网顺畅地学习教学资源，能否使用即时通信软件联系教师，这些都是影响信息化教学开展的关键因素。随着国家和地方教育主管部门越来越重视教育信息化，而且部分高校信息化教学取得了一定的成效，所有高校要提高认识，紧跟时代步伐，抓住机遇，积极争取更多的资金支持和政策优惠待遇，加快推进学校的信息化软硬件和师资队伍建设。

五、高校教师信息化教学能力提升的实践

（一）翻转课堂教学模式

随着互联网的发展和普及，翻转课堂的方法逐渐在教学课堂中流行起来。翻转课堂的构建过程主要有三个：第一个是信息传递。这个过程是在课前进行的。教师发布学习任务和视频后学生可以分组合作完成任务，学生在课前需要查阅大量资料，主动学习知识，提高他们的归纳总结能力和自我管理能力，同时，教师提供视频和在线指导。第二个是吸收内化。这个阶段是在课堂中完成的。在课堂上，学生对任务进行讲解，教师对其进行点评和指导。教师对学生的疑点和难点，在课前已经有所了解，在课堂讲授时会有的放矢，学生对于不会的知识点也会记忆深刻。课堂上的师生互动，以及学生之间的交流讨论，体现了以学生为主体，使知识内化升级，提高了学习效率。第三个是巩固阶段。此阶段可以在课堂上和课后双重进行。在课堂上，教师可以在讲解完后，进行随机小测试；在课后，教师可以在网上留作业，检查学生对知识点的掌握情况。另外，评价系统的跟进，使得学生学习的相关环节能够得到实证性的资料，有利于教师真正了解学生的学习情况。

（二）微课模式

微课主要采用教学视频进行授课，教师需要提前录制教学内容。微课的视频时间不适合录得很长，应该短小精悍，一般 10 分钟左右即可，要有针对性，即针对某一个知识点进行讲解。微课有别于传统的教学课件与教学设计，它对传统教学模式进行了继承和发扬，它不只有简单的教学视频，还会有教学反思、练习测试和学生反馈以及教师点评等板块。相对于传统的课堂，微课堂更能吸引学生的注意力，有利于知识的吸收。微课视频的内容相对较少，因此，主题更加突出，主要是学生不易掌握的重点难点，学生学习起来不枯燥，而知识吸收较传统课堂却好很多。微课的使用很重要的是微视频的设计和组成。微视频的主题一定要突出，目标要明确，结构要完整。微视频是一条主线，贯穿整个教学过程，因此，要有视频、互动、答疑、反馈等环节，人人参与，互相学习，互相帮助，共同提高，形成一个一个主题鲜明、类型多样、结构紧凑的"主题单元资源包"，营造了一个真实的微教学资源环境。因此，微课这种教学模式不仅提高了学生学习的效果，也提高了教师的专业成长。

（三）慕课模式

慕课（MOOC），即大规模开放在线课程，它是"互联网＋教育"的产物。慕课不是个人开发的课程，一定是由很多参与者参与开发的大型（大规模）的课程，才能称之为慕课。慕课是一种大规模开放的在线课程，学习者不受时间和空间的限制，课程也没有人数的限制。与传统的课堂不同，慕课的上课人数甚至可以达到上万人。只要想学习，只需注册一下就可以进来学习。真正体现了资源的共享，打破了地域的限制，随时可以享受一流大学的课程，而且还可以选择自己喜欢的教师和学科进行学习。慕课的整个课程体系是完整的，随时都可以学，学生也可以更合理地安排自己的学习时间，完善自己的知识体系。

（四）信息化教育

技术与传统的教学方法相结合基于"互联网＋"背景下，产生了很多新的教学方法和模式，那是不是传统的教学方法就要摒弃了呢？当然不是。因为传统的课堂教学方法也有很多优点，例如，对于一些公式的推导，采用板书的讲解会更详尽，学生理解得更好。如果采用视频或课件，学生会不知道怎么得出来的。所以，信息化的教育技术要与传统的教学方法相结合，才能更好地发挥它的作用。

一方面，新的教育方式之间也需要相互结合，而不是单一的一种形式，可以慕课和翻转课堂相结合，翻转课堂和微课相结合等，这样既增加了课堂的趣味性，又增强了学生学习的主动性；另一方面，传统的课堂与信息化教育技术一定要结合，才能使原来的被动的填鸭式学习变为主动的探究式学习，对于不同的教学内容要采取不同的结合方式，可以让传统课堂与慕课结合，与微课结合，与翻转课堂结合，也可以让传统课堂与微课、翻转课堂同时结合，这样即体现了以学生为主体，实时互动，实时参与的特性，又让传统课堂借助多媒体技术，使一些很难理解的问题学习起来更加轻松。传统教育与互联网教学只有取长补短，各取所长，相互结合，才能把以学生为主体落到实处，才能充分调动学习的积极性和主动性，提高学生的自我管理和自我学习能力，提高分析问题和解决问题的能力。

信息化教学是时代发展的需求，是当前高等教育发展的必经之路。信息化技术与教育相结合，将极大地提高课堂效率和教学效果，真正实现以学生为主体的教学，充分调动学生学习的积极性和主动性，有利于培养并提高学生的自学能力，提高学生分析问题和解决问题的能力，真正做到学以致用。互联网时代科学技术的发展为教育带来了深刻的变革，教育更关注学习者的个体感受，更关注学习者能力提升及综合素质的发展，教师在其中起到的是一种助教、助导的作用而不是像一般的课堂上所处的以教师为中心的地位。青年教师是高等教育改革和发展的主力军，高校青年教师信息化教学能力提升对于提高课堂教学质量、深化高等教育改革至关重要。

第三节 "互联网+"背景下高校混合式教学模式的研究与实践

一、混合式教学的特点

（一）线上线下混合

线上线下混合即网络教学与传统课堂教学相结合，它打破了线上线下存在的界限。这是混合式教学的最表层含义。"互联网+"将通过一系列的应用技术实现有形教学与无形教学混合式的复式教学。线上教学与线下教学是两种浑然不同的教学形式：线上教学以互联网、新型技术、媒体为传播媒介；线下教学则侧重于传统的教学。二者虽然是不同的教学方式，但是其追求的基本目标是一致的，那就是高效地完成教学活动，促进有效教学的发生。混合式教学以教学平台为起点，教师、家长、学生、教学资源等要素均被联结起来，如果线上学习与线下学习过程处于割裂状态，则混合式教学将会流于形式，达不到我们所期许的理想状态，反而会适得其反，增加教师与学生的负担。

（二）教学理论混合

在教育学界尚不存在一种万能的、通用的，能适用于所有教师、学生教与学的教学理论。因此，我们应采取多种教学理论对教育实践与教育规律进行指导与探索。现阶段，影响较大的教学理论包括行为主义教学理论、认知教学理论、情感教学理论以及教育目标分类学等。每种教学理论都有其内在的优势及劣势，诸如，行为主义与认知主义注重知识的传播与转换，即关注于"教"本身，较少地关注学生"学"的方面；而建构主义关注教学设计，建构有利于学习发生的教学环境，在教师的教与学生的学两方面均衡发力。教师应依照不同阶段制定的目标来采取与该目标相关的教学理论，这样既有利于教师主导作用的发挥，又有利于发挥学生的认知主体作用。教学理论之间从来都不是彼此对立、分离的关系，它们之间包含着一定的重合部分以及相互关联性。混合式教学的教学策略在运用教学策略的过程中，需要结合学习者的实际学习情况、教学目标、教学情境等因素，这样才能发挥其最大化作用。教学策略是教师从观念领域过渡到操作领域且介于理论和方法之间的中介。

（三）教学资源混合

教学资源混合可以从资源内容、资源呈现方式和资源优化与整合三方面进行分析。

教学资源内容的混合。基于社会对于综合性人才的需求，学校更加重视对多样化、整合性人才的培养，文理互通、学科融合将是未来学科发展的趋势。混合式教学也包含对于教学资源内容的混合。学习者接收到的信息不仅仅局限于某一门学科，而是发散且有条理的知识体系，更有利于在学习过程中触类旁通。

教学资源呈现方式的混合。教学资源的呈现方式是多种多样的，资源的呈现方式应符合学习者的认知规律。传统书本式的知识呈现方式有利于学习者对于知识的系统性把握。一直以来，课本在课堂教学上发挥着不可替代的作用，其缺点在于：它阻断知识的流通，知识过于静止，利用率相对较低；知识以文字的形式呈现过于单一，不利于调动学习者的积极性与主动性。我们不可能完全摒弃课本，只有与新型的资源呈现方式结合才能弥补其不足。这种新型的资源呈现方式即虚拟资源呈现。在虚拟资源呈现中知识不以固定化的形态存在于课本上、黑板上，而是无处不在，无所不有，只有传统＋新型的混合式知识呈现方式才能满足学习者对于各种资源的携取，实现其个性化发展。

教学资源整体的优化与整合。当线下资源与线上资源汇聚，形成庞大的知识库，在满足知识数量与共享的需求之后，继而遇到教育资源的低质、重复、分散、无体系等问题，又会形成新的资源浪费，因此，教学资源的优化与整合具有一定必然性。

二、混合式教学的本质分析

混合式教学是以关联、动态、合作、探究为核心的新型教学模式，有着区别于面授教学与在线教学的本质区别，下面将对混合式教学的本质予以分析。

（一）混合式教学是动态关联的耦合系统

混合式教学过程的各个存在要素组成了相互关联、互为影响的耦合系统。教师与学生双方都具有自我组织教与学的意识与能力，师生秉持共同目标，同时在一定质态、一定数量的教学信息激发下，使得学习过程中产生的问题、障碍达成顺应、一致的过程，继而促进教学过程有序化。混合式教学中的在线教学部分和面授教学部分两者是优势互补关系，不存在谁替代谁的问题，它们具有共同的教学目标，即高效地完成教学活动。

（二）混合式教学是在线教育的扩展与延伸

混合式教学不同于以往的在线教育、网络教学，我们可以把它理解为在线教育或传统教育的延伸或扩展。首先，混合式教学将传统的教学优势与在线教学优势相结合，弥补了在教学过程中的在线教学与传统教学过程的缺失。单一的在线教学中面临的最大问题就是教师与学习者之间的互动交流缺失。因为在教学过程中师生交往互动是贯穿始终的，通过课堂、课下教师与学习者的互动交往可以及时得到反馈信息，便于学习者的询问、沟通、解疑、探究等系列活动的发生，该环节的缺失是阻碍网络教学进一步发展的最大障碍。另外，学习者的自控能力、信息处理能力、"网络教学就等于课件教学"等观念束缚也严重阻碍了在线教学的发展。从传统教学组织形式上来分析，资源相对单一，较难接触其他信息资源，在资源传播途径上稍显滞后。标准化模式也为学生的个性化发展产生了阻碍，统一进度、统一教学内容严重阻碍了学习者的个性化发展。基于两种教学模式的优势与弊端我们看到，将两种方式有机结合起来是最利于学习者学业、身心等多重发展的教学形式。

由上观之，混合式教学大部分是面授教学、在线教学二者的混合，无论是教学空间、教学手段还是教学评价方式均是二者的折中部分。这样既避免了单纯在线教学的弊端，同时也扩展了教学途径。综合看来，与传统教学模式相比，混合式教学模式更加强调以学习者为中心，主张引入问题情景，重视自主探究式的学习方式，鼓励学生主动的意义建构，最后采取多元的评价模式对学习者进行多方面的评价。

（三）混合式教学以激发学习兴趣为主旨

混合式教学主要发掘学习者对于课程的兴趣为主旨，进而为了激发求知、探索、整合、创新等行为。教师在制作微课程、PPT、整合课程资源以及设计教学活动的过程中，应时刻以学习者的兴趣为基点，考虑学习者的个性特征与兴趣关注点，激发学生的创造力。所以，明确学习者的学习需求，找准兴趣点，才是混合式教学的根本任务。

三、"互联网+"对于混合式教学的意义

"互联网+"促进了信息的双向流动，解构又重构了教学模式与教育体系。它将处于基础形态的传统教学与互联网融合起来，发展成"互联网+教学"的高级形态，从而充分发挥互联网教学的优势，改善教学模式，从原来"以教师为中心"的教学模式转变为"以学习者为中心"的互动教学模式。

互联网教学最为重要的手段贯穿于教育的始终，互联网将全球的顶尖教学资源最大化，它打破了时空的界限，使得核心的师资资源得到了解放，为教学赋予了新的定义——教学未必就是站在讲台上面对面地教学，教学未必就是学生坐在教室里听课，通过互联网技术平台亦可以进行在线教学，在家就能学习。同时，混合式教学仅仅是一种教学手段，却不是唯一的教学手段，混合式教学的具体与应用还需要教师、专家团队的进一步研究。

（一）打破信息不对称局面

当信息从教师传递给学生时，往往出现信息不对称的情况，继而影响教学的有效性。

信息不对称的情况可能是由于师生双方交流不畅引起的，也可能是由教师的指导方式不当、教学设备陈旧、学习者接受知识的方式差异而引起。当数字化教学资源以其零空间存储性、共享性带来的非消耗性、非竞争性等优势而存在时，数字化资源被贴上了公共性的标签。数字时代的学习越来越不需要依赖特定的时间与空间，师生之间信息不对称的格局逐渐被打破，同时中西部地区、城乡之间乃至不同国家间的信息不对称现象也会有所缓和。

对于学生——教师层面而言，学生不知而教师独知的信息不对称的教育格局正在被逐步打破，教师不再是唯一的信息提供源。正因为如此，学生获取资源的多样化途径使得教师如果没有专业的知识基础和与时代接轨的新知识储备，是难以完成教育传播的。

（二）激发教学的动态生成

互联网与教育的融合避免了纯在线教育"交往结构的非语言现象"的出现，也在极大程度上转变了传统教育静止、单一、机械，与客观学习相背离的教学情景。互联网与教育的深度融合是传统教育的成长与发展，它将过度一维化与平面化教学赋予了多维性与动态性。教学的动态性体现于信息资源的流通、多元的价值传递、自主选择性、多向立体互动等方面。

教学活动不仅是师生之间的施教与受教行为，更是一种信息资源的传递与流通。互联网是非定向的，教育也是师生、资源之间的胶着往来过程，因此，"互联网＋教育"的模式也具有多态交错的新形态。

我们处于纵横交错的信息网络体系中，学习者、教师、资源以及由三者自由组合而成的团体、组织都被视为网络体系中的一个节点，这些节点在独立存在的基础上自由选择重组，相互建立形成联结关系，使得教学过程呈现多向、非线性的发展。换言之，互联网的融入转变了知识的出发点与传递方向，扩展了学习发生的环境与格局，为教育发生创设了崭新的形态。

（三）推动教师教学与技术的专业化发展

互联网与教育相结合在一定程度上转变了教与学的方式，如何借助互联网教与学成为构建教育网络体系中至关重要的一环。首先，互联网的平台建设、在线授课形式的研究、运行模式变化等都对教师的专业化技能提出了更高的挑战，在一定程度上促进了教师教学与技术的双向发展。其次，教师角色与职责亦发生相应程度的转变。教师应扮演课程资源的开发者、引领学习者积极选择的导向者、互联网技术的先行者、为学生创设良好学习体验的开拓者，种种角色交相辉映，需要教师依据具体的学习情景选择最佳的角色。

"互联网+"大潮涌动，教育信息化大力推进，各地区大、中、小学都探索式在尝试混合式教学模式，以期运用技术的方式改变教学。然则，由于各种现实因素的限制，混合式教学还未在大范围普及开来。虽然翻转课堂、慕课、微课、电子书包、电子白板等系列项目层出不穷，但是与一线教师教学还未真正融合。互联网+混合式教学旨在通过互联网的技术路径出发，为教师教学带来教学方式多元化、教学资源丰富化等系列教学体验，让互联网真正融合到一线教师的教学过程中。目前我们处于"互联网+混合式"教学的转型期，综合的教育生态尚处于变动时期，这就要求教师从自身的教学经验着手，选择具体的策略方法，在教学实践中找到线上与线下、课上与课下资源混合的新路径。

（四）打破在线教学与传统授课的单一桎梏

传统课堂教学是教师最为熟悉的一种教学形式。在有限的时间与空间内对学习者施教，其最大的优势在于能够在教师的指导下高效地、快速地进行知识传递，使得教学更加形象化，并通过培养学习者竞争与合作意识，发挥情感因素在学习过程中的重要作用。然而课堂教学存在的不足之处也难以解决：在教学内容上，其呈现内容相对单一，教材是主要的知识呈现途径；在教学方法上，过于整齐划一，"一刀切"的现象仍然存在，忽视了学生个性化；在教学规模上，由于受时间、空间的限制，教师教授的学生数量受限。凡此种种，皆值得做进一步的反思与思考。

网络在线教育借助网络的高信息传输速度，灵活多样的传播手段，可为学习者提供优质的学习资源。它打破了时空的限制，学习者可以根据自身的实际情况与知识储备量制定学习步调，从被动接受者转变为学习的积极探索者。网络在线教育的弊端在于，师生之间缺少面对面的交互，不利于情感交流，同时要求学习者有较高的自我控制能力与学习能力。

基于"互联网+"背景的混合式教学混合了传统授课与在线教学两种形式，以长补短，取二者优势的教学过程，从而达到更佳的教学效果。对于"是否所有的课程都适合用混合式教学的方式来教"这个问题，几乎所有教师都达成了一致的观点：在一门课程开设混合式教学的前提下，学生尚有足够的精力进行学习与交流；假设每个学习者一学期要修 7~8 门课，大家都进行混合式教学，学生的精力显然不够，效果反而适得其反。我们并不是仅仅为了迎合混合式教学的大趋势而机械地教，不是所有的内容都适合混合式教学这种方法，教师要根据授课内容选择合适的教学方法。在"互联网 +"大环境推动之下，教师与学生都需要适应数字化的节奏与模式，二者缺一不可，尤其是学习者，要提升学习效率，学会如何分配时间，进行高效学习，这是网络时代对学习者提出的新要求。

四、"互联网 +"背景下改革混合式教学模式的理论依据

（一）"互联网 +"背景下混合式教学模式设计的理论基础

混合式教学模式需要在多个理论共同指导下建构，不应局限在一个理论视角。综合来看，混合式教学模式理论应包括关联主义理论、掌握学习教学理论、教学交互理论、香农 - 施拉姆传播理论，这些理论为混合式教学的设计、建构、组织、实施提供了可借鉴的方法与依据。

1. 关联主义理论

关联主义（又名连通主义、连接主义）是由乔治西蒙斯提出的符合网络时代发展特征的理论。学习（被定义为动态的知识）可存在于我们自身之外（在一种组织或数据库的范围内）。关联主义的学习发生在模糊不清的环境中，没有固定的要求和界限。关联主义理论是一种适用于数字时代的学习理论。其主要原理为：（1）知识存在于节点之上，不同节点之间存在强弱连接。（2）学习是将节点相互关联，构建内部网络的过程。（3）学习可以通过电子设备工具进行。（4）持续学习的能力比当前知识的掌握更重要（管道比内容更重要）。（5）时刻建立或取消不同节点之间的关联，使其知识体系动态发展起来。（6）提升搜寻有意义节点的能力及建立连接的能力。（7）学习的目的是促进知识的流通。（8）决策也是一种学习。

在知识观方面，关联主义认为学习活动就是为了促进知识流通。知识在一个交替流动的过程中得到不断的更新，它是动态流动的。知识的流动循环主要经由以下的几方面：从某个人、群体或组织的共同创造开始，然后"分发知识—传播重要思想—知识的个性化实施—知识的创造"这样一个循环的过程，从而使我们的知识经历个性化的解读、内化、创新。在知识流经我们的世界和我们的工作时，我们不能把它看作保持不变的实体并以被动的方式来消费，我们应以原创者没想到的方法舞动和裁定他人的知识。

关联主义理论对设计混合式教学模式的指导作用主要表现在以下两方面。

第一，知识是具有关联性的网络整体。混合式教学的线上教学部分由于学习场所的虚拟性、接触资源的碎片化，易使学习者所习得的知识处于分散、支离的状态。而在关联主义理论的指导下，教师和学习者需要有意识地对教与学的状态进行把控。首先，教师提供给学习者的知识要相互连贯，遵循由浅入深、由易到难的层次，小到一节课、一单元大到整本书的知识呈现需要遵循一定的知识逻辑结构，使学习者明晰整体的知识脉络；其次，教师面授的教学内容应与线上组织的教学资源相互关联，线上与线下不能相互脱离，虽然二者有各自的教学呈现方式，但是整体上是互相对应，彼此联系的。

第二，教师与学习者时刻保持关联。教师与学习者是教学过程的两大主体，师生之间的互动是教学过程中必不可少的。由于线上教学过程的时空分离性，师生之间的互动往往受各种因素的限制而不便随时互动沟通。基于此，应用即时通信软件等技术保持沟通，通过在线软件的途径，学习者能够相互探讨，教师亦能够及时掌握学习者的进度，及时解答学习过程中出现的问题。

2.掌握学习教学理论

"掌握学习理论"的概念是由美国著名心理学家、教育家布鲁姆提出的，意谓"熟练学习、优势学习"，是指只要具备所需的各种学习条件，大多数学生（95%以上）都可以完全掌握教学过程中要求他们掌握的全部内容。掌握学习理论可以调整教学过程中的主要变量（认知准备状态、情感准备状态、教学质量）。一般来说，我们将掌握学习模式的程序大致分为五个环节：单元教学目标设计；依据单元目标的群体教学，形成性评价 A；矫正学习，形成性评价 B；整个教学环节适用于基本概念与原理的教学；教学效果达到个体教学的效果。

掌握学习教学理论对设计混合式教学模式的指导作用主要表现在以下几方面：首先，混合式教学模式将部分教学任务转移到课下进行，这意味着有更多自由、充分的时间供学习者自由支配。学习者可以根据自身的实际情况选择合适的学习进度以及教学方法自定学习步调；通过完成教学任务、观看教师录制的视频以及资料自主学习，并完成在线测试，判断自己对于基本知识的掌握情况，对于未掌握的知识进入二次学习，掌握后可进入下一个阶段的学习。其次，教师应该为学生设定明确的教学目标，如在本次课程中学生应该达到什么样的程度、具体应用的学习方式、需要达成的指标等，使学习者有明确的学习方向，同时激发学习动力。最后，在保证基础知识掌握的前提下，教师可以划分不同的难度水平以供学习者选择，如对于材料引申、拓展学习部分等，这样既解决了有些学生"吃不饱"的现象，同时也可以避免一些学生因吃太多、太快而"消化不良"的问题，打破了教学过程中存在的进度一致、步调一致的桎梏，使学生的个体差异性得到尊重。

3.教学交互理论

在信息交互与社会交往的大背景下，教学交互成为教学活动中必不可少的一个环节。任何形式的教学活动都离不开一定程度的交互，交互是教学活动发生的必要载体，而教学交互区别传统的人际交互，旨在推动教师与学习者的交流与理解，在引入某种技术的基础上，促进教学活动的高效完成。有学者将交互分成两个状态：其一是适应性交互，指学习者行为与教师建构的环境之间的交互，如学生对于教学平台的操作过程。其二是对话性交互，指学生与教师之间的交互，这一层面主要是学习者与教学要素、资源信息之间的交互。

交互是混合式教学活动中至关重要的步骤，在混合式教学的设计过程中应时刻以交互为核心。教学交互理论对建构混合式教学模式的指导作用主要表现在以下几方面：其一，教师与学习者交互应遵循便利性、高效性原则，能够在线上、线下的教学中都达到即时的交互。其二，师生与平分易于交互，具体针对教师课程资源上传、页面美观性、学生观看的舒适度，即平台人性化功能的设置。

（二）"互联网 +" 背景下混合式教学模式设计的原则

建构主义教学理论认为，"情景""合作""互动""自主建构"是教学发生环境的四大要素。混合式教学模式应以以上四要素为前提，遵循以下教学原则。

1. 融合性原则

实践证明，网络教学的优势在一定程度上可弥补传统教学的不足，却无法完全取而代之。网络教学和面授教学具有共同的教学目标，二者互为对方的拓展和补充，二者的实施都不能在脱离对方的基础上进行。所以，网络教学部分的教学设计要依照传统课堂教学过程而进行，不能机械地脱离。网络教学与传统教学的融合非朝夕能至，尚需要进行更深入的探索。

2. 开放性原则

依据系统论的思想，世界上一切事物都可以看作是一个系统。它是由相互影响的若干要素组合而成的结合体，任何系统都不是孤立存在的，如果一个系统要保持长期的稳定就必须保持其开放性。在这里，我们可以将混合式教学看作是一个系统，同时它也是一个开放的耗散结构，它能及时吸纳外界环境中的新信息、新思想、新理念。因此，开放性原则要求在将混合式教学看作是一个整体的基础上，使之时刻远离平衡态，由封闭状态走向开放状态。首先，教学方式的开放。具体包括教学硬件设施的开放和教学手段的开放。其次，教学内容的开放。教学资源将不再局限于固定的书本、图书馆等有限的学习空间内，而是成为学生无限延展信息的接收源，课堂逐渐向社会、电子网络领域延伸，促进学生学习的发生。最后，教学过程的开放。教育理念从机械、灌输等价值取向转变为对民主、开放、探究、交互等理念的诉求。

3. 交往性原则

交往是人活动的本性，人对于交往有着必需性的要求。由于交往活动的不断扩大，活动及学习能力才能不断提升。在人与人之间的交往中，师生之间的交往活动具有一定的特殊性，它特指发生在师生之间、教学要素之间的资源信息及情感的流动。在这个交往的过程中，师生双方既是信息的发出者又是信息的接收者。交互性原则具体表现在教学过程的组织与管理中，是教学活动的主体构成。教学活动的发生建立在师生、生生的交往交互活动的基础之上，因此，为师生创设便利、舒适的交互空间是至关重要的。混合式教学模式能随时实现教师与学生、人与资源的双向互动，促进教学活动的发生。

4. 协作性原则

混合式教学模式体现着协作性原则，具体分为两方面：一方面从学生的"学"来讲，合作学习是一种有效的学习方式。处于合作状态的学习者往往思路清晰，思维活跃，同时在观点、思路的碰撞下可以产生新的火花及思维闪光点，对于问题能够更做深入的探究，因此，在学习过程中能够加深对于知识的理解，同时提升相互协作的能力。另一方面从教师的教来讲，教师的讲授并非只是告诉学习者既有的知识，告诉其最后的结论，这样学习者反而达不到对于知识的深层次思考。教师的讲授指的是促进学生的结构化学习，提供发现式的学习材料，为学习者的合作提供保障，成为学习者的引领者，这也为教师的教学性技巧提出了新的要求。因此，教师在教学过程中应积极与同行或专家进行交流，促进教学水平的提升。

五、混合式教学模式的构成要素

混合式教学模式作为一个复杂的系统是由系列要素组合而成的，构成要素包括教学目标、操作程序、实现条件、教学评价等。其运作机制就是各个要素的相互作用和组合。

（一）教学目标

教学目标是教育目的和培养目标在教学活动中的进一步具体化。教学目标的确定，必须反映教育目的的基本要求，即首先要接受教育目的的规约，继而将教育目的从观念设想转化为行动追求。混合式教学目标的制定需要遵从一定的教学目的和培养目标，依据学习者兴趣与教学情境而设定，并在一定程度上能够体现学科的整体方向以及活动开展的整体方向。在正确、适合的教学目标的指引下，教学的有效性将会提升；而在空洞、不切实际的教学目标的指导下，教学将会处于低效甚至无效的境地。同时，混合式教学的目标并不是一成不变的，不同的教学模式能够体现不同的教学目标，对教学目标的具体要求也有所不同，诸如，问题导向的教学模式、基于情景的教学模式、探究教学模式、合作教学模式，它们设定目标的侧重点均不同。"互联网 +"背景下混合式教学的目标基于时代背景的特点，旨在培养学习者信息素养、信息加工能力、合作能力等综合素养，满足 21 世纪社会对于综合性人才的需求。混合式教学要根据授业学科的课程特点、结构，在分析课程和学习者特点的基础上，确定单元或课时的教学目标；同时通过恰当的方式使学习者明晰教学目标，明晰教学活动发生之后的应然状态。也就是说，教学目标的确定应具体化、清晰化、可执行化，切勿过于模糊抽象。

（二）操作程序

操作程序指教学活动的各个流程以及不同阶段的具体做法。任何教学模式都会有相对固定的操作程序，但不是绝对的固化，具体体现教学过程中教学内容的组织与引导、教学手段及方法的混合应用、教学情感价值的传递引导等。

"互联网 +"背景下的混合式教学的操作程序集中在三部分：线上学习、课堂学习、线下总结。线上学习（基于网络教学平台）：教师组织教学材料—分发任务—学习者完成任务—提出问题；课堂学习：学生反馈问题—小组互动—教师对重、难点问题进行讲解—问题解决—布置作业；线下总结：强化盲点—梳理知识—完成作业—作业（作品）展示。

（三）实现条件

条件因素是达成教学目标的保障。它的作用是为教学模式的有效应用创造各方面的有利条件，使得任何教学模式都是在特定的条件下才能有效。教学模式的条件因素多种多样，诸如，教师、学生、技术、环境、时间、空间等。首先，在互联网+教学的新型教学模式下，教师的教学方式、权威角色、师生交往方式均受到了挑战。教师在角色上从传统意义上的"建构者""决策者"转变为新型的"合作者""指引者""帮助者"；在教学活动上，教学活动场所由课堂转为线上+线下；教学方式由灌输转变为互动研究，更加体现了学生的主体地位，因此，教师要尽快适应教学方式的转变，同时进一步提升专业化技能。其次，混合式教学模式的实施对在线平台提出了较高的要求。平台教育与传统意义上的课堂教学完全不同，教学平台的人性化程度、可操作性、可互动性极大地影响着教学的有效性。

（四）教学评价

教学评价是教学活动过程中必不可少的基本要求之一，亦是教学过程中不可缺少的环节。由于混合式教学面临新的"互联网+"时代背景变革，在一定程度上重构了教学组织形式，与传统课堂的教学结构、教学方式、手段、内容都不相同，传统的评价手段放到混合式教学上难以立足，因此，对于新型的教学模式的评价体系需要予以商定。混合式教学评价应包括线上教学评价部分和课堂教学评价两部分。在混合式教学过程中，因混合了多种教学资源、教学手段、教学呈现方式等，其多样化及交叉复杂性对教学评价提出了更高的挑战。教学评价关注一部分指向最终成绩结果，另一部分指向学习者在通过使用互联网平台所进行学习活动中的表现形式以及所涉及的因素指标，诸如，学习者自控能力、信息资源收集、处理能力、合作能力、创新能力等。这些使得混合式教学的评价真正从注重"知识本位"转向"学识+能力本位"进行综合考量。

教学评价亦要遵循一定的发展性原则。评价的最终目的是促进学习者的发展。教师在进行评价时，可由评价学生的知识体系、技能的掌握转向学习工作态度、科研创新意识、实践能力、核心素养等方面的综合发展。评价的过程就是提高发展的过程，而不能仅仅将视野局限在考试成绩、作业成绩、最后结果这种终结性评价上面。其教学评价体系应部分转向对于软指标的评定，诸如，学习者的信息检索能力、个性化与自主化学习、核心素养形成等方面，因为这些因素并不能以分数的形式呈现到评价者面前，因此，需要在评价过程中时刻对学习者进行过程性评价，尤其要结合学习者的学习表现等，全面系统地评价学习者。

六、"互联网 +"背景下混合式教学模式的应用策略

在"互联网 +"的时代大背景之下，为了更好地推行混合式教学，取得更加高效的教学体验，需要学校、教师、学生的三方密切合作。

（一）充分发挥网络教学优势

在充分发挥网络教学开放性、交互性、共享性、协作性、自主性优势的同时，整合现有的教学资源从实际出发，认识到并非所有的教材均适用于混合式教学，需要根据学科特点及学习者的实际认知情况进行合理运用。教师层面，要充分激发教师的潜力，提高师资的影响力度与效度，缓解师资不均的状态。学生层面，发挥学习者的主体意识与能动意识，实现自我管理的个性化发展。网络教学层面，模糊教学边界、提高教学效率、促进资源流通等特点优势的发挥有利于从本质上有效地推进混合式教学。

（二）提高学习者的自主学习能力

混合式教学的在线教学部分因其跨时空性、灵活性等特点对学习者的自主学习能力提出了极大的挑战。尤其是面对枯燥的学习任务、无监督的学习环境及包罗万象的网络资源，这些都会导致低效的学习效率。相比传统面授教学，在线教学部分需要更大的自制力与判断力，学习者需要合理安排学习时间，妥善制订学习计划，加强对学习时间的管理，可以制定任务完成进程表，同伴之间可以相互督促完成学习任务。另外，要注重学习者认知策略、元认知策略、情感策略的培养，特别是元认知策略，因为它有助于学习者调配学习进程用于自我行为指导、自我评价与自我检测，并将自身的学习行为作为有意识的监控对象，提升自主学习效率。

（三）提升师生的信息素养

信息素养是信息化社会学习者能力素质的一个基本构成要素，师生信息素养的高低决定了教学效率的高低。在推行混合式教学改革的前提下，教师是关键，提升教师的信息素养水平是影响混合式教学成效的关键因素。

1. 组建混合式教学专家团队

混合式教学开展初期难度较大，教学设计、教学实施、平台应用等方面会存在诸多问题，这无疑加重了教师的工作任务量。因此，组建混合式教学专家团队有利于教师间相互交流教学的反思与体悟，解决疑难问题，共同提升进步，团结协作，优势互补。混合式教学专家团队由混合式教学专家、网络技术人员、参与混合式教学项目的教师以及管理人员组成。随时待命的网络技术人员保障了混合式教学的技术支持，同时为教师解决疑难问题，提供"顾问式"服务，而将具备多元学科背景的教师集合起来，可以在团队内部开展多元合作。

2. 强化教师专业化培训

校内外培训有助于教师更快、更好地转变教学模式，适应新的角色，拓宽教师成长的专业空间。一方面，先培养一部分教师发展起来，继而带动大部分教师的发展；先探索一部分学科的混合式教学模式，再带动整体的学科探索；另一方面，观摩课程有助于新手教师获得直接的实践经验，提高其教学管理能力。此外，可以开展系列学术沙龙活动进行相关主题研讨，鼓励教师参加校外培训活动，允许教师走出去，去其他学校参观学习、参加学术会议，学习教学经验并加以运用。

（四）初步建构起混合式教学共同体

通过混合式教学模式的开展，逐步形成"互动共享、通力协作、自主探究"的学习共同体。由于网络技术的介入，赋予了共同体发展性、流动性、多样性等特点，教师如果能在教学模式转变的关键时期相互交流合作，要比故步自封地闷头前行具有更佳的效果。教师共同体的构建主要通过交互、共享、合作形成，并以提高学习者学习体验为宗旨。混合式教学探索的团体，以共同的价值取向与希冀为纽带而自愿形成。

在教师学习教学共同体中存在不同专业背景、不同教龄的教师及助教者，在共同的参与学习中，他们可以互为补充，相互交流经验，讨论问题，做出决策，尝试从不同的方面与视角重构自身的理解与观点。构建教师教学共同体，首先，要转变共同体教学意识，只有具备了共同体意识，才能感受到其价值和意义。其次，要确定一致的共同体教学目标，即顺利实现混合式教学模式的转变，发挥教师的集体智慧。再次，可在共同体内实施特定的组织与管理方式，诸如，成立项目研究小组、科研创新小组等，同时可以请专家、学者提供理论与实践方面的指导。最后，应密切关注教师对于混合式教学的态度，注意在实施混合式教学之后的态度转变。

第四节　"互联网+"时代高校"三方两线"同步课堂教学策略

一、概念的界定

(一)"互联网+"同步课堂

"互联网+"作为互联网思维衍生发展的新成果，其推动了社会经济生态的转变，同时也为其他产业、行业的改革、发展、创新提供了网络平台。

"互联网+"同步课堂是指基于互联网信息技术，教师通过网络的方式进行学科专业知识教学，学生则通过网络参与、网络互动等方式学习相关知识，实现教学资源与信息的网络流动，知识在网络上成型，线上、线下活动相互补充与拓展。该同步课堂中教师、教学内容、学生以及媒体平台一起共同构成了新的教学系统。"互联网+"同步课堂的本质就是整合网络教学资源，将课堂教学内容进行碎片化重构。

(二)"三方两线"

"三方"主要指教师、学生、高校三方面；"两线"即线上网络教学与线下传统教学。

"三方两线"同步课堂教学主要是指调动大学生、教师和高校三方的积极性，应用"互联网+"时代的信息技术，整合优秀的课程教学资源，通过协调、配合等方式来共同建设高校线上线下同步课堂教学策略。

二、"互联网+"时代高校同步课堂教学现状分析

高校之间传统的课堂教学模式大体差异不大，但是现代网络同步课堂教学则区别明显，我国由于互联网的普及、推广、应用相对较晚，高校网络同步课堂教学模式总体应用现状并不乐观。

第一，网络课堂本质有利有弊。从 Web1.0 到 Web3.0 再到如今 Web X.0 的发展，这些都在很大程度上为高校同步课堂教学提供了越来越好的教学载体，同时也为全球知识分配、共享、共建提供了新的机会。全世界大量开放性慕课课程极速普及，作为异步网络课堂的慕课创新了一些课程的评价方式、内容呈现形式、教学交互手段等，大大提高了课堂的教学效率，也提升了课堂教学水平。但网络异步教育还是存在着一些弊端。例如，学生作业完成率低下、课程存在感低等问题都严重影响了课堂教学质量；虽然参加慕课学习的高校学生不少，但课程完成比例却很低；当前同步网络课堂内容的理论研究与实践应用远远少于异步网络课程。

第二，网络课堂的教学应用有好有坏。随着网络技术在教育领域的深度应用，教育资源在不断社会化的同时也推动了高校教育教学改革的创新。相比传统课堂来看，网络课堂有着更广泛的受众群体，而且能够给学生带来更多的学习资源与信息，教学内容呈现方式更能提升学生的感官体验，但学生学习效果不佳、师生互动性弱等问题也日益突显。网络学习虽然让学生成为课题教学的主角，学生拥有一定的空间自主安排需要学习的课程内容与流程，但是，网络学习也让对教学目的有精确把握的教师失去了教育多次的控制权与监督权，容易忽视学生学习能力、自律能力、学习基础差异的形成。同时，网络学习提升了课程学习效果的模糊性，教学中具有人文关怀的引导作用被替代。

当前网络教学中教师与学生获得的信息内容都是数字化、文本化的视频、文档、音频资料，学生难以根据真实学习场景提升学习体验，教师也难以通过教学过程反馈来及时地调整教学内容与进度。因此，"互联网＋"背景下"三方两线"同步课堂教学不仅能够解决以往网络教学中存在的固有问题，而且还能结合线上、线下两种教学的优势，将真实学习情境与虚拟环境相结合，通过教学网络平台的应用，实现以现场教学为主体的同步学习，最终从根本上提升高校的课堂教学效果。

三、创新完善高校"三方两线"同步课堂教学策略

（一）中心高校共享远程同步课堂

远程同步互动课堂教学作为分享优势课程师资力量的一种方式，在不影响优势课程执教教师的本校正常教学条件下，向合作院校输送了优质的课程教育资源。同步课堂包含优势课程提供方的主讲教师与教学点的助理教师，此外还可以邀请地方的专家参与远程课程讲座。中心高校共享的远程同步课程同样包括了面授课程与同步课堂，课堂上包括了中心高校本专业的常规学习学生，此外还要考虑远程同步课堂教学点的学习学生。共享远程同步课堂主要通过以往教学环境、要素的组合与分解，将以往的集中教学分散于不同的网络空间，实现教学上的连续性，师生互动主要通过远程直播课程来实现。远程同步课堂的主讲教师需要控制好教学进度，助教教师负责及时反馈学生的学习情况。中心高校共享的远程同步课堂首先应选择教学过程容易控制、教学效果容易量化评估的计算机课程，实现教师、高校、学生三方远程同步互动课堂教学模式的稳定化发展，然后再将中心高校的共享同步课堂拓展到其他专业课程，从而实现同步课堂教学开展的常态化。

（二）建设专业课程网络教学平台

高校需要根据专业特色搭建专业课程的网络教学平台：首先，构建高水平的本校核心课程。高校可以集中开发核心课程和精品课程，保障共享课题教学的高标准。联盟高校之间可以统一聘请专家来指导精品课程的建设，同时解决课程开设方面的资源

局限。其次，学生通过互动学习掌握更加多元化的课程内容。高校联盟间可以构建远程同步互动系统，任何院校的教师都能够对学生的学习情况进行指导，教学过程可以在平台上实时开展。利用直播平台，教师可以在本地对其他教学点的教学内容开展教学，同时汇总、借鉴国内外教学的精品课程，充分调动各方面的教学资源和教学素材，形成高校网络教学课程，学生可以在该平台学习课程知识、下载课程资料，真正实现碎片化教学。

在高校专业课程网络教学平台建设同时，也需要认识到当前网络虚拟教学环境不再局限于高校内部的网络课堂系统，这里包括了各种网络应用平台，包括一些专业型的商务网站与门户网站。比较传统单一的远程网络教学来看，虚实结合的同步课堂教学有效整合了社会网络信息资源，提升了教师对教学过程的监督与指导，降低了高校在网络教学平台的资金投入。

（三）转变教师教学观念，提升教学能力

高校专业教师应及时更新教学理念，积极参与同步教学平台上的微课程设计与互动教学模块，及时更新自身的信息技术知识，利用网络教学与传统教学的优势来开展教学活动，从而提升自身的教学能力。"三方两线"的同步教学过程教师为"两线"的连接点，同时作为"三方"中的一方，教师不仅可以选择"课堂为主、网络为辅""线上线下互补"，还可以将整个课程全部的教学内容提前放置于网络平台。因此，教师应积极地做好教学内容的线上、线下模块划分，确认线上、线下同步课程学习的侧重点。

（四）打造"双线"同步协作学习模式

"双线"的同步协作学习模式是因网络协作学习的逐渐普及而提出的学习模式，通过多元化、多维度的互动内容提升学生的学习体验。在线上虚拟与线下真实教学环境结合的情况下，人机互动与师生人际互动形成了良性互补。教师不仅能够发挥现场课堂教材的互动优点，提升对课程学习过程的控制与监督，还能够运用人机互动实现教师与学习小组间的"点面"互动，师生间、学生间的"点点"互动。学生可以通过利用网络搜索工具和网络信息资源提升小组协助学习的效率，此外还能够利用网络交流

工具与平台开展学习互动。

小组"双线"同步协作学习模式中教师需要根据教学任务特征与难度来分配具体的任务组与角色，从而明确任务流程的各个阶段内容。合作任务小组一般包括 3~5 人。同步协作学习中教师通过线下的成果评估、人际互动获得教学反馈，从而对线上学习内容进行调整。小组成员的数量需要根据任务类型进行具体的调整，具体环境包括了任务布置、选择方案、角色分工、执行任务、完成任务。

综上所述，"互联网+"时代的到来给各个领域的发展都带来了机遇和挑战，高校教育教学也不例外。随着新时期教育教学改革的不断深入，高校有必要充分利用"互联网+"时代信息技术的发展优势，整合网络课程教学资源，创新完善基于"三方两线"的同步课堂教学策略，一方面减轻了高校教师的教学负担，提高了工作效率，另一方面可以引导学生适应社会发展需要，进行碎片化学习和自主性学习。

参考文献

[1] 张朝娟.三步构建教，学，评一体化课堂的实践研究 [J].进展：教学与科研，2023（4）：2.

[2] 王小凤.移动互联技术下高校思政课教学改革的"变"与"不变" [J].马克思主义理论教学与研究，2023（1）：9.

[3] 林彦宇，许登强，刘少东，等.以教学改革为契机的水利创新人才培养研究 [J].科技资讯，2023，21（4）：5.

[4] 马国杰.新高考背景下高中网球课教学与训练的实践研究 [J].网球天地，2023（2）：3.

[5] 李元霞.基于OBE理念的财务管理课程思政教学改革实践路径研究 [J].湖北经济学院学报：人文社会科学版，2023，20（4）：4.

[6] 何先应，王微，唐琳.面向"三教"改革的职业技能竞赛反哺教学实践研究 [J].九江职业技术学院学报，2023（1）：5.

[7] 吕欢.基于产教融合的高等师范院校教师教育专业实践教学改革研究 [J].齐齐哈尔师范高等专科学校学报，2023（2）：4.

[8] 刘小凤.应用型人才培养视角下旅游管理教学改革研究 [J].淮南职业技术学院学报，2023，23（1）：3.

[9] 王育娟，贾龙超.机械基础课程教学改革的实践与思考 [J].农机使用与维修，2023（3）：3.

[10] 翟燕敏.新形势下中职学校声乐教学改革创新和实践研究 [J].戏剧之家，2023（2）：3.

[11] 沈萍，刘莉．高职土木工程类专业实践教学改革与创新措施探究 [J].中国科技期刊数据库 科研，2023(3)：4.

[12] 万亮婷，魏欢欢，程瑞芳，等．"双高"建设与"互联网+"背景下高职院校土建专业课程教学改革与微课应用研究——以《建筑结构》为例 [J].砖瓦，2023(1)：3.

[13] 张俊英，王涵涵，郑富强．基于能力培养的高校体育课堂教学手段与方法改革研究 [J].体育科技，2023，44(1)：3.

[14] 李薇，黑新宏，王磊，等．面向T+型能力培养的计算机类专业人才培养模式改革与实践 [J].教学研究，2023，46(1)：8.

[15] 蔡静静．高校思政课堂创新改革方法论和实践总结 [J].食品研究与开发，2023，44(7)：1.

[16] 周雪松，许东辉，马幼捷，等．"新工科"背景下面向现代化新型电力系统实验教学改革研究 [J].科技风，2023(5)：3.

[17] 张薇．"一村一品"背景下电子商务专业实践教学改革研究 [J].智慧农业导刊，2023，3(1)：4.

[18] 曾方苹．环境设计专业实践教学改革研究 [J].工业设计，2023(3)：3.

[19] 林华艳，郑辉．融媒体时代数字媒体艺术专业教学改革实践研究 [J].鞋类工艺与设计，2023，3(1)：3.

[20] 段玉．数字经济背景下民办高等教育教学改革探索研究——以征信理论与实务课程为例 [J].知识经济，2023(7)：3.

[21] 黄成华．"互联网+"背景下高职院校室内设计专业"专创融合"教学改革研究与实践 [J].兰州职业技术学院学报，2023，39(2)：5.

[22] 何纪翔．本科院校会展专业实践教学体系改革问题与突破 [J].数据，2023(3)：2.

[23] 蒋小玲，周新云．人工智能背景下的高职公共英语教学改革与实践研究 [J].湖北开放职业学院学报，2023，36(2)：3.

[24] 王美娇．新工科建设下高等院校教学改革研究与实践 [J].科技资讯，2023，21(3)：4.